专利代理师资格考试
考前培训系列教材

U0519358

ACPAA

专利代理实务分册（第5版）
·实战模拟篇·

中国知识产权培训中心
中华全国专利代理师协会　组织编写

李　超　主　编
吴观乐　副主编

知识产权出版社
全国百佳图书出版单位
—北京—

图书在版编目（CIP）数据

专利代理实务分册. 实战模拟篇/李超主编；吴观乐副主编. —5 版. —北京：知识产权出版社，2023.6
ISBN 978 - 7 - 5130 - 8750 - 6

Ⅰ.①专… Ⅱ.①李… ②吴… Ⅲ.①专利—代理（法律）—中国—资格考试—自学参考资料 Ⅳ.①D923.42

中国国家版本馆 CIP 数据核字（2023）第 080032 号

内容提要

本书在第 4 版的基础上，吸收了业界的宝贵意见和建议，增加了实战案例及模拟试题，力求涵盖所有考点，全面展现出题"意图"，使考生知其然，更知其所以然。本书旨在帮助考生更全面、更准确地掌握专利代理实务的核心知识，同时也可以作为专利代理实务从业人员的职业培训教材。

读者对象：参加专利代理师资格考试的广大考生和专利代理实务从业人员。

责任编辑：卢海鹰　王瑞璞　　　　　　责任校对：王　岩
执行编辑：房　曦　　　　　　　　　　责任印制：刘译文
封面设计：杨杨工作室·张冀

‖专利代理师资格考试考前培训系列教材‖

专利代理实务分册（第 5 版）——实战模拟篇
中国知识产权培训中心
　　　　　　　　　　　　　　　组织编写
中华全国专利代理师协会
李　超　主　编
吴观乐　副主编

出版发行：知识产权出版社 有限责任公司　　　网　　址：http：//www.ipph.cn
社　　址：北京市海淀区气象路 50 号院　　　　邮　　编：100081
责编电话：010 - 82000860 转 8116　　　　　　责编邮箱：wangruipu@cnipr.com
发行电话：010 - 82000860 转 8101/8102　　　发行传真：010 - 82000893/82005070/82000270
印　　刷：三河市国英印务有限公司　　　　　经　　销：新华书店、各大网上书店及相关专业书店
开　　本：889mm×1194mm　1/16　　　　　　印　　张：15.25
版　　次：2023 年 6 月第 1 版　　　　　　　　印　　次：2023 年 6 月第 1 次印刷
字　　数：420 千字　　　　　　　　　　　　定　　价：78.00 元
ISBN 978 - 7 - 5130 - 8750 - 6

前　言

专利代理是专利制度有效运转的重要支撑，是专利工作的重要内容，是知识产权中介服务体系的核心组成部分。专利代理服务贯穿于知识产权的创造、管理、运用、保护各个环节。专利代理人作为从事专利申请、企业专利战略和政策咨询、专利法律服务等相关业务的专业人员，是专利代理服务的具体承担者，其执业水平的高低直接影响着专利代理业务的质量与服务效果，而专利代理人资格考试是检验应试人员是否具备执业所需知识水平和工作能力的重要途径。

多年以来，全国专利代理人资格考试一直缺乏一套系统、完整的考前培训教材，广大考生复习备考存在诸多不便。随着我国专利代理人资格考试制度的日趋完善，广大考生对于考前培训教材的科学性和系统性要求逐步提高。为加强对全国专利代理人资格考试考前培训的指导，规范培训组织、增强培训效果、提升专利代理行业整体水平，形成高质量的考前培训基础性教学资源，中国知识产权培训中心、中华全国专利代理人协会组织来自国家知识产权局近 20 个相关业务部门以及全国法院系统、专利代理机构、相关高校及行业协会的业务骨干和专家、学者，历时一年多时间，编写了本套全国专利代理人资格考试考前培训系列教材。本套考前培训系列教材根据全国专利代理人资格考试相关科目的安排，分为三个分册，分别为《专利代理实务分册》《专利法律知识分册》和《相关法律知识分册》。本套考前培训系列教材以"2011 年全国专利代理人资格考试大纲"为依据，以 2008 年修改的《专利法》为基础，同时适当兼顾 2008 年修改前的《专利法》，旨在指导广大考生根据"2011 年全国专利代理人资格考试大纲"的具体要求，认真学习、理解和掌握《专利法》《专利法实施细则》《专利审查指南 2010》等专利法律法规规章知识、与专利相关的法律法规知识以及专利代理事务所必需的基本知识，顺利通过全国专利代理人资格考试。

本套考前培训系列教材充分结合了专利代理行业特点，着眼于对专利代理人基本能力的要求，立足基本知识，详略得当，对于考试大纲的重点难点予以了突出说明。希望广大参加全国专利代理人资格考试的考生根据自身实际需要，选择相关教材复习、备考。衷心祝愿广大考生取得理想的考试成绩！

2011 年 7 月

第5版编写说明

《专利代理实务分册》系"专利代理师资格考试考前培训系列教材"中的一本，自2011年7月正式出版以来，2013年9月出版第2版，2016年6月出版第3版，2020年1月出版第4版，有幸得到专利从业者和专利代理师资格考试考生的垂青。各界在给予肯定的同时，也对本书的内容和形式提出了宝贵的意见和建议，为此对本书再次进行了修订。

与第4版相比，本次再版主要作了下述三方面的修订：

①为适应近年来试题内容和形式的变化，增加了根据2018年和2019年专利代理实务科目试题改编成的两套专利代理实务科目的模拟试题，在详细解析试题的基础上给出相应的参考答案。鉴于国家知识产权局从2020年起不再公布当年专利代理师资格考试试题和答案，且在三五年内不会出版有关试题解析内容的考前辅导教材，因此还增加了根据考生对2020年和2021年专利代理实务科目试题的回忆内容改编的试题。这两套试题与原试题难免会有出入，编写组力求将原试题的所有考点都包括在内，以供考生参考。

②为了使考生更全面、更准确地掌握专利代理实务科目核心知识，每次再版本书体量均有所增加。出于方便考生阅读和减轻经济负担的考量，对本书第4版第一章第四节中的案例进行了调整，删去了其中的【案例2】"食品料理机"和【案例4】"卡箍"，并且对第三章第三节中的案例进行了调整，删去了其中的【案例1】"用于挂在横杆上的挂钩"。另外，为了给考生更多的选择，编写组决定将本书第5版分为"基础实务篇"与"实战模拟篇"两册。其中，"基础实务篇"将专利代理实务科目所有的基础知识分类汇总，再辅以实战案例进行详解；"实战模拟篇"通过仿真模拟试题，全面展现命题人的出题"意图"，使考生知其然，更知其所以然。

③根据《专利法》第四次修正的内容和国家知识产权局近几年对《专利审查指南2010》发布的修改内容，并借鉴业界在考前培训和专利代理实践中所发现的问题，对各章节的文字和图示内容作了少量修改。

"基础实务篇"本次修订的具体分工如下：

第一章第一节至第三节由王智勇同志编写并由吴观乐同志作了修订，第四节的案例1、案例2和案例3由王智勇同志编写并由吴观乐同志作了修订，案例4由林柯同志编写并由李超同志作了修订，案例5由饶刚同志编写并由李超同志作了修订；

第二章第一节至第五节及第六节的案例1和案例2由张军同志编写并由吴观.乐同志作了修订，第六节的案例3由吴观乐同志编写并作了修订；

第三章第一节、第二节及第三节的案例1由刘铭同志和崔峥同志编写并由吴观乐同志作了修订，第三节的案例2由吴观乐同志和刘铭同志编写并由吴观乐同志作了修订。

"实战模拟篇"本次修订的具体分工如下：

第一章由吴观乐同志和王智勇同志编写且其中有关无效部分的内容由刘铭同志进行了审阅并由吴观乐同志作了修订；第二章由王智勇同志编写并由吴观乐同志作了修订；新增加的第三章和第四章由李超同志编写并由吴观乐同志进行了审阅；新增加的第五章和第六章由吴观乐同志编写（其中根据考生回忆改编试题中的附图由娄慕川同志制作完成），并由李超同志进行了审阅。

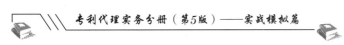

全书的审校工作由李超同志和吴观乐同志完成。

第5版的修订工作从第4版成书之日即开始酝酿，并从2020年底开始进行信息收集和文字编写、修改工作，至今方始付梓。希望本书能够对专利从业者有所助益，考生通过认真阅读和学习，积极备考，高效工作，这对本书作者是最大的鞭策和鼓励。

第4版编写说明

《专利代理实务分册》系"专利代理师资格考试考前培训系列教材"中的一本，自2011年7月正式出版，2013年9月出版第2版和2016年6月出版第3版以来，有幸得到专利从业者和准备参加专利代理师资格考试❶的考生的垂青，各界在给予肯定的同时，也对本书的内容和形式提出了宝贵的意见和建议。为此，对本书再次进行了修订。

与第3版相比，本书主要作了下述六方面的修订：①为适应近年来全国专利代理人资格考试试题内容和形式的变化，针对第一章第一节和第二节的内容、第二章第二节的内容以及第三章第一节和第二节的内容补充了有关内容。②考虑到专利代理实务科目试卷的试题通常将前三章的内容综合起来进行考核，为帮助考生更好地准备专利代理科目的应试，这次修订时新增第四章。根据2016年和2017年两年全国专利代理人资格考试的专利代理实务科目的试题改编成两套专利代理实务科目的模拟试题，在详细作出试题解析的基础上给出这两套改编试题的参考答案。③增加了2015年专利代理实务科目试题的内容，其中无效宣告部分的试题作为给无效宣告请求方咨询意见的案例写入第三章的第一节中，而有关申请文件撰写部分的试题改编成申请文件撰写案例"卡箍"，作为"综合类发明专利申请撰写实例"补入第一章第四节之一中。④为了方便考生阅读和减轻考生的经济负担，不使本书第4版增加过多的篇幅，因而在增补了上述内容后，对本书第3版第一章第四节中的案例进行了调整。删去了其中的案例1"管接头"、案例6"轴密封装置"、案例8"压控振荡器"和案例11"非水性电解液以及使用该非水性电解液的可充电电池"，并以案例4"冷藏箱"（2012年专利代理实务科目试卷中有关申请文件撰写部分试题改编的案例）代替第一章第二节和第三节中采用的案例"用于展示衣物的衣架挂钩"（即由2006年专利代理实务科目试卷中的试题改编的申请文件撰写的案例），与此同时对第一章第四节中的案例和图表进行了重新排序。⑤第三章第二节中有关专利文件修改部分的内容以及该节的案例和第三节中的案例根据2017年2月28日公布的国家知识产权局令（第七十四号）的规定进行了修订。⑥借鉴业界在考前培训和专利代理实践中所发现的问题，对各章节的文字和图示内容作了全面修订。

本次修订的具体分工如下：第一章第一节至第三节以及第四节的案例1、案例3和案例5由王智勇同志编写并作了修订，案例2由吴观乐同志编写并作了修订，新增加的案例4由王智勇同志在本次修订时编写，案例6由林柯同志编写并由李超同志作了修订，案例7由饶刚同志编写并由李超同志作了修订；第二章第一节至第五节及第六节的案例1和案例2由张军同志编写并由吴观乐同志作了修订，第六节的案例三由吴观乐同志编写并作了修订；第三章第一节、第二节及第三节的案例1和案例2由刘铭同志和崔峥同志编写并由刘铭同志和吴观乐同志作了修订，第三节的案例3由吴观乐同志和刘铭同志编写并作了修订；新增加的第四章第一节由吴观乐同志和王智勇同志编写且其中有关无效宣告部分的内容由刘铭同志进行了审阅，新增加的第四章第二节由王智勇同志编写。

---

❶ 根据2018年修订的《专利代理条例》，自2019年3月起"专利代理人"更名为"专利代理师"，相应地，"全国专利代理人资格考试"更名为"专利代理师资格考试"。故本书对特指往年情况，使用"全国专利代理人考试"，其余均使用新名称，特此说明。

全书的审校工作由李超同志和吴观乐同志完成。

中国知识产权培训中心的李娜同志、张朝铭同志为本书第 4 版的修订作了大量组织和协调工作。

第 4 版的修改工作从 2018 年开始花费近一年时间，对本书的内容进行了较大的调整，增减了一些案例，在更全面地包含了近几年全国专利代理师资格考试所涉及内容的基础上，将实务考试的应试方法和答题精髓深入浅出地体现到了本书的修改内容中。希望本书能够对专利从业者有所助益，在及时获取信息的基础上，积极备考，高效工作，这对本书作者也是一种鼓励和鞭策。

第3版编写说明

《专利代理实务分册》系"全国专利代理人资格考试考前培训系列教材"中的一种,自2011年7月正式出版和2013年9月出版第2版以来,有幸得到专利从业者的垂青,各界在给予肯定的同时,也对本书的内容和形式提出了宝贵的意见和建议。

与第2版相比,第3版的修订主要体现在以下五个方面:①第一章第四节之一"综合类发明专利申请撰写实例"中新增两个案例,即第3版中的案例4和案例5,其中案例4是根据2012年全国专利代理人资格考试"专利代理实务"科目有关申请文件撰写部分的试题改编而成,案例5是根据2013年全国专利代理人资格考试"专利代理实务"科目的试题改编而成;并在该节之二"机械类发明专利申请撰写实例"用新编写的案例7代替原案例5,案例7是根据2014年全国专利代理人资格考试"专利代理实务"科目有关申请文件撰写部分的试题改编而成;②第二章第六节"答复审查意见通知书的案例"中新增加案例3,该案例是根据2014年全国专利代理人资格考试"专利代理实务"科目有关审查意见通知书答复部分的试题改编而成;③第三章第三节"无效宣告程序专利代理实务案例"新增加案例3,该案例是根据2012年全国专利代理人资格考试"专利代理实务"科目中有关无效实务的试题内容并参照近几年全国专利代理人资格考试"专利代理实务"科目有关无效实务试题的出题方式改编而成;④借鉴业界在考前培训和专利代理实践中所发现的问题,对各章节的文字表述作了全面修订;⑤对全书的案例、图表进行了重新排序。

本次修订的具体分工如下:

第一章第一节至第三节由王智勇同志修订,第四节的案例1、案例2、案例3、案例6、案例10和案例11由吴观乐同志修订,第四节新增的案例4、案例5和案例7由王智勇同志编写,第四节的案例8和案例9由李超同志修订;

第二章第一节至第六节由吴观乐同志修订,第六节新增的案例3由吴观乐同志编写;

第三章第一节至第三节由刘铭同志和吴观乐同志修订,第三节新增的案例3由刘铭同志和吴观乐同志编写;

全书的审校工作由李超同志和吴观乐同志完成。

中国知识产权培训中心的李娜同志、张朝铭同志和潘威同志为本书第3版的修订做了大量组织和协调工作。

第3版的修订工作从第2版成书之日即开始酝酿,花费一年多时间进行信息收集和文字修改,至今方始付梓。希望本书能够对专利从业者有所助益,在及时获取信息的基础上,积极备考,高效工作,这对本书作者也是一种鼓励和鞭策。

第2版编写说明

《专利代理实务分册》系"全国专利代理人资格考试考前培训系列教材"中的一种,自2011年7月正式出版以来,有幸得到专利从业者的垂青,各界在给予肯定的同时,也对本书的内容和形式提出了宝贵的意见和建议。

与第1版相比,第2版的修订主要体现在以下四个方面:①第一章第四节"权利要求书和说明书撰写实例"中新增加了两个案例,即第2版中的案例2和案例3,其中案例2是根据2011年全国专利代理人资格考试"专利代理实务"科目中有关申请文件撰写部分的试题改编而成,案例3是根据2010年全国专利代理人资格考试"专利代理实务"科目的试题改编而成;②第三章第一节之四""无效宣告请求书"撰写案例分析"新增加了案例2,该案例是根据2011年全国专利代理人资格考试"专利代理实务"科目中有关"无效宣告请求书"撰写的试题改编而成;③借鉴业界在考前培训和专利代理实践中所发现的问题,对各章节的文字表述作了全面修订;④对全书的案例、图表进行了重新排序。

本次修订的具体分工如下:

第一章第一至三节由王智勇同志修订,第四节的案例1、4、5由吴观乐同志修订,案例6、7由林柯同志修订,案例8、9由饶刚同志修订,案例2的编写由王智勇同志执笔,案例3的编写由吴观乐同志执笔;

第二章由张军同志修订;

第三章由刘铭同志修订,新增加的"无效宣告请求书"撰写案例分析中的案例2也由刘铭同志执笔;

全书的审校工作由李超同志和吴观乐同志完成。

第2版的修订工作从第1版成书之日即开始酝酿,花费一年多时间进行信息收集和文字修改,至今方始付梓。希望本书能够对专利从业者有所助益,在及时获取信息的基础上,积极备考,高效工作,这对本书作者也是一种鼓励和鞭策。

第1版编写说明

专利申请文件撰写以及针对审查意见进行答复或修改的工作直接影响专利审批进程，同时也在很大程度上决定专利申请人最终获得专利权的范围；而专利授权后的无效宣告程序中请求方及被请求方专利代理工作的好坏也直接对该专利权能否被维持有效产生影响。由此可知，专利申请文件撰写、对审查意见通知书的答复以及专利无效程序中"无效宣告请求书"和意见陈述书的撰写是专利代理人应当具备的执业能力，因此"全国专利代理人资格考试大纲"中也将这三方面的专利代理实务工作列入"专利代理实务"科目的考核内容。为帮助参加全国专利代理人资格考试的考生尽快掌握基本的专利代理执业能力，顺利通过"专利代理实务"科目的考试，中国知识产权培训中心和中华全国专利代理人协会在组织编写"全国专利代理人资格考试考前培训系列教材"时将有关专利代理实务的内容单独编为《专利代理实务分册》。

《专利代理实务分册》编写工作从 2010 年 3 月启动，至 2011 年 6 月成稿，历时一年有余。此前，第三次修改的《专利法》已于 2009 年 10 月 1 日起正式施行，而《专利法实施细则》和《审查指南 2006》的修订工作也已在 2010 年 1 月完成。因此，本书得以按照新版专利法律法规开展编写工作，反映了最新修订内容。

本书主要包括三部分内容：专利申请文件的撰写，发明专利申请实质审查程序中的专利代理，无效宣告程序专利代理实务。这三部分均先结合实例对相关专利实务工作作出具体说明，然后为帮助读者提高这三方面专利实务工作的能力，分别给出了相应实务工作的案例。相关内容既适于报名参加专利代理人考试的考生进行考前准备，也有助于知识产权工作从业者提高实际的执业能力。为了提高学习效果，建议读者配合学习本套考前培训系列教材的其他分册，即《专利法律知识分册》和《相关法律知识分册》，以便提高知识的系统性和完整性。尤其要提请读者在阅读本书第一章第四节、第二章第六节和第三章第三节的案例部分时，最好先根据相关章节的学习内容，针对所给出的案情简介，自行思考并动手练习，给出答案，然后将其与该案例所给出的参考答案进行比较，分析两者的不同，在此基础上再阅读该案例的答题思路，以掌握相应专利代理实务的处理思路。总之，通过动手练习、比较分析来加深印象、举一反三，以提高专利代理实务的执业能力。

本书编写的具体分工如下：第一章第一节、第二节由王智勇同志编写，第三节由王智勇和陈旭暄同志编写，第四节综合和机械领域的三个案例由张阿玲和陈旭暄同志编写、电学领域的两个案例由林柯同志编写、化学领域的两个案例由饶刚同志编写；第二章第一节、第二节、第四节、第五节、第六节由张军同志撰写，第三节由王智勇同志撰写；第三章由崔峥、刘铭同志撰写。饶刚同志将上述各章节的编写稿按照出版社的出版要求进行了整理。

李超和吴观乐同志对本书进行了总审、修改和统编，钱红缨和祁建伟同志对本书进行了审校。孙玮同志、李娜同志、卢素华同志、李勋同志作为协调人，在本书编写过程中做了大量协调、沟通工作。

此外，在本书编写和定稿过程中，中华全国专利代理人协会邀请的专家伍正滢、张长兴和刘芳等同志以及本套考前培训系列教材编委会编委胡文辉、王澄、李永红、卜方、张清奎、郑慧芬、崔伯雄、毕囡、林笑跃、曾志华、雷春海等同志提出了大量宝贵意见，特此表示感谢！

由于作者的水平和实践经验有限，本书内容一定存在不少偏颇之处，敬请读者批评指正！

目　　录

第一章　根据 2016 年专利代理实务科目试题改编的模拟试题 *

"基础实务篇"分别针对专利代理实务科目涉及的三类专利代理实务工作（专利申请文件撰写、审查意见通知书的答复和无效宣告程序专利代理实务）的具体内容并结合具体案例作出了说明。但专利代理师资格考试的专利代理实务科目的试题通常既包含专利申请文件撰写的试题，又包含考核专利代理师的论述或争辩能力的试题（通常以无效宣告程序专利代理实务、答复审查意见通知书、简答题的方式出现），因此，根据最近几年的专利代理实务科目的试题改编成专利代理实务科目的模拟试题，以帮助考生更好地准备专利代理实务科目的应试。

本章在对 2016 年全国专利代理人资格考试"专利代理实务"科目试题略作改编的基础上，给出该模拟试题并作出解析。在本章中，首先给出模拟试题的内容，接着在对试题内容的理解部分说明该试题内容包括无效宣告实务和专利申请文件撰写两个部分，最后针对这两部分试题内容分别具体说明答题思路并给出参考答案。建议考生，在阅读模拟试题内容之后，先自行解答此模拟试题，然后再看两部分试题内容的应试思路和参考答案，比较一下自己的答题思路和答案与给出的应试思路和参考答案有哪些不同之处，从而更好地掌握专利代理实务科目的应试技巧。

一、模拟试题内容

试题说明

客户 A 公司遭遇 B 公司提出的专利侵权诉讼，拟对 B 公司的名称为"茶壶"的发明专利（以下简称"该发明专利或该专利"）提出无效宣告请求。为此，A 公司向你所在的代理机构提供了该发明专利（附件 1）和对比文件 1～3，以及 A 公司技术人员撰写的无效宣告请求书（附件 2）。此外，客户 A 公司新研发出一种改进的茶壶，拟申请实用新型专利，向你所在的专利代理机构提供了技术交底材料（附件 3）❶。现委托你所在专利代理机构办理相关事务。

1. 请你具体分析客户所撰写的无效宣告请求书中的各项无效宣告理由是否成立，并将结论和具体理由以信函的形式提交给客户。

2. 请你根据客户提供的材料为客户撰写一份无效宣告请求书，在无效宣告请求书中要明确无效宣告请求的范围、理由和证据，要求以《专利法》及其实施细则中的有关条、款、项作为独立的无效宣告理由提出，并结合给出的材料具体说明。

---

* 根据 2018 年中央机构改革部署，"国家知识产权局专利复审委员会"于 2019 年初更名为"国家知识产权局专利局复审和无效审理部"。但鉴于本次再版时《专利法实施细则》和《专利审查指南 2010》均尚未作出相应的修订，故在本书采用下述三种处理：①直接引用相关法律规范时仍然采用"专利复审委员会"；②在论述该部门具体工作时用"国家知识产权局专利局复审和无效审理部"；③而在给出的无效宣告请求书或意见陈述书时均按照国家知识产权局的要求表述成向"国家知识产权局"提出请求。本书中类似情况不再作重复说明。

❶ 为方便读者理解拟宣告无效的专利和有关对比文件的技术内容以及新研发改进茶壶技术交底书材料内容，在这些专利文件和技术交底材料的附图中对于其中所示的各个部件除了给出相应的附图标记外，还与专利代理师资格考试"专利代理实务"科目试题一样给出了与各附图标记相应的部件名称。

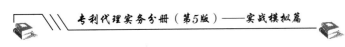

第
一
章

3. 请你综合考虑该发明专利和对比文件 1~3 所反映的现有技术，为客户撰写实用新型专利申请的权利要求书。

4. 简述你撰写的独立权利要求相对于涉案专利解决的技术问题和取得的技术效果。

附件1（该发明专利）：

（19）中华人民共和国国家知识产权局

（12）发明专利

（45）授权公告日　2016.02.11

（21）申请号　201311234567.X

（22）申请日　2013.09.04

（73）专利权人　B公司

（其余著录项目略）

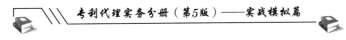

权　利　要　求　书

　　1. 一种茶壶，包括壶身、壶嘴、壶盖及壶把，其特征在于：壶盖底面中央可拆卸地固定有一个向下延伸的搅拌棒，搅拌棒的端部可拆卸地固定有搅拌部。

　　2. 根据权利要求1所述的茶壶，其特征在于：所述搅拌部为一叶轮，所述叶轮的底部沿径向方向设有齿板。

　　3. 根据权利要求1或2所述的茶壶，其特征在于：所述齿板上设有多个三角形凸齿。

　　4. 一种茶壶，包括壶身、壶嘴、壶盖及壶把，其特征在于：壶身上设有弦月形护盖板。

说　明　书

茶　壶

本发明涉及品茗茶壶的改良。

一般茶叶在冲泡过程中，茶叶经常聚集在茶壶底部，需要长时间浸泡才能伸展出味。当需要迅速冲泡茶叶的时候，有人会使用搅拌棒或者筷子对茶壶里面的茶叶进行搅拌。这样既不方便也不卫生。

再者，茶壶在倾倒过程中，壶盖往往向前滑动，容易使得茶水溢出，甚至烫伤他人。

本发明的主要目的是提供一种具有搅拌工具的茶壶，所述搅拌工具可拆卸地固定在壶盖底面中央，并向壶身内部延伸。

本发明的另一个目的是提供一种具有护盖板的茶壶，所述护盖板呈弦月形，位于壶身靠近壶嘴的前沿开口部分，并覆盖部分壶盖。

图1为本发明的茶壶的立体外观图；

图2为本发明的茶壶的立体分解图。

如图1、图2所示，本发明的茶壶包括有壶身1、壶嘴2、带有抓手的壶盖3、壶把4及搅拌工具5。搅拌工具5包括搅拌棒11和作为搅拌部的叶轮12。壶身1内可放入茶叶，并供茶叶在冲泡后具有伸展空间。壶盖3的底面中央安装有一个六角螺母。搅拌棒11的两端具有螺纹，其一端旋进六角螺母，从而实现与壶盖3的可拆卸安装，另一端与叶轮12螺纹连接。由于搅拌工具为可拆卸结构，因此易于安装和更换。

壶身1上设置有一弦月形护盖板13，该护盖板13从壶身1近壶嘴2的前缘开口部位沿壶盖3的周向延伸，并覆盖部分壶盖3。护盖板13可以防止壶盖在茶水倾倒过程中向前滑动，从而防止茶水溢出。

使用时，先在壶身1内置入茶叶等冲泡物，倾斜壶盖3，使搅拌工具5置于壶身1内，然后向下将壶盖3置于护盖板13的下方。旋转壶盖3，搅拌工具5随着壶盖3的转动而转动，实现对壶身1内的茶叶及茶水搅拌。

为了更好地对茶叶进行搅拌，可在叶轮12的底部设置齿板。如图1、图2所示，在叶轮12的底部，沿径向向外延伸设有若干个齿板14，每个齿板14上至少设有两个三角形凸齿，配合搅拌工具在茶壶内的旋转，三角形的尖锐凸齿可以进一步搅拌壶身内的茶叶。

第
一
章

说 明 书 附 图

图1

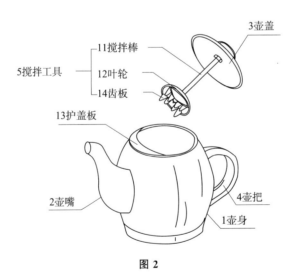

图2

对比文件1：

（19）中华人民共和国国家知识产权局

（12）实用新型专利

（45）授权公告日　2014.05.09

（21）申请号　201320123456.5

（22）申请日　2013.08.22

（73）专利权人　赵××

　　（其余著录项目略）

第一章

说 明 书

一种多功能杯子

本实用新型涉及一种盛装饮用液体的容器，具体地说是一种多功能杯子。

人们在冲泡奶粉、咖啡等饮品时，由于水温及其他各种因素的影响，固体饮品不能迅速溶解，容易形成结块，影响口感。

本实用新型的目的在于提供一种多功能杯子，该杯子具有使固体物迅速溶解、打散结块的功能。

图1为本实用新型的多功能杯子的第一实施例的结构示意图；

图2为本实用新型的多功能杯子的第二实施例的结构示意图。

如图1所示，本实用新型的多功能杯子包括：杯盖21A、搅拌棒22A和杯体23A，搅拌棒22A位于杯盖21A的内侧，并与杯盖一体成型。搅拌棒22A的端部可插接一桨形搅拌部24A。

图2示出了本实用新型的多功能杯子的另一个实施例，包括杯盖21B、搅拌棒22B和杯体23B。所述搅拌棒22B的头部呈圆柱形。杯盖21B的内侧设有内径与搅拌棒22B的头部外径相同的插槽，搅拌棒22B的头部插入杯盖21B的插槽内。搅拌棒22B采用可弯折的材料制成，其端部弯折出一个搅拌匙以形成搅拌部，从而方便搅拌。

使用时，取下杯盖，向杯内放入奶粉、咖啡等固态饮料并注入适宜温度的水，盖上杯盖，握住杯体，转动杯盖，此时搅拌棒也随杯盖的旋转而在杯体内转动，从而使固态饮料迅速溶解，防止结块产生，搅拌均匀后取下杯盖，直接饮用饮品即可。

说 明 书 附 图

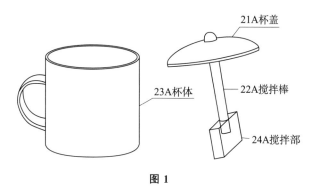

图 1

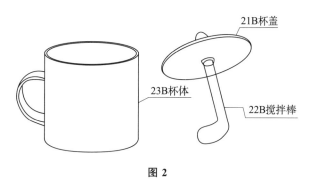

图 2

第
一
章

第一章 根据2016年专利代理实务科目试题改编的模拟试题

对比文件2：

（19）中华人民共和国国家知识产权局

（12）实用新型专利

（45）授权公告日 2011.03.23

（21）申请号 201020789117.7

（22）申请日 2010.04.04

（73）专利权人 孙××

（其余著录项目略）

说　明　书

泡茶用茶壶

　　本实用新型涉及一种新型泡茶用茶壶。

　　泡茶时，经常发生部分茶叶上下空间展开不均匀不能充分浸泡出味的情况，影响茶水的口感。

　　本实用新型的目的是提供一种具有搅拌匙的茶壶。

　　图 1 为本实用新型的茶壶的立体外观图；

　　图 2 为本实用新型的茶壶的剖视图。

　　如图 1 所示，本实用新型的茶壶包括有壶身 30、壶嘴 31、壶盖 32 及壶把 33。壶盖 32 的底面中央一体成型有一向下延伸的搅拌匙 34。此搅拌匙 34 呈偏心弯曲状，在壶盖 32 盖合在壶身 30 时，可伸置在壶身 30 内部。

　　如图 2 所示，在壶身 30 内置茶叶等冲泡物时，搅棒匙 34 随壶盖 32 转动，由于搅拌匙 34 呈偏心弯曲状，弯曲部分可以加速茶壶内的茶叶在上下方向上运动，从而对壶身 30 内的茶叶及茶水搅拌，使冲泡过程不致有茶叶长时间聚集在茶壶的底部，从而提高冲泡茶水的口感。

说 明 书 附 图

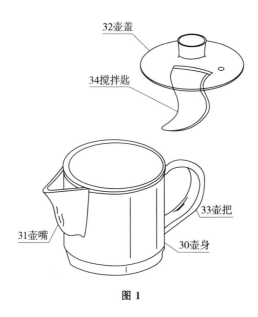

32壶盖

34搅拌匙

33壶把

31壶嘴

30壶身

图 1

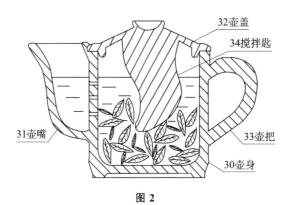

32壶盖

34搅拌匙

31壶嘴

33壶把

30壶身

图 2

对比文件3：

(19) 中华人民共和国国家知识产权局

(12) 实用新型专利

(45) 授权公告日　2000.10.19

(21) 申请号　99265446.9

(22) 申请日　1999.11.10

(73) 专利权人　钱××

（其余著录项目略）

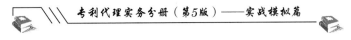

第一章

说　明　书

茶　杯

本实用新型有关一种具有改良结构的新型茶杯。

传统茶杯在冲泡茶叶时需要耗费较多的冲泡时间才能将茶叶冲开饮用。

本实用新型的目的是提供一种新型茶杯，其能够通过对冲泡中的茶叶进行搅拌来加速茶叶的冲泡。

图 1 是本实用新型的茶杯的剖视图。

如图 1 所示，本实用新型改良结构的茶杯，具有一杯体 40、杯盖 41、塞杆 42，以及塞部 43。塞杆 42 可拆卸地固定安装在杯盖 41 的下表面上。塞杆 42 的下端部插接有一个塞部 43，塞部 43 表面包覆有滤网，底部沿径向方向上设有两片微弧状的压片 2B。塞部 43 可与圆柱形杯体 40 配合，借以供作茶叶的搅拌及过滤的结构装置。

该茶杯在实际应用时，配合杯盖 41 的旋转操作，塞部 43 底部设有的压片 2B 搅拌、搅松置放于杯体 40 底部的茶叶，方便地完成茶叶的冲泡工作。

由于塞杆 42、塞部 43 与杯盖 41 之间均采用可拆卸连接，一方面，当茶杯没有浸泡茶叶时，可以将用于搅拌的塞杆 42、塞部 43 取下；另一方面，如果出现了零件损坏的情况，可以进行更换。

说　明　书　附　图

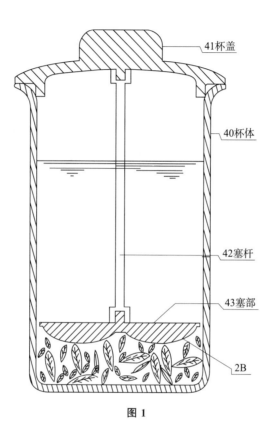

图 1

附件2（客户撰写的无效宣告请求书）：

无效宣告请求书

（一）关于新颖性和创造性

1. 对比文件1与该发明专利涉及相近的技术领域，其说明书的附图1所示的实施例公开了一种多功能杯子包括：杯盖21A、搅拌棒22A和杯体23A，搅拌棒22A位于杯盖21A的内侧，并与杯盖一体成型。搅拌棒22A的端部可插接一桨形搅拌部24A。附图2示出了另一个实施例，包括杯盖21B、搅拌棒22B和杯体23B，所述搅拌棒22B的头部呈圆柱形。杯盖21B的内侧设有内径与搅拌棒22B的头部外径相同的插槽，搅拌棒22B的头部插入至杯盖21B的插槽内。搅拌棒22B采用可弯折的材料制成，其端部弯折出一个搅拌匙以形成搅拌部。因此，实施例一公开了可拆卸的搅拌部，实施例二公开了可拆卸的搅拌棒，对比文件1公开了权利要求1的全部特征，权利要求1相对于对比文件1不具备新颖性。

2. 对比文件2公开了一种茶壶，并具体公开了本实用新型的茶壶包括有壶身30、壶嘴31、壶盖32及壶把33。壶盖32的底面中央一体成型有一向下延伸的搅拌匙34。此搅拌匙34呈偏心弯曲状，在壶盖32盖合在壶身30时，可伸置在壶身30内部。因此其公开了权利要求1的全部技术特征，两者属于相同的技术领域，解决了同样的技术问题，并且达到了同样的技术效果，因此权利要求1相对于对比文件2不具备新颖性。

3. 对比文件2公开了一种带有搅拌匙的茶壶，对比文件3公开了一种改良结构的茶杯，两者结合公开了权利要求2的全部技术特征，因此权利要求2相对于对比文件2和对比文件3不具备创造性。

（二）其他无效理由

4. 权利要求1没有记载搅拌部的具体结构，因此缺少必要技术特征。

5. 权利要求3保护范围不清楚。

6. 权利要求1的特定技术特征是壶盖底面中央可拆卸地固定有一个向下延伸的搅拌棒，搅拌棒的端部可拆卸地固定有搅拌部，从而实现对茶叶的搅拌；权利要求4的特定技术特征是壶身上设有弦月形护盖板，以防止壶盖向前滑动，权利要求4与权利要求1不属于一个总的发明构思，没有单一性。

因此请求宣告该发明专利全部无效。

附件3（技术交底材料）：

茶叶在冲泡过程中，一般需要数十秒到数分钟，才能使其味道浸出。保证茶叶味道的浸出时间，对于泡出香味浓郁的茶水非常重要。当突然来了客人需要泡茶时，往往会因为茶叶味道的浸出时间不足，而造成茶水的色、香、味过于清淡。对此，通常采取的方法都是用筷子或勺子放入茶壶搅拌。但是，一方面，寻找合适的搅拌工具很不方便；另一方面，使用后的搅拌工具没有固定地方放置，经常被随意地放在桌上，很不卫生。

在现有技术的基础上，我公司提出一种改进的茶壶。

如图1所示的茶壶，在壶身101的侧面设有壶嘴102和壶把103。壶身101的上部开口处具有壶盖104。壶盖104的中央安装有抓手105。在抓手105的旁边有一个穿透壶盖的通气孔H，在通气孔H中贯穿地插入一搅拌工具110。如图2所示，搅拌工具110具有杆部111、搅拌部112和把手114。杆部111可自由地穿过通气孔H，并可在通气孔H内上下移动和旋转，并带动搅拌部112作上下运动和旋转运动。杆部111的上端可拆卸地安装有把手114，下端一体成型有搅拌部112。搅拌部112的形状可以采用现有搅拌工具的形状，但这样的形状在茶水中的移动速度慢，不利于茶叶的快速浸出。优选地，搅拌部112为螺旋形，在杆部111的轴向上保持规定的间距而螺旋形延伸。螺旋的内侧空间还可以容纳水质改良剂。例如，将由天然石头做成的球体放入搅拌部112，可以从球体溶出矿物质成分，使茶的味道更加温和。

使用茶壶时，如图1所示，在壶身101内放入茶叶，倒入适量的热水浸泡茶叶。在茶壶中倒入热水后，立即盖上壶盖104。在盖着壶盖104的状态下，拉动和旋转搅拌工具110。在茶壶内，随搅拌工具110的运动，茶叶在热水中移动，茶叶的成分迅速在整个热水中扩散。将搅拌工具110上下移动时，搅拌部112还可以起到泵的作用，在茶壶内部促使茶水产生对流。因此，可以高效泡出味道浓郁且均匀的茶水。

图3示出了另一种搅拌工具210。搅拌工具210具有杆部211、搅拌部212和把手214。把手214与杆部211可拆卸连接，杆部211的轴周围伸出螺旋形的叶片板形成螺旋形的搅拌部212，所述杆部211与所述搅拌部212一体成型。

图4为另一种结构的搅拌工具310。搅拌工具310具有杆部311、搅拌部312和把手314。杆部311与把手314一体成型，与搅拌部312之间可拆卸连接。搅拌部312的上端固定有十字接头316。杆部311的下端套在十字接头316的突出部上。搅拌部312可以使用弹性材料制成，由于弹性材料的作用，螺旋形搅拌部容易变形，使得搅拌更容易进行。

需要说明的是，上述三种搅拌工具也可以只包括杆部及与杆部下端相连接的搅拌部，只要此搅拌工具置于茶壶中的杆部可从通气孔中伸出即可，此时直接握住该杆部的上端，就可通过拉动和旋转杆部而带动搅拌部作上下运动和旋转运动，实现对茶叶的搅拌操作。❶

带有搅拌工具的茶壶，结构简单，成本低廉，操作方便。将搅拌工具的杆部穿入通气孔H，拉动和旋转杆部或者拉动和旋转与杆部上端相连接的把手，就可带动搅拌部对壶身内的茶水和茶叶进行搅拌，使容器内有效地产生对流，方便地完成茶叶的冲泡。其利用了茶壶上现有的通气孔，将搅拌工具安装在茶壶上，不需要改变茶壶的结构就可以方便卫生地实现对茶叶的搅拌操作。

---

❶ 此段内容是改编时增加上去的，因为这三种结构的茶壶中搅拌工具可以仅包括杆部和搅拌部。为了使撰写的权利要求书更为合理，在技术交底材料中增加了这方面的暗示。

技术交底材料附图

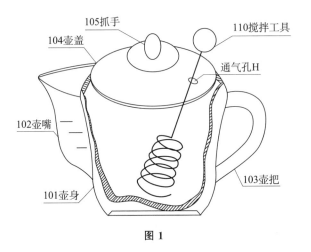

图1

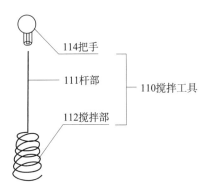

图2

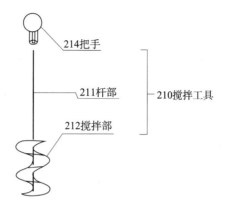

图 3

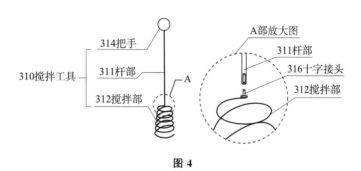

图 4

第一章

二、对试题内容的理解

由试题说明可知，该试题包括两部分内容：前两题涉及无效宣告请求的实务❶，后两题涉及申请文件撰写的实务。

在该无效宣告请求实务的两道试题中，第一题是向客户（无效宣告请求人 A 公司）给出咨询意见，第二题是为客户撰写无效宣告请求书。需要说明的是，该第一题并不是像"基础实务篇"第三章第一节中写明的那样向请求人给出咨询意见，如果将客户 A 公司技术人员自行撰写的无效宣告请求书作为一件无效宣告请求案中请求人提交的无效宣告请求书，那分析无效宣告请求书中各项无效宣告理由是否成立的咨询意见在实质上就相当于"基础实务篇"第三章第二节中向专利权人给出对无效宣告请求书的咨询意见。第二题就是典型的撰写无效宣告请求书的试题。

后两道有关申请文件撰写部分的试题是典型的申请文件撰写试题。第三题就是针对客户所提供的有关改进茶壶的技术交底材料并以前一部分试题中拟提出无效宣告请求的发明专利和 3 件对比文件作为现有技术，为客户撰写一份实用新型专利申请的权利要求书。与以往大多数申请文件撰写试题的不同之处有两点：其一，以前的试题多半是撰写发明专利申请的权利要求书，而2016 年试题是撰写实用新型专利申请的权利要求书，但从最后的技术交底材料内容来看，该项发明创造并不涉及发明专利申请和实用新型专利申请两者的区别，因而在具体分析过程中可不必对此加以考虑；其二，未要求说明所撰写的多项发明创造是分案申请还是合案申请的理由，这样的话很可能最后仅需要撰写一项独立权利要求❷。而第四题是有关说明书撰写的简述题，即给出说明书实用新型内容部分——要解决的技术问题和有益效果。

鉴于上面对试题内容的理解，下面先针对第一部分内容的试题给出无效宣告请求实务试题的应试思路，并通过具体分析给出这部分试题的参考答案，然后针对第二部分内容的试题给出实用新型专利申请文件撰写实务试题的应试思路，并通过具体分析给出这部分试题的参考答案。

三、无效实务部分试题的应试思路、解析和参考答案

根据前面对无效宣告请求实务部分试题内容的理解，这部分试题的应试思路按下述五步进

---

❶ 全国专利代理人资格考试自 2006 年以来，多半专利代理实务科目试卷涉及专利无效宣告请求实务的试题：2011 年和 2022 年的试题是为客户撰写无效宣告请求书，2015 年和 2021 年的试题是向客户给出咨询意见，2016 年、2018 年、2019 年和 2020 年的试题是针对客户自行撰写的无效宣告请求书给出咨询意见和撰写无效宣告请求书。需要说明的是，向客户给出咨询意见的试题会出现不同的情况：2015 年和 2021 年有关无效宣告请求实务的试题是根据客户提供的涉案专利和 3 份对比文件向客户给出咨询意见，因此其类似于"基础实务篇"第三章第一节中请求方专利代理实务部分的咨询意见，在咨询意见中说明可以提出无效宣告请求的范围、理由和证据，以及根据无效宣告请求的前景分析提出进一步工作的建议。在 2016 年、2019 年和 2020 年有关无效宣告请求实务的试题中，除了为客户撰写无效宣告请求书之外，还要求考生先针对客户自行撰写的无效宣告请求书以信函的方式给出咨询意见，具体分析客户所撰写的无效宣告请求书中的各项无效宣告理由是否成立。对于这样的试题，如果将客户自行撰写的无效宣告请求书看作针对涉案专利提出的一份无效宣告请求书，则该信函就相当于"基础实务篇"第三章第二节中专利权人一方的专利代理人向客户给出咨询意见的前一部分，分析无效宣告请求书中各项无效宣告理由是否成立。而 2018 年有关无效宣告实务请求的试题中，前两题相当于 2016 年、2019 年和 2020 年无效宣告请求实务试题中的上述两方面内容，其第三题实质上类似于 2015 年有关无效宣告请求实务试题咨询意见中的后一部分内容，在对所提出无效宣告请求作出前景分析的基础上说明所研发的产品是否还存在侵权风险。

❷ 这仅仅是初步推测，并不排除最后提出的一件专利申请的权利要求书中包含多项可合案申请的独立权利要求。

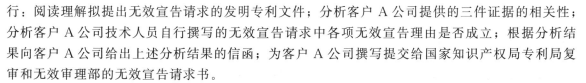

行：阅读理解拟提出无效宣告请求的发明专利文件；分析客户 A 公司提供的三件证据的相关性；分析客户 A 公司技术人员自行撰写的无效宣告请求中各项无效宣告理由是否成立；根据分析结果向客户 A 公司给出上述分析结果的信函；为客户 A 公司撰写提交给国家知识产权局专利局复审和无效审理部的无效宣告请求书。

（一）阅读理解拟提出无效宣告请求的发明专利文件

在阅读理解该发明专利文件时需要进行下述三方面的工作：根据该发明专利的申请日（有优先权要求时，为优先权日）确定该无效宣告请求案适用的法律法规；理解该发明专利各项权利要求的技术方案；分析专利文件本身是否存在可作为无效宣告理由的缺陷。

1. 确定该无效宣告请求案适用的法律法规

由该发明专利文件的著录项目可知，该发明专利未要求优先权，其申请日为 2013 年 9 月 4 日，晚于 2009 年 10 月 1 日，也晚于 2010 年 2 月 1 日，按照《施行修改后的专利法的过渡办法》和《施行修改后的专利法实施细则的过渡办法》的规定，针对该发明专利提出的无效宣告请求案适用现行《专利法》《专利法实施细则》和《专利审查指南2010》。

2. 理解该发明专利各项权利要求的技术方案

由该发明专利的权利要求书和说明书的第二段至第五段可知，该发明专利要求保护两项发明：独立权利要求 1 及从属权利要求 2 和 3 要求保护具有搅拌工具的茶壶；独立权利要求 4 要求保护具有护盖板的茶壶。

由独立权利要求 1 的技术方案以及说明书第二段、第四段及结合附图 1 和图 2 作出具体说明的第八段和第十段可知，独立权利要求 1 要求保护一种在冲泡过程中能方便卫生地对其中的茶叶进行搅拌的茶壶。该茶壶包括壶身、壶嘴、壶盖及壶把，壶盖底面中央可拆卸地固定有一个向下延伸的搅拌棒，搅拌棒端部可拆卸地固定有搅拌部。对于这种茶壶，在壶身内置入茶叶等冲泡物后，旋转壶盖，搅拌工具随着壶盖的转动而转动，从而方便且卫生地实现对壶身内的茶叶及茶水进行搅拌。

权利要求 2 对权利要求 1 要求保护的茶壶作了进一步限定，限定其中的搅拌部为一个在其底部沿径向设有齿板的叶轮。由权利要求 2 的技术方案和说明书中最后一段对该技术方案的进一步描述可知，采用这种沿径向设的齿板作为搅拌部，可以更好地搅拌茶叶。

权利要求 3 对权利要求 1 或 2 的技术方案作了进一步限定，限定其中的齿板上设有多个三角形凸齿。由说明书最后一段文字可知，这种三角形的尖锐凸齿可以进一步搅拌壶身内的茶叶。

由独立权利要求 4 的技术方案以及说明书第三段、第五段及结合附图 1 和图 2 作出具体说明的第九段可知，独立权利要求 4 要求保护一种防止倒水时茶水从壶盖溢出的茶壶。该茶壶包括壶身、壶嘴、壶盖及壶把，壶身上设有弦月形护盖板。对于这种茶壶，壶身上的弦月形护盖板能防止壶盖向前滑动，从而防止茶水溢出。

3. 分析专利文件本身是否存在可作为无效宣告理由的缺陷

上面阅读该发明专利文件时作出的两点分析，对于解答无效宣告请求实务部分试题的前两道题都是需要的。而有关专利文件本身是否存在可作为无效宣告理由实质缺陷的判断分析，虽然对解答第一题分析客户 A 公司技术人员自行撰写的无效宣告请求书中那些无需证据支持的无效宣告理由是否成立时有所帮助，但这一分析完全可以放在应试思路的第三步"分析客户 A 公司技术人员自行撰写的无效宣告请求书中的各项无效宣告理由是否成立"时再进行。考虑到无效宣告请求实务部分的第二题要为客户 A 公司撰写无效宣告请求书，那时需要分析专利文件本身是否存在可作为无效宣告理由的实质缺陷，而这部分工作又是在阅读发明专利文件时应当加以关注

· 21 ·

的，因此就将这一部分分析放在"阅读理解拟提出无效宣告请求的发明专利文件"这一步中。

在阅读理解该发明专利文件的权利要求书时，对于独立权利要求1和从属权利要求2，并未发现其存在无需证据就可作为无效宣告理由提出的实质性缺陷。

现分析一下权利要求3：该权利要求3对权利要求1或2中要求保护的茶壶作了进一步限定，限定该茶壶的搅拌部中齿板上设有多个三角形凸齿，而该进一步限定的技术特征"齿板"仅出现在其引用的权利要求2的限定部分中，而在其引用的权利要求1中未出现过，即其引用权利要求1的技术方案缺乏引用基础。因此该权利要求3引用权利要求1的技术方案未清楚限定要求专利保护的范围，不符合《专利法》第26条第4款的规定。

再来分析一下独立权利要求4，该独立权利要求4要求保护的茶壶仅仅限定壶身上设有弦月形护盖板，并未限定该护盖板在壶身中的具体位置，而由说明书记载的内容可知，该护盖板应当从壶身近壶嘴的前缘开口部位沿壶盖的周向延伸，并覆盖部分壶盖，只有在此位置才能在倒水时起到防止壶盖向前滑动，防止茶水溢出的作用。因此该权利要求4缺少解决技术问题的必要技术特征，不符合《专利法实施细则》第20条第2款的规定。此外，该权利要求4涵盖了不能解决技术问题的技术方案，概括了比说明书中公开的内容更宽的范围，未得到说明书的支持。因此，该权利要求4未以说明书为依据，不符合《专利法》第26条第4款的规定。❶

（二）分析客户A公司提供的三件证据的相关性

由试题内容可知，客户A公司向你所在的代理机构提供了三份对比文件（对比文件1至对比文件3）作为提出无效宣告请求的证据。在这一步中，先对该三件证据的相关性作出分析，然后在下一步再针对客户A公司技术人员自行撰写的无效宣告请求书具体分析这三件证据是否支持其中所主张的无效宣告理由，以及在撰写无效宣告请求书前再分析这三件证据是否能使该发明专利各项权利要求不具备新颖性或创造性。

1. 确定客户提供的三件证据可适用的无效宣告理由

该发明专利的申请日为2013年9月4日。

对比文件1中国实用新型专利的申请日为2013年8月22日，授权公告日为2014年5月9日，专利权人为赵××。因此其是一件他人在该发明专利的申请日前提出申请，并在该发明专利的申请日后授权公告的中国实用新型专利文件，所以这份对比文件可以用于评价该发明专利各项权利要求是否具备新颖性，但不能用来评价该发明专利各项权利要求是否具备创造性。

对比文件2中国实用新型专利的授权公告日为2011年3月23日，对比文件3中国实用新型专利的授权公告日为2000年10月19日，均早于该发明专利的申请日。因此这两份对比文件构成该发明专利的现有技术，可以用作评价该发明专利各项权利要求是否具备新颖性和创造性的对比文件。

2. 判断三份对比文件公开的内容与该发明专利的相关程度

对比文件1公开了一种多功能杯子，包括杯盖、搅拌棒和杯体。在实施例一中，搅拌棒位于杯盖的内侧，并与杯盖一体成型，搅拌棒的端部可插接一桨形搅拌部；在实施例二中，杯盖的内

---

❶ 对于独立权利要求缺乏必要技术特征的情况，认定其不符合《专利法实施细则》第20条第2款的规定要比认定其未以说明书为依据而不符合《专利法》第26条第4款规定更为确切。鉴于中华全国专利代理人协会编写的《2016年全国专利代理人资格考试试题解析》一书中给出的答案以该独立权利要求未以说明书为依据而认定其不符合《专利法》第26条第4款的规定，所以在此处的分析和后面推荐的无效宣告请求书参考答案中同时指出该独立权利要求不符合《专利法实施细则》第20条第2款和《专利法》第26条第4款的规定。

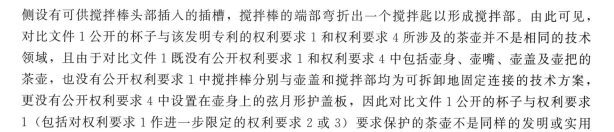

侧设有可供搅拌棒头部插入的插槽，搅拌棒的端部弯折出一个搅拌匙以形成搅拌部。由此可见，对比文件1公开的杯子与该发明专利的权利要求1和权利要求4所涉及的茶壶并不是相同的技术领域，且由于对比文件1既没有公开权利要求1和权利要求4中包括壶身、壶嘴、壶盖及壶把的茶壶，也没有公开权利要求1中搅拌棒分别与壶盖和搅拌部均为可拆卸地固定连接的技术方案，更没有公开权利要求4中设置在壶身上的弦月形护盖板，因此对比文件1公开的杯子与权利要求1（包括对权利要求1作进一步限定的权利要求2或3）要求保护的茶壶不是同样的发明或实用新型，与权利要求4要求保护的茶壶也不是同样的发明或实用新型。

由上述分析可知，该对比文件1不能否定独立权利要求1（包括其从属权利要求2和3）和独立权利要求4的新颖性。且正如前面"确定客户提供的三份证据可适用的无效宣告理由"中所指出的，该对比文件1未构成该发明专利的现有技术，不能用来判断该发明专利各项权利要求的创造性。

因此，可以认为客户A公司提供的第一件证据，即该对比文件1公开的内容与该发明专利并不直接相关。

对比文件2公开了一种包括有壶身、壶嘴、壶盖及壶把的茶壶，壶盖的底面中央一体成型有一向下延伸的搅拌匙。此搅拌匙呈偏心弯曲状，在壶盖盖合在壶身时，可伸置在壶身内部。由此可知，对比文件2与权利要求1涉及相同的技术领域，其所公开的壶盖底面中央固定一个向下延伸，且呈现偏心弯曲状的搅拌匙相当于权利要求1特征部分中的与壶盖固定连接的搅拌棒和固定连接在搅拌棒底部的搅拌部。因此，从对比文件2公开的内容看，其与该发明专利的权利要求1相关。因而存在这样一种可能，该对比文件2公开的内容与其他现有技术公开的内容结合起来可能会影响该独立权利要求1（包括对权利要求1作进一步限定的权利要求2或3）的创造性。

对比文件3公开了一种具有杯体、杯盖、塞杆和塞部的茶杯。塞杆可拆卸地固定安装在杯盖的下表面上，插接在塞杆下端部的塞部的底部沿径向方向上设有两片微弧状的压片，以用于搅拌茶叶。对比文件3虽然公开的是茶杯，不是权利要求1所涉及的茶壶，但两者涉及的均是用于冲泡茶叶的容器，属于相近的技术领域；而且对比文件3公开了塞杆（相当于权利要求1中的搅拌棒）分别与杯盖以及与塞部（相当于权利要求1中的搅拌部）之间均采用可拆卸连接的技术方案。因此，从对比文件3公开的内容来看，其与该发明专利的权利要求1相关。因而存在一种可能，其他公开了带搅拌部的茶壶的现有技术（如对比文件2中公开的茶壶结构）与该对比文件3公开的内容结合起来会影响独立权利要求1（包括对权利要求1作进一步限定的从属权利要求2或3）的创造性。

而对于独立权利要求4来说，尽管对比文件2与权利要求4要求保护的茶壶涉及相同的技术领域，对比文件3公开的茶杯与权利要求4要求保护的茶壶属于相近的技术领域，但这两篇对比文件均未公开与权利要求4特征部分中的弦月形护盖板有关的任何内容。因此应当认为这两篇对比文件公开的内容与权利要求4要求保护的茶壶并不直接相关。

（三）分析无效宣告请求书中各项无效宣告理由是否成立

在阅读理解该发明专利文件和分析客户提供的三件证据的相关性之后，针对客户A公司技术人员自行撰写的无效宣告请求书中各项无效宣告理由分析其是否成立。

首先，分析无效宣告请求书中的各项无效宣告理由是否属于《专利法实施细则》第65条第2款规定的无效宣告理由，其次分析无效宣告请求书中有关各项权利要求不具备新颖性或创造性的无效宣告理由是否成立，最后分析无效宣告请求书中的其他无效宣告理由是否成立。

1. 分析无效宣告请求书中的各项无效宣告理由是否属于法定的无效宣告理由

通过阅读客户 A 公司技术人员自行撰写的无效宣告请求书可知，其共提出五项无效宣告理由：①权利要求 1 不具备新颖性；②权利要求 2 不具备创造性；③权利要求 1 缺少必要技术特征；④权利要求 3 的保护范围不清楚；⑤权利要求 4 和权利要求 1 之间不具有单一性。

前四项无效宣告理由属于《专利法实施细则》第 65 条第 2 款规定的无效宣告理由，可以作为无效宣告理由提出，而最后一项不具有单一性的无效宣告理由不属于《专利法实施细则》第 65 条第 2 款规定的无效宣告理由，不应当作为无效宣告理由提出。

2. 分析无效宣告请求书中有关各项权利要求不具备新颖性或创造性的无效宣告理由是否成立

在无效宣告请求书中，权利要求不具备新颖性或创造性方面的无效宣告理由共涉及两项权利要求和三种对比方式：①权利要求 1 相对于对比文件 1 不具备新颖性；②权利要求 1 相对于对比文件 2 不具备新颖性；③权利要求 2 相对于对比文件 1 和对比文件 2 的结合不具备创造性。

（1）关于权利要求 1 相对于对比文件 1 不具备新颖性的无效宣告理由

请求书中认为：对比文件 1 与该发明专利涉及相近的技术领域。说明书中附图 1 所示实施例公开了一种多功能杯子，其包括杯盖、搅拌棒和杯体，搅拌棒位于杯盖的内侧，并与杯盖一体成型，搅拌棒的端部可插接一桨形搅拌部。附图 2 示出了另一个实施例，该多功能杯子包括杯盖、搅拌棒和杯体，所述搅拌棒的头部呈圆柱形，杯盖内侧设有内径与搅拌棒的头部外径相同的插槽，搅拌棒的头部插入杯盖的插槽内，搅拌棒采用可弯折的材料制成，其端部弯折出一个搅拌匙以形成搅拌部。因此，实施例一公开了可拆卸的搅拌部，实施例二公开了可拆卸的搅拌棒，对比文件 1 公开了权利要求 1 的全部特征，权利要求 1 相对于对比文件 1 不具备新颖性。

按照《专利审查指南 2010》第二部分第三章第 3.1 节的规定，新颖性按照两个审查原则进行判断：同样的发明或者实用新型；单独对比。

显然，请求书中的分析不符合上述两个原则：其一，该分析中认为对比文件 1 既公开了壶盖与搅拌棒的可拆卸连接，又公开了搅拌部与搅拌棒的可拆卸连接，实际上是将对比文件 1 中的实施例一和实施例二中公开的内容结合起来与权利要求的技术方案进行对比，违反了单独对比原则；其二，对比文件 1 公开的是多功能杯子，权利要求 1 要求保护的是茶壶，即便认定两者是相近的技术领域，也不可能构成同样的发明或者实用新型，更何况对比文件 1 的两个实施例中的任何一个均未同时公开了可拆卸固定连接的搅拌棒和可拆卸固定连接的搅拌部，因而对比文件 1 中公开的多功能杯子与权利要求 1 中要求保护的茶壶不是同样的发明或实用新型，对比文件 1 未构成权利要求 1 的抵触申请，不能否定权利要求 1 的新颖性。

由此可知，请求书中有关权利要求 1 相对于对比文件 1 不具备新颖性的分析不正确，该无效宣告理由不能成立。

（2）关于权利要求 1 相对于对比文件 2 不具备新颖性的无效宣告理由

请求书中认为：对比文件 2 公开了一种茶壶，其包括壶身、壶嘴、壶盖及壶把。壶盖的底面中央一体成型有一向下延伸的搅拌匙。此搅拌匙呈偏心弯曲状，在壶盖盖合在壶身时，可伸置在壶身内部。因此其公开了权利要求 1 的全部技术特征，两者属于相同的技术领域，解决了同样的技术问题，并且达到了同样的技术效果，因此权利要求 1 相对于对比文件 2 不具备新颖性。

请求书的上述分析中所认定的对比文件 2 公开的内容是正确的，但由于对比文件 2 中的壶盖与搅拌匙是一体成型，并未公开权利要求 1 中关于搅拌棒与壶盖可拆卸连接和搅拌部与搅拌棒可拆卸连接的内容。因而不能得出其公开了权利要求 1 的全部技术特征，两者并不是同样的发明或者实用新型，对比文件 2 不能否定权利要求 1 的新颖性。

由此可知，请求书中有关权利要求1相对于对比文件2不具备新颖性的分析也不正确，该无效宣告理由也不能成立。

（3）关于权利要求2相对于对比文件2和对比文件3的结合不具备创造性的无效宣告理由

请求书中指出：对比文件2公开了一种带有搅拌匙的茶壶，对比文件3公开了一种改良结构的茶杯，两者结合公开了权利要求2的全部技术特征，因此权利要求2相对于对比文件2和对比文件3不具备创造性。

根据《专利法实施细则》第65条第1款的规定，无效宣告请求书应当结合所提交的证据对提出的无效宣告理由进行具体说明。显然，技术人员所撰写的无效宣告请求书中针对上述无效宣告理由仅给出了结论，并未结合证据具体说明权利要求不具备创造性的无效宣告理由，因此请求书中需要结合两篇对比文件公开的内容具体分析说明该权利要求2为何不具备创造性。

权利要求2与最接近现有技术对比文件2的区别在于：①壶盖底面中央可拆卸地固定有一个向下延伸的搅拌棒，搅拌棒端部可拆卸地固定有搅拌部，而对比文件2中的搅拌匙与壶盖一体成型；②搅拌部为一底部沿径向设有齿板的叶轮，而对比文件2中的搅拌部为偏心弯曲的匙。由此可确定权利要求2相对于对比文件2实际解决两个技术问题：方便搅拌工具的安装和更换；对茶叶起到更好的搅拌作用。对比文件3公开了塞杆（相当于权利要求1中搅拌棒）与杯盖、塞杆与塞部（相当于权利要求1中搅拌部）之间均采用可拆卸连接，当茶杯没有浸泡茶叶时，可将用于搅拌的塞杆和塞部取下，如出现零件损坏，就可进行更换；且在塞部底部沿径向设有微弧状压片（相当于权利要求2中的搅拌部为底部沿径向设有齿板的叶轮），其也用于搅拌茶叶。由此可见，对本领域技术人员来说，在对比文件3技术方案的启示下，很容易想到为了解决对比文件2中存在的问题，将其中一体成型的搅拌结构替换为如对比文件3公开的可拆卸结构，并且搅拌部采用底部沿径向设有微弧状压片的塞部，即采用底部沿径向设有齿板的叶轮，从而得出权利要求2的技术方案。因而，可以认为对比文件3给出将可拆卸结构和带齿板的叶轮应用于对比文件2以解决上述技术问题的启示，可知权利要求2相对于对比文件2和对比文件3的结合是显而易见的，没有突出的实质性特点，不具备创造性。因此请求书中如作出上述分析，则所认定的上述无效宣告理由能够成立。

3. 分析无效宣告请求书中其他无效宣告理由是否成立

无效宣告请求书中涉及的其他无效宣告理由共有三项：①权利要求1缺少必要技术特征；②权利要求3的保护范围不清楚；③权利要求4和权利要求1之间不具有单一性。下面对这三项无效宣告理由逐一进行分析。

（1）关于权利要求1缺少必要技术特征的无效宣告理由

请求书中认为：权利要求1没有记载搅拌部的具体结构，因此缺少必要技术特征。

按照《专利审查指南2010》第二部分第二章第3.1.2节中的规定，判断某一技术特征是否是必要技术特征应当从发明或实用新型解决的技术问题出发并考虑说明书描述的整体内容，不应简单地将实施例中技术特征直接认定为必要技术特征。

根据说明书背景部分的记载：现有技术中存在的问题是使用搅拌棒或者筷子进行搅拌不方便不卫生，权利要求1通过在壶盖底面中央可拆卸地固定有一个向下延伸的搅拌棒，搅拌棒的端部可拆卸地固定有搅拌部。因此权利要求1的技术方案能够解决背景技术存在的技术问题，是一个完整的技术方案，不缺少必要技术特征。而搅拌部的具体结构能够进一步提高搅拌效率，是在权利要求1技术方案基础上的进一步限定，不是必要技术特征。由此可知，权利要求1缺少必要技术特征的无效宣告理由不能成立。

（2）关于权利要求 3 保护范围不清楚的无效宣告理由

请求书中仅指出权利要求 3 保护范围不清楚，并未具体说明理由，不符合《专利法实施细则》第 65 条第 1 款有关无效宣告请求书应当结合证据具体说明无效宣告理由的规定。

权利要求 3 进一步限定的特征"齿板"仅出现在其引用的权利要求 2 中，而未出现在其引用的权利要求 1 中，因而该权利要求 3 引用权利要求 1 的技术方案未清楚限定要求专利保护的范围，不符合《专利法》第 26 条第 4 款的规定。但权利要求 3 引用权利要求 2 的技术方案清楚地限定要求专利保护的范围，符合《专利法》第 26 条第 4 款的规定。

由此可知，请求书中的上述无效宣告理由部分成立，即权利要求 3 引用权利要求 1 的技术方案未清楚限定要求专利保护的范围，且应当在请求书中作出具体分析说明。

（3）关于权利要求 4 与权利要求 1 之间不具有单一性的无效宣告理由

请求书中认为权利要求 4 与权利要求 1 不属于一个总的发明构思，没有单一性。

尽管请求书中对于这两项权利要求之间不具有单一性的分析是正确的，即这两项权利要求之间存在上述缺陷，但正如前面所指出的，这一缺陷不属于《专利法实施细则》第 65 条第 2 款规定的无效宣告理由，因此在请求书中不应当提出这一无效宣告理由。

（四）根据分析结果向客户 A 公司给出上述分析结果的信函

根据前面的分析结果，撰写给客户 A 公司的信函。在此信函中除了起始部分和结尾部分外，根据试题要求，仅仅需要逐个分析该无效宣告请求书中各项无效宣告理由是否成立。❶

下面给出推荐的向客户 A 公司给出上述分析结果的信函。

尊敬的 A 公司：

很高兴贵方委托我代理机构代为办理有关请求宣告专利号为 ZL201311234567.X、名称为"茶壶"的发明专利无效宣告请求的有关事宜，经仔细阅读贵方提供的附件 1～2 以及对比文件 1～3，现对附件 2 无效宣告请求书中各项无效宣告理由是否成立以及请求书的撰写所存在的问题给出如下分析意见。

1. 权利要求 1 相对于对比文件 1 不具备新颖性的理由不能成立

对比文件 1 是一件在该发明专利的申请日前提出申请、申请日以后授权公告的中国实用新型专利文件，可以用于（但仅仅能用于）评价该发明专利的各项权利要求的新颖性。

对比文件 1 公开了一种多功能杯子，并公开了两个实施例：实施例一的多功能杯子包括杯盖、搅拌棒和杯体，搅拌棒一体成型于杯盖内侧，其端部可插接一桨形搅拌部；实施例二的杯子包括杯盖、搅拌棒和杯体，搅拌棒的圆柱形头部可插入杯盖的插槽内，搅拌棒的端部弯折出一个搅拌匙以形成搅拌部。由此可见，对比文件 1 与该发明专利权利要求 1 所涉及的并不是相同的技术领域，而且对比文件 1 没有公开权利要求 1 中包括壶身、壶嘴、壶盖及壶把的茶壶，也没有公开在壶盖底面中央可拆卸地固定有一个向下延伸的搅拌棒且搅拌棒的端部可拆卸地固定有搅拌部，即对比文件 1 并没有公开权利要求 1 的技术方案，两者不是同样的发明或者实用新型，因此对比文件 1 未构成权利要求 1 的抵触申请，因此，权利要求 1 相对于对比文件 1 具备《专利法》第 22 条第 2 款规定的新颖性。

需要指出的是，附件 2 无效宣告请求书中在分析权利要求 1 相对于对比文件 1 不具备新颖性

---

❶ 中华全国专利代理人协会编写的《2016 年全国专利代理人资格考试试题解析》一书给出的答案中仅包括起始部分，而未给出结尾部分。

时认为，实施例一公开了可拆卸的搅拌部，实施例二公开了可拆卸的搅拌棒，进而认为对比文件1公开了权利要求1的全部技术特征。这是使用了对比文件1两个实施例的结合来评述权利要求1的新颖性，违反了新颖性判断的单独对比原则，因此所作分析是不正确的。

2. 权利要求1相对于对比文件2不具备新颖性的理由不能成立

对比文件2的公开日早于该发明专利的申请日，构成该发明专利的现有技术。其公开了一种带有搅拌匙的茶壶，但是其中的搅拌匙与壶盖是一体成型的，未公开权利要求1中有关"搅拌棒与壶盖是可拆卸的"和"搅拌部与搅拌棒是可拆卸的"技术特征，因此对比文件2并未公开权利要求1的全部技术特征，两者的技术方案实质上不同，不是同样的发明或者实用新型，因此权利要求1相对于对比文件2具备《专利法》第2条第2款规定的新颖性。

3. 关于权利要求2相对于对比文件2和对比文件3不具备创造性

首先需要指出的是，请求书中针对上述无效宣告理由仅给出了结论，并未结合证据具体说明不具备创造性的无效宣告理由，不符合《专利法实施细则》第65条第1款规定的无效宣告请求书应当结合所提交的证据具体说明无效宣告理由的规定。

权利要求2要求保护的主题是茶壶，在对比文件2和对比文件3中，对比文件3公开了一种茶杯，而对比文件2公开了一种茶壶，与权利要求2的主题属于相同的技术领域，因而对比文件2公开的茶壶为权利要求2最接近的现有技术。权利要求2未被对比文件2公开的技术特征为：(1) 壶盖底面中央可拆卸地固定有一个向下延伸的搅拌棒，搅拌棒的端部可拆卸地固定有搅拌部（对比文件2中的搅拌匙与壶盖一体成型）；(2) 所述搅拌部为一底部沿径向设有齿板的叶轮（对比文件2中的搅拌部为偏心弯曲的匙）。由上述两个技术特征在本发明中能达到的技术效果（搅拌棒两端可拆卸，可方便搅拌工具的安装和更换，搅拌部为底部沿径向设有齿板的叶轮对茶叶起到更好的搅拌作用）可知，权利要求2相对于对比文件2实际解决两个技术问题：方便搅拌工具的安装和更换以及对茶叶起到更好的搅拌作用。对比文件3公开了塞杆（相当于权利要求1中的搅拌棒）与杯盖、塞杆与塞部（相当于权利要求1中的搅拌部）之间均采用可拆卸连接。其当茶杯没有浸泡茶叶时，可将用于搅拌的塞杆和塞部取下，如出现零件损坏，就可进行更换；且在塞部底部沿径向设有微弧状压片（相当于权利要求2中搅拌部为底部沿径向设有齿板的叶轮），其也用于搅拌茶叶。由此可见，对本领域技术人员来说，在对比文件3技术方案的启示下，很容易想到，为了解决对比文件2中存在的问题，将其中一体成型的搅拌结构替换为如对比文件3公开的可拆卸结构，且搅拌部采用底部沿径向设有微弧状压片的塞部，即采用底部沿径向设有齿板的叶轮，从而得到权利要求2的技术方案。因而可以认为，对比文件3给出将可拆卸结构和带齿板的叶轮应用于对比文件2以解决上述技术问题的启示，可知权利要求2相对于对比文件2和对比文件3的结合是显而易见的，没有突出的实质性特点和显著的进步，不具备《专利法》第22条第3款规定的创造性。由上述分析可知，请求书中如作出上述分析，则所认定的上述无效宣告理由能够成立。❶

鉴于前面已指出权利要求1相对于对比文件1不具备新颖性的理由不能成立，因此在请求书中最好先具体分析说明权利要求1相对于对比文件2和对比文件3不具备创造性的无效宣告理由，在此基础上进一步说明权利要求2相对于对比文件2和对比文件3不具备创造性的无效宣告理由。

---

❶　在应试时由于第二题的无效宣告请求书答案中需要详细论述权利要求1和权利要求2相对于对比文件2和3不具备创造性的理由，此处可简写或者写明参考第二题中给出的答案。

4. 权利要求1缺少必要技术特征的无效宣告理由不能成立

按照《专利审查指南2010》第二部分第二章第3.1.2节的规定，判断某一技术特征是否是必要技术特征应当从发明或实用新型解决的技术问题出发并考虑说明书描述的整体内容，不应简单地将实施例中技术特征直接认定为必要技术特征。

根据说明书背景部分的记载，现有技术中存在的问题是使用搅拌棒或者筷子进行搅拌不方便不卫生，权利要求1通过在壶盖底面中央可拆卸地固定有一个向下延伸的搅拌棒，搅拌棒的端部可拆卸地固定有搅拌部，因此权利要求1的技术方案能够解决背景技术存在的技术问题，是一个完整的技术方案，不缺少必要技术特征。而在说明书实施例部分所写明的搅拌部的具体结构能够进一步提高搅拌效率，是在权利要求1技术方案基础上的进一步限定，不应将其认定为该发明的必要技术特征。由此可知，权利要求1符合《专利法实施细则》第20条第2款有关独立权利要求应当记载解决技术问题的必要技术特征，因此权利要求1缺少必要技术特征的无效宣告理由不能成立。

5. 关于权利要求3保护范围不清楚的无效宣告理由

请求书中仅指出权利要求3保护范围不清楚，但未具体说明理由，不符合《专利法实施细则》第65条第1款有关无效宣告请求书应当结合证据具体说明无效宣告理由的规定。

权利要求3进一步限定的特征"齿板"仅出现在其引用的权利要求2中，而未出现在其引用的权利要求1中，因而该权利要求3引用权利要求1的技术方案中的"齿板"缺乏引用基础，导致权利要求3引用权利要求1的技术方案未清楚限定要求专利保护的范围，不符合《专利法》第26条第4款的规定。但是，权利要求3引用权利要求2的技术方案清楚地限定专利保护的范围，符合《专利法》第26条第4款的规定。

由此可知，请求书中的上述无效宣告理由部分成立，即权利要求3引用权利要求1的技术方案未清楚限定要求专利保护的范围，且应当在请求书中作出具体分析说明。

6. 关于权利要求4与权利要求1之间不具有单一性的无效宣告理由

虽然请求书中对于权利要求4和权利要求1之间不具有单一性的分析是正确的，即这两项权利要求之间存在上述缺陷，但这一缺陷不属于《专利法实施细则》第65条第2款规定的无效宣告理由，因此在请求书中不应当提出这一无效宣告理由。

以上是对贵公司技术人员所撰写的无效宣告请求书的分析意见，供贵公司参考。为此，还针对贵公司所提供的对比文件撰写了一份无效宣告请求书，考虑到贵公司提供的对比文件1既不能否定该发明专利各项权利要求的新颖性，又不能用于与其他现有技术结合来评价该发明专利各项权利要求的创造性，故在提出无效宣告请求时未再使用对比文件1作为证据。

××专利代理机构×××

专利代理师×××

××××年××月××日

（五）为客户A公司撰写提交给国家知识产权局的无效宣告请求书

在前面阅读理解专利文件部分仅分析了该发明专利本身是否存在无需证据就可以作为无效宣告理由提出的实质性缺陷，在分析客户A公司技术人员自行撰写的无效宣告请求书中各项无效宣告理由能否成立时仅针对客户所考虑的内容进行分析，在此基础上直接撰写无效宣告请求书还是不够的。需要分析客户所提供的三件证据能否使各项权利要求不具备新颖性或创造性，从而确定无效宣告请求所使用的证据及这些证据所支持的无效宣告理由，在这基础上撰写提交给国家知识产权局的无效宣告请求书。

1. 分析三件证据能否使各项权利要求不具备新颖性或创造性

客户提供的三件证据分别为对比文件 1 至对比文件 3，下面对这三份对比文件能否使该发明专利各项权利要求不具备新颖性和创造性进行具体分析。

（1）关于对比文件 1❶

正如前面所指出的，对比文件 1 是在该发明专利的申请日前提出、申请日以后授权公告的中国实用新型专利文件，只能用于评价该发明专利各项权利要求的新颖性，不能与其他现有技术结合起来评价该发明专利各项权利要求的创造性。对比文件 1 公开了一种多功能杯子，包括杯盖、搅拌棒和杯体。在实施例一中，搅拌棒位于杯盖的内侧，并与杯盖一体成型，搅拌棒的端部可插接一桨形搅拌部；在实施例二中，杯盖的内侧设有可供搅拌棒头部插入的插槽，搅拌棒的端部弯折出一个搅拌匙以形成搅拌部。由此可见，对比文件 1 公开的杯子与该发明专利的权利要求 1 和权利要求 4 所涉及的茶壶并不是相同的技术领域，且由于对比文件 1 既没有公开权利要求 1 和权利要求 4 中包括壶身、壶嘴、壶盖及壶把的茶壶，也没有公开权利要求 1 中搅拌棒分别与壶盖和搅拌部均为可拆卸地固定连接的技术方案，更没有公开权利要求 4 中设置在壶身上的弦月形护盖板，因此，对比文件 1 公开的杯子与权利要求 1（包括对权利要求 1 作进一步限定的权利要求 2 或 3）要求保护的茶壶不是同样的发明或者实用新型，与权利要求 4 要求保护的茶壶也不是同样的发明或者实用新型。由此可知，对比文件 1 未构成各项权利要求的抵触申请，其公开的内容不能否定该发明专利各项权利要求的新颖性。

鉴于对比文件 1 不能否定该发明专利各项权利要求的新颖性，又不能与其他现有技术结合起来否定该发明专利各项权利要求的创造性，因此在针对该发明专利提出无效宣告请求时不应当使用该对比文件 1 作为证据。

（2）对比文件 2 或对比文件 3 不能否定各项权利要求的新颖性

对比文件 2 和对比文件 3 的公开日均早于该发明专利的申请日，构成该发明专利的现有技术，可用于评价该发明专利各项权利要求的新颖性和创造性。

对比文件 2 公开了一种带有搅拌匙的茶壶，但其中的搅拌匙与壶盖一体成型，未公开权利要求 1 中有关"搅拌棒与壶盖是可拆卸的"和"搅拌部与搅拌棒是可拆卸的"技术特征，因此，对比文件 2 并未公开权利要求 1（包括对权利要求 1 作进一步限定的权利要求 2 和权利要求 3）的全部技术特征，两者的技术方案实质上不同。所以对比文件 2 不能否定权利要求 1（包括对权利要求 1 作进一步限定的权利要求 2 和权利要求 3）的新颖性。同样，对比文件 2 也未公开权利要求 4 中有关设置在壶身上的弦月形护盖板，因此对比文件 2 也不能否定权利要求 4 的新颖性。

对比文件 3 公开了一种具有杯体、杯盖、塞杆和塞部的茶杯，塞杆可拆卸地固定安装在杯盖的下表面上，插接在塞杆下端部的塞部的底部沿径向方向上设有两片微弧状的压片，以用于搅拌茶叶。尽管其也涉及用于冲泡茶叶的容器，但与涉案专利涉及的茶壶属于相近的技术领域，并不是相同的技术领域，且未公开权利要求 1（包括对权利要求 1 作进一步限定的权利要求 2 和权利要求 3）和权利要求 4 中包括壶身、壶嘴、壶盖及壶把的茶壶，两者的技术方案不是同样的发明

---

❶　关于对比文件 1 的分析内容在分析客户技术人员自行撰写的各项无效宣告理由能否成立时已经作出说明，因此对于 2016 年的试题内容来看，此分析内容显得重复。但对于没有第一题内容的试题来说，在阅读理解专利文件之后撰写无效宣告请求书之前需要分析三件证据能否使各项权利要求不具备新颖性或创造性，因而为使这部分分析更完整，此处保留了这一部分内容。

或者实用新型，因此对比文件3不能否定权利要求1（包括对权利要求1作进一步限定的权利要求2和权利要求3）的新颖性，也不能否定权利要求4的新颖性。

（3）对比文件2和对比文件3的结合能否定权利要求1～3各项权利要求的创造性

对于权利要求1来说，对比文件2公开的茶壶与其属于相同的技术领域，而对比文件3公开的是茶杯，并不是茶壶，因而对比文件2是权利要求1的最接近的现有技术。

权利要求1与对比文件2的区别在于：权利要求1的壶盖底面中央可拆卸地固定有一个向下延伸的搅拌棒，搅拌棒的端部可拆卸地固定有搅拌部，而对比文件2中的搅拌匙与壶盖一体成型。由上述区别技术特征可确定权利要求1相对于对比文件2实际解决的技术问题是方便搅拌工具的安装和更换。对比文件3公开了塞杆（相当于权利要求1中的搅拌棒）与杯盖、塞杆与塞部（相当于权利要求1中的搅拌部）之间均采用可拆卸连接。当茶杯没有浸泡茶叶时，可将用于搅拌的塞杆和塞部取下，若出现零件损坏，就进行更换。由此可见，对于本领域技术人员来说，在对比文件3技术方案的启示下，很容易想到为了解决对比文件2中存在的问题，将其中一体成型的搅拌结构替换为如对比文件3公开的可拆卸结构，从而得到权利要求1的技术方案。因而可以认为对比文件3给出将可拆卸结构应用于对比文件2以解决上述技术问题的启示，可知权利要求1相对于对比文件2和对比文件3的结合是显而易见的，不具备创造性。

对于权利要求2，可以认为其进一步限定的技术特征也在对比文件3中公开了，对比文件3公开的塞部底部沿径向设有两片微弧状压片与权利要求2中的叶轮底部沿径向设有齿板两者所起的作用相同，都是用于搅拌茶叶。因此当权利要求1相对于对比文件2和对比文件3不具备创造性时，则对权利要求1作进一步限定的权利要求2相对于对比文件2和对比文件3也不具备创造性。

对于权利要求3，其进一步限定齿板上设有多个三角形凸齿，此也为齿板的常见结构。因此当权利要求2相对于对比文件2和对比文件3不具备创造性时，则权利要求3相对于对比文件2和对比文件3以及本领域的公知常识也不具备创造性。

由于对比文件2和3均未公开权利要求4特征部分的技术特征——壶身上设有弦月形护盖板；且在壶身上设置弦月形护盖板也不是本领域用于在茶壶倾倒茶水时防止茶水溢出的惯用手段，即其不属于本领域的公知常识。因此，客户提供的对比文件2和对比文件3以及本领域的公知常识不能否定权利要求4的创造性。

2. 无效宣告证据的选择和无效宣告理由的确定

根据上述分析，提出无效宣告请求时不再使用对比文件1作为证据，仅使用对比文件2和对比文件3作为证据，其无效宣告理由为权利要求1～3相对于对比文件2和对比文件3不具备《专利法》第22条第3款规定的创造性。

此外，根据前面阅读专利文件时对专利文件本身缺陷所作的分析，还可以提出如下两项无效宣告理由：权利要求3引用权利要求1的技术方案未清楚限定要求专利保护的范围，不符合《专

---

❶　此处的分析和后面给出推荐的无效宣告请求书正文中对权利要求2相对于对比文件2和对比文件3不具备创造性的分析采用了中华全国专利代理人协会编写的《2016年全国专利代理人资格考试试题解析》一书中给出的参考答案中的分析方法。但在平时实务中，由于沿径向设有两片微弧状压片的搅拌部和底部沿径向设有齿板的叶轮两者在形状并不相同，这一主张并不一定会被国家知识产权局复审和无效审理部接受，因而最好再补充检索到设有微弧状压片的搅拌部作为证据，从而再主张该权利要求2相对于上述对比文件及补充检索到的证据不具备创造性。

利法》第26条第4款的规定；独立权利要求4未对要求保护的客体作出清楚限定，致使其缺少解决技术问题的必要技术特征，从而该权利要求概括了不能解决技术问题的技术方案，未得到说明书的支持，即该权利要求4不符合《专利法实施细则》第20条第2款有关独立权利要求应当记载解决技术问题的必要技术特征的规定，也不符合《专利法》第26条第4款有关权利要求以说明书为依据、清楚限定要求专利保护范围的规定。

3. 撰写无效宣告请求书

在选定无效宣告证据和确定无效宣告理由之后，就可着手为客户A公司撰写提交给国家知识产权局的无效宣告请求书。

在无效宣告请求书中，首先应当在起始段对无效宣告请求的法律依据、无效宣告请求所针对的发明专利情况、无效宣告理由、无效宣告的证据和无效宣告请求的范围作出说明；其次结合两件证据（对比文件2和对比文件3）具体说明权利要求1～3不具备创造性的无效宣告理由；再次，分析说明权利要求3未清楚限定专利保护范围的无效宣告理由，再针对权利要求4说明其缺少必要技术特征以及未以说明书为依据和清楚限定要求专利保护范围的无效宣告理由；最后给出结尾段。

下面给出推荐的无效宣告请求书。

无效宣告请求书

国家知识产权局：

根据《专利法》第45条和《专利法实施细则》第65条的规定，请求人针对专利号为ZL201311234567.X、申请日为2013年9月4日、名称为"茶壶"的发明专利（以下简称"该专利"），以该专利不具备《专利法》第22条第3款规定的创造性、不符合《专利法》第26条第4款有关权利要求书应当以说明书为依据并清楚限定要求保护范围的规定以及不符合《专利法实施细则》第20条第2款有关独立权利要求应当记载解决技术问题的必要技术特征的规定为无效宣告理由，请求宣告该专利全部无效。

一、关于证据❶

请求人提交如下对比文件作为证据使用：

证据1（试题中的对比文件2）：专利号为ZL201020789117.7的中国实用新型专利说明书，授权公告日为2011年3月23日。

证据2（试题中的对比文件3）：专利号为ZL99265446.9的中国实用新型专利说明书，授权公告日为2000年10月19日。

二、权利要求1至3不符合《专利法》第22条第3款有关创造性的规定

1. 权利要求1不具备《专利法》第22条第3款规定的创造性

权利要求1涉及一种茶壶，证据1也公开了一种茶壶，与权利要求1要求保护的茶壶属于相同的技术领域，因此将其作为该专利的最接近的现有技术。

该证据1具体公开了以下技术特征（参见说明书第7～9行、附图1）：该茶壶包括有壶身

---

❶　在中华全国专利代理人协会编写的《2016年全国专利代理人资格考试试题解析》一书给出的答案中，该证据的编号采用了原试题中的编号，第一件证据直接写为对比文件2，第二件证据直接写为对比文件3，而在平时实务中由于不再提交对比文件1，因此在请求书中应当将这两份证据称为对比文件1和对比文件2。为了既照顾试题的内容又更接近平时实务的表述方式，所推荐的无效宣告请求书采用了下面给出的表述方式。

30、壶嘴31、壶盖32及壶把33。壶盖32的底面中央一体成型有一向下延伸的搅拌匙34。此搅拌匙34呈偏心弯曲状，在壶盖32盖合在壶身30时，可伸置在壶身30内部。

权利要求1相对于证据1公开的茶壶的区别技术特征是："权利要求1的壶盖底面中央可拆卸地固定有一个向下延伸的搅拌棒，搅拌棒的端部可拆卸地固定有搅拌部"。由上述区别技术特征在本发明中所能达到的技术效果（便于搅拌工具的安装和更换）可知，权利要求1相对于证据1中的茶壶实际解决的技术问题是如何实现搅拌工具的安装和更换。

证据2公开了一种茶杯，并具体公开了以下技术特征（参见说明书第6～9行、附图1）：改良结构的茶杯，具有一杯体40，杯盖41，塞杆42，以及塞部43；塞杆42可拆卸地固定安装在杯盖41的下表面上；塞杆42的下端部插接有一个塞部43，塞部43表面包覆有滤网，底部沿径向方向上设有两片微弧状的压片2B；塞部43可与圆柱形杯体40配合，借以供作茶叶的搅拌及过滤的结构装置。由于塞杆42、塞部43与杯盖41之间均采用可拆卸连接，一方面，当茶杯没有浸泡茶叶时，可以将用于搅拌的塞杆42、塞部43取下；另一方面，如果出现了零件损坏的情况，可以进行更换。

对于本领域的技术人员来说，为了解决搅拌工具的安装和更换的问题，可以采用证据2所公开的两端可拆卸的搅拌工具，其在证据2中的作用与区别技术特征在权利要求1中的作用是相同的，可知证据2给出了将两端可拆卸的搅拌工具应用到证据1以解决上述技术问题的技术启示，因此对于本领域技术人员来说，将证据1和证据2相结合得到权利要求1的技术方案是显而易见的。因而权利要求1没有突出的实质性特点和显著的进步，不具备创造性，不符合《专利法》第22条第3款的规定。

2. 权利要求2和权利要求3不具备《专利法》第22条第3款规定的创造性

从属权利要求2对权利要求1要求保护的茶壶作出进一步限定，其附加技术特征限定"所述搅拌部为一叶轮，所述叶轮的底部沿径向方向设有齿板"。证据2公开了塞部43可与圆柱形杯体40配合，借以供作茶叶的搅拌及过滤的结构装置，塞部的底部沿径向方向上设有两片微弧状的压片2B。证据2公开的塞部底部沿径向设有两片微弧状压片与权利要求2中的叶轮底部沿径向设有齿板两者所起的作用相同，都是用于搅拌茶叶。因此在其所引用的权利要求1相对于证据1和证据2不具备创造性时，则权利要求2相对于证据1和证据2的结合也不具备创造性，不符合《专利法》第22条第3款的规定。

从属权利要求3对权利要求1或权利要求2要求保护的茶壶作了进一步限定，其附加技术特征限定"所述齿板上设有多个三角形凸齿"，此为齿板的常见结构，因此当权利要求2相对于证据1和证据2不具备创造性时，则权利要求3相对于证据1、证据2和本领域的公知常识也不具备《专利法》第22条第3款规定的创造性。

三、从属权利要求3引用权利要求1的技术方案不符合《专利法》第26条第4款的规定

权利要求3的限定部分对齿板作出进一步限定，其中作进一步限定的"齿板"在独立权利要求1中没有记载，因此权利要求3引用权利要求1的技术方案缺乏引用基础，导致其未清楚限定要求专利保护的范围，不符合《专利法》第26条第4款的规定。

四、权利要求4不符合《专利法实施细则》第20条第2款和《专利法》第26条第4款的规定

权利要求4特征部分仅限定"壶身上设有弦月形护盖板"，未限定该护盖板在壶身中的具体位置，而由说明书记载的内容可知，该护盖板应当从壶身近壶嘴的前缘开口部位沿壶盖的周向延伸，并覆盖部分壶盖，只有在此位置才能在倒水时起到防止壶盖向前滑动，才能防止茶水溢出。

因此该权利要求 4 未清楚地限定其保护范围，致使该权利要求 4 缺少解决技术问题的必要技术特征，即该权利要求 4 涵盖了不能解决技术问题的技术方案，概括了比说明书中公开的内容更宽的范围，未得到说明书的支持。由此可知，该权利要求 4 缺少解决技术问题的必要技术特征，不符合《专利法实施细则》第 20 条第 2 款的规定，或者该权利要求 4 未清楚地限定要求专利保护的范围，未以说明书为依据，不符合《专利法》第 26 条第 4 款的规定。

综上所述，专利号为 ZL201311234567.X、名称为"茶壶"的发明专利的权利要求 1 至 3 不具备《专利法》第 22 条第 3 款规定的创造性，权利要求 3 引用权利要求 1 的技术方案不符合《专利法》第 26 条第 4 款有关权利要求应当清楚限定要求专利保护范围的规定，权利要求 4 不符合《专利法实施细则》第 20 条第 2 款有关独立权利要求应当记载解决技术问题的必要技术特征的规定或者不符合《专利法》第 26 条第 4 款有关权利要求书应当以说明书为依据、清楚限定要求专利保护范围的规定，故请求国家知识产权局宣告该专利全部无效。

无效宣告请求人：A 公司

××××年××月××日

四、实用新型专利申请文件撰写部分试题的应试思路、解析和参考答案

对于实用新型专利申请文件撰写部分的试题，可按照下述思路进行答题：阅读理解技术交底材料，确定专利申请要求保护的主题；针对该专利申请要求保护的最重要的发明创造撰写独立权利要求；针对该最重要的发明创造撰写从属权利要求；针对第四题作出简答，即简述所撰写的独立权利要求相对于涉案专利解决的技术问题和取得的技术效果。❶

（一）阅读理解技术交底材料，确定专利申请要求保护的主题

通过阅读技术交底材料可知，客户发明了一种与现有技术结构不同的茶壶。显然，应当将此作为专利申请要求保护的主题。

技术交底材料第一段描述了现有技术为了使茶壶中的茶叶快速浸泡充分，茶壶通常需要使用筷子或勺子来搅拌茶叶，导致一方面寻找合适的搅拌工具很不方便；另一方面使用后的搅拌工具没有固定地方放置，经常被随意地放在桌上，很不卫生。

但事实上，无效涉案专利和对比文件 2 都公开了一种茶壶，且壶盖底面中央具有向壶身内部延伸的用于搅拌茶叶的搅拌工具。也就是说，技术交底书材料中第一段提到的技术问题已经被现有技术解决，因此需要进一步来确定该实用新型相对于现有技术作出了哪些改进。

由技术交底材料第二段至第三段可知，该公司提出一种改进的茶壶，在壶盖的通气孔中贯穿地插入一搅拌工具。技术交底材料第三段、第五段和第六段给出了三种不同结构的搅拌工具。这三种搅拌工具都具有杆部、搅拌部和把手，仅仅三者的连接方式和搅拌部的结构有所不同；且在技术交底材料的倒数第二段又进一步说明这三种搅拌工具也可以只包括杆部及与杆部下端相连接的搅拌部。在技术交底材料的最后一段针对这三种具有不同结构搅拌工具的茶壶总结了"带有搅拌工具的茶壶，结构简单，成本低廉，操作方便。将搅拌工具穿入通气孔 H，拉动和旋转杆部或者拉动和旋转与杆部上相连接的把手，就可带动搅拌部对壶身内的茶水和茶叶进行搅拌，使容器内有效地产生对流，方便地完成茶叶的冲泡。其利用了茶壶上现有的通气孔，将搅拌工具安装在茶壶上，不需要改变茶壶的结构就可以方便卫生地实现对茶叶的搅拌操作"。可见，技术交底材

---

❶　在专利代理师资格考试专利代理实务科目中，涉及申请文件撰写的试题中通常不会要求撰写说明书全文，仅仅涉及说明书中的某一部分或某几部分。

料中的茶壶相对于现有技术的改进主要是通过壶盖的通气孔来设置搅拌工具，而且仅涉及这一个方面的改进，则只需要针对这一方面改进来撰写权利要求书。

（二）针对该专利申请要求保护的最重要的发明创造撰写独立权利要求

技术交底材料针对茶壶的改进给出了三种结构，这三种结构为并列的技术方案。对于这三种并列结构的茶壶，在撰写独立权利要求时，通常按照下述步骤来进行：分析并列出三种结构的茶壶的全部技术特征，其中哪些是共有的或相同的技术特征，哪些是不同的技术特征，对于三者不同的技术特征需考虑采用什么样的技术术语进行概括；确定最接近的现有技术及要解决的技术问题；确定解决技术问题的必要技术特征，完成独立权利要求的撰写。

1. 分析并列出三种结构的茶壶的全部技术特征

下面，依据技术交底材料中结合附图给出的三种结构茶壶的具体结构，列出该要求保护主题所涉及的全部技术特征。

为清楚起见，首先列出三种结构茶壶的相同技术特征：

① 壶身；

② 壶盖；

③ 位于壶身侧面的壶把和壶嘴；

④ 位于壶盖中央部位的抓手；

⑤ 位于壶盖上的通气孔；

⑥ 搅拌工具；

⑦ 搅拌工具具有杆部、搅拌部和把手，但可以仅包括杆部和搅拌部；

⑧ 杆部下端与搅拌部连接，杆部上端与把手连接；

⑨ 搅拌工具的杆部可自由地穿过通气孔，并可在通气孔内上下移动和旋转；

⑩ 搅拌部为螺旋形。

在列出三种结构茶壶相同的技术特征之后，再来分析三种结构茶壶不同的技术特征：

（i）第一种结构茶壶：杆部的上端可拆卸地安装有把手，下端一体成型有搅拌部；优选搅拌部为螺旋形，在杆部的轴向上保持规定的间距而螺旋形延伸；螺旋内侧空间可以容纳球状水质改良剂。

（ii）第二种结构茶壶：把手与杆部可拆卸连接，杆部与搅拌部一体成型；在杆部的轴周围伸出螺旋形的叶片板形成螺旋形的搅拌部。

（iii）第三种结构茶壶：杆部与把手一体成型，杆部与搅拌部之间可拆卸连接；搅拌部的上端固定有十字接头，杆部的下端套在十字接头的突出部上；螺旋形搅拌部可使用弹性材料制成。

需要说明的是，尽管技术交底材料中对第一种结构茶壶未写明搅拌部可使用弹性材料制成，显然第一种结构茶壶的搅拌部也可以由弹性材料制成；同样，虽然技术交底材料中对第三种结构茶壶未写明螺旋形搅拌部的内侧空间可以容纳球状水质改良剂，第三种结构茶壶的螺旋形搅拌部内侧空间也可以容纳球状水质改良剂。

从这三种结构的茶壶来看，主要存在两方面不同之处：搅拌部的具体形状和结构；搅拌工具三个部件的连接方式。由此可知，这三种茶壶结构为并列关系的结构，对于三者不同的技术特征应当采用概括表述方式。显然，针对这三种茶壶结构的第一方面不同之处（搅拌部的具体形状和结构）所能进行概括的技术特征"搅拌部为螺旋形"已经成为前面所列出的第⑩个相同技术特征。而对于搅拌工具三个部件的连接方式，对于前两种结构来说，杆部下端与搅拌部一体成型，杆部上端与把手可拆卸连接，而在后一种结构中，杆部下端与搅拌部可拆卸连接，杆部上端与把手一体成型，则针对这一方面不同之处进行概括的技术特征应当为"杆部下端与搅拌部相连接，杆部上端与把手相连接"，即前面列出的第⑧个相同技术特征。

综上所述，针对该实用新型的三种结构茶壶，相同技术特征以及对这三种结构茶壶概括后得到的技术特征为上述技术特征①至技术特征⑩十个技术特征。

2. 确定最接近的现有技术及要解决的技术问题

就该案而言，撰写前所了解到的与该实用新型现有技术相关的对比文件共有四份，即从无效涉案专利和对比文件1~3所反映的现有技术中确定最接近的现有技术。

按照《专利审查指南2010》第二部分第四章第3.2.1.1节规定的确定最接近的现有技术的原则，首先，选出那些与要求保护的发明创造技术领域相同或相近的现有技术，而在撰写专利申请文件的独立权利要求时，应当选择相同技术领域的现有技术；其次，从这些现有技术中选出所要解决的技术问题、技术效果或者用途最接近和/或公开了发明创造的技术特征最多的那一项现有技术作为最接近的现有技术。

就该实用新型茶壶的改进而言，无效涉案专利和对比文件2涉及茶壶，对比文件1和对比文件3涉及茶杯，因此应当从无效涉案专利和对比文件2中选择最接近的现有技术。现对这两份对比文件所公开的内容进行比较，显然无效涉案专利公开该实用新型的特征更多，因此可以将无效涉案专利作为最接近的现有技术。

因为无效涉案专利的茶壶在壶盖底面中央可拆卸地固定有一个搅拌工具，仅能够通过旋转壶盖带动搅拌工具的旋转而搅拌茶叶，使得茶叶浸泡不均匀，因此该实用新型专利申请相对于无效涉案专利要解决的技术问题为"茶壶与搅拌工具的固定连接而造成的茶叶搅拌不均匀"。

3. 确定解决技术问题的必要技术特征，完成独立权利要求的撰写

现对前面第1点中针对三种结构茶壶所列出的十个技术特征进行分析，以确定其中哪些技术特征是解决上述技术问题的必要技术特征。

技术特征①和技术特征②是茶壶的组成部件，通常应当作为与最接近现有技术共有的必要技术特征写入独立权利要求1的前序部分中。

技术特征③、④和⑤是茶壶两个组成部件壶身和壶盖的具体结构，是现有技术中茶壶必定具有的结构，可以写入独立权利要求的前序部分中而不会影响所撰写的独立权利要求的保护范围。但是考虑前两个技术特征③和④与该实用新型的改进点无关，即与该实用新型的技术方案并不密切相关，因此按照《专利审查指南2010》第二部分第二章第3.3.1节的规定（独立权利要求的前序部分中仅需写明那些与实用新型技术方案密切相关的、共有必要技术特征），可以不将这两个技术特征写入独立权利要求的前序部分；而技术特征⑤与该实用新型技术方案密切相关，因此应当作为与最接近的现有技术共有的必要技术特征写入独立权利要求的前序部分。

技术特征⑥搅拌工具也是与最接近的现有技术共有的技术特征，且与该实用新型技术方案密切相关，应当作为必要技术特征写入独立权利要求1的前序部分中。

对于技术特征⑦至技术特征⑨，其中技术特征⑨是该实用新型的发明点所在：为了解决"茶壶与搅拌工具的固定连接而造成的茶叶搅拌不均匀"的技术问题，"搅拌工具的杆部可自由地从通气孔穿过，并能够在通气孔中上下移动和旋转"是必不可少的特征。至于技术特征⑦限定搅拌工具具有把手、杆部和搅拌部，虽然三种结构的茶壶的搅拌工具都具有把手、杆部和搅拌部，但由技术交底材料倒数第二段可知，搅拌工具可以仅包括杆部和搅拌部，由此可知把手是个优选措施，是为了拿握更加方便，所以把手不是该实用新型解决上述技术问题的必要技术特征。而对于搅拌工具来说，没有搅拌部就构不成搅拌工具，因而应当将搅拌部也写入独立权利要求。至于技术特征⑧，对于发明改进点之处，应当写明其必要部件杆部和搅拌部的连接关系。通过上述分析可知，技术特征⑨、技术特征⑦中的"搅拌工具包括杆部和搅拌部"以及技术特征⑧中的前半部分"杆部下端与搅拌部相连接"是该实用新型解决上述技术问题的必要技术特征。

技术特征⑩是对搅拌部形状的进一步限定，其不是该实用新型解决上述技术问题的必要技术特征。

通过上述分析，可知上述技术特征①、②、⑤、⑥、⑨以及技术特征⑦中的"搅拌工具包括杆部和搅拌部"、技术特征⑧中的"杆部下端与搅拌部相连接"是该实用新型解决上述技术问题的必要技术特征。首先将这些技术特征与最接近的现有技术对比文件1公开的茶壶进行对比分析，可知其中的必要技术特征①、②、⑤和⑥在对比文件1中公开的茶壶中已有记载，因此这四个特征是该实用新型茶壶与最接近的现有技术对比文件1公开的茶壶共有的必要技术特征，将其写入独立权利要求的前序部分。然后将该实用新型茶壶的另三个必要技术特征⑨、技术特征⑦中的"搅拌工具包括杆部和搅拌部"及技术特征⑧中的"杆部下端与搅拌部相连接"写入特征部分（在不改变其含义下从文字表述上对这些特征作了改写），并在各部件之后加上带括号的附图标记，完成独立权利要求的撰写。

最后完成的独立权利要求1如下：

1. 一种茶壶，包括壶身（101）、壶盖（104）和搅拌工具（110，210，310），该壶盖（104）上有一个穿透壶盖（104）的通气孔（H），其特征在于：所述搅拌工具（110，210，310）包括一个自由地穿过所述通气孔（H）、并可在该通气孔（H）内上下移动和旋转的杆部（111，211，311）以及一个与所述杆部（111，211，311）下端相连接的搅拌部（112，212，312）。❶

（三）针对该最重要的发明创造撰写从属权利要求

在完成独立权利要求的撰写之后，为了形成较好的保护梯度，应当根据技术交底材料披露的技术内容，对从属权利要求进行合理布局，撰写适当数量的从属权利要求。

就该实用新型专利申请案而言，由技术交底材料可知，三种结构的不同之处主要为两个方面：搅拌部的具体形状和结构；杆部分别与把手和搅拌部的连接方式。可以针对这两方面分别撰写从属权利要求。此有两种写法：①先针对搅拌部的具体形状和结构撰写从属权利要求，再针对杆部与把手和搅拌部的连接方式撰写从属权利要求；②与此顺序相反，先针对杆部与把手和搅拌部的连接方式撰写从属权利要求，再针对搅拌部的具体形状和结构撰写从属权利要求。考虑到前面分析时所指出的，杆部与把手和搅拌部的连接方式的变化对三种搅拌部的具体结构都适用，而在对杆部分别与把手和搅拌部的连接方式进行限定时必定要先限定该搅拌工具还包括把手，从而会影响这些从属权利要求的保护范围。更何况这种一体式连接方式和可拆卸连接方式是现有技术中已采用的，而搅拌部具体形状和结构与现有技术不同，且能带来更好的技术效果，因而可以先针对搅拌部的具体形状和结构撰写从属权利要求。

正如前面分析时所指出的，三种搅拌部的形状都是螺旋形的，因此在从属权利要求2中先将

❶ 由中华全国专利代理人协会编写的《2016年全国专利代理人资格考试试题解析》一书"专利代理实务"科目有关实用新型专利申请权利要求书撰写的参考答案中给出的独立权利要求为："1. 一种茶壶，包括壶身、壶嘴、壶把、壶盖和搅拌工具，所述壶盖上设置有一个穿透壶盖面的通气孔，其特征在于：所述搅拌工具穿过所述通气孔，并在通气孔中拉动和旋转。"该独立权利要求的撰写基于原试题中的技术交底书。本书中给出的独立权利要求是基于对原始技术交底书补充完善改编后的试题撰写的，这样撰写的独立权利要求更清楚和准确地限定了要求专利保护的范围。

搅拌部限定成螺旋形的。然后考虑到第一种结构与第三种结构中的螺旋形搅拌部可以相互替代，则先针对这两种结构的优选结构"螺旋形搅拌部是在杆部的轴向上保持规定的间距而螺旋形延伸形成的"、对该优选结构的搅拌部的进一步限定特征"螺旋形搅拌部的内侧空间可容纳球状水质改良剂"，以及另一优选特征"螺旋形搅拌部由弹性材料制成"撰写相应的从属权利要求3至5，再针对第二种结构的螺旋形搅拌部的优选结构"螺旋形搅拌部是在杆部的轴周围伸出螺旋形的叶片板而形成的"撰写从属权利要求6。

2. 如权利要求1所述的茶壶，其特征在于：所述搅拌部（112，212，312）为螺旋形搅拌部（112，212，312）。

3. 如权利要求2所述的茶壶，其特征在于：所述螺旋形搅拌部（112，312）是在所述杆部（111，311）的轴向上保持规定的间距而螺旋形延伸形成的。

4. 如权利要求3所述的茶壶，其特征在于：所述螺旋形搅拌部（112，312）的内侧空间可容纳球状水质改良剂。

5. 如权利要求2所述的茶壶，其特征在于：所述螺旋形搅拌部（112，312）由弹性材料制成。

6. 如权利要求2所述的茶壶，其特征在于：所述螺旋形搅拌部（212）是在所述杆部（211）的轴周围伸出螺旋形的叶片板而形成的。

在针对这三种结构茶壶的搅拌部具体结构撰写了从属权利要求之后，再针对三种搅拌工具中部件之间的连接方式撰写从属权利要求。由于以上各项权利要求中搅拌工具并未限定其还包括一个把手，如直接限定不同的连接方式会造成权利要求未清楚地限定保护范围，因而需要先撰写一项从属权利要求7，限定该搅拌工具还包括一个与杆部伸出壶盖的上端相连接的把手。考虑到其对三种结构均适用，且前面的从属权利要求2～6均仅引用一项在前的权利要求，故从属权利要求7可引用在前的所有权利要求1～6。此后，先针对第一种和第二种结构中的杆部与把手和搅拌部的连接方式撰写从属权利要求8，再针对第三种结构中的杆部与把手和搅拌部的连接方式撰写从属权利要求9，这两项从属权利要求均引用在前的从属权利要求7。考虑到技术交底材料中针对第三种结构还给出杆部和搅拌部可拆卸连接的具体结构，则再撰写一项引用从属权利要求9的从属权利要求10。

7. 如权利要求1～6中任意一项所述的茶壶，其特征在于：所述搅拌工具（110，210，310）还包括与所述杆部（111，211，311）伸出所述壶盖（104）的上端相连接的把手（114，214，314）。

8. 如权利要求7所述的茶壶，其特征在于：所述杆部（111，211）和所述搅拌部（112，212）一体成型，所述把手（114，214）与所述杆部（111，211）可拆卸连接。

9. 如权利要求7所述的茶壶，其特征在于：所述杆部（311）和所述把手（314）一体成型，所述杆部（311）和所述搅拌部（312）可拆卸连接。

10. 如权利要求9所述的茶壶，其特征在于：所述搅拌部（312）的上端固定有十字接头，所述杆部（311）的下端套在该十字接头的突出部上。

按照上述考虑撰写的从属权利要求不仅清楚地限定了权利要求的技术方案，而且也符合《专利法实施细则》第22条和《专利审查指南2010》第二部分第二章第3.3.2节有关从属权利要求撰写的规定：

① 从属权利要求只能引用在前的权利要求；

② 引用两项以上权利要求的多项从属权利要求只能以择一方式引用在前的权利要求，并不

第一章

得作为另一项多项从属权利要求的基础，即在后的多项从属权利要求不得引用在前的多项从属权利要求。为满足此要求，考虑到所撰写的从属权利要求7是一项引用在前六项权利要求的多项从属权利要求，因而其所引用的从属权利要求2～5均只引用了一项在前的权利要求；

③ 引用关系符合逻辑，除了满足从属权利要求在限定部分作进一步限定的技术特征应当包含在其引用的权利要求中这一要求外，还应当满足并列技术方案的从属权利要求不得互相引用的要求。例如：从属权利要求3、权利要求5和权利要求6是三项并列的技术方案，故这三项从属权利要求都只引用权利要求2，彼此之间也未相互引用；同理，从属权利要求8和9是两项并列的技术方案，因此这两项从属权利要求之间也未相互引用。此外，针对适用于一种结构的进一步改进撰写的从属权利要求仅能引用相应结构的从属权利要求，例如从属权利要求4限定部分的技术特征是对权利要求3技术方案的进一步限定，因此该从属权利要求4仅引用了从属权利要求3。

（四）推荐的权利要求书

推荐的实用新型权利要求书的答案如下：

1. 一种茶壶，包括壶身（101）、壶盖（104）和搅拌工具（110，210，310），该壶盖（104）上有一个穿透壶盖（104）的通气孔（H），其特征在于：所述搅拌工具（110，210，310）包括一个自由地穿过所述通气孔（H）、并可在该通气孔（H）内上下移动和旋转的杆部（111，211，311）以及一个与所述杆部（111，211，311）下端相连接的搅拌部（112，212，312）。

2. 如权利要求1所述的茶壶，其特征在于：所述搅拌部（112，212，312）为螺旋形搅拌部（112，212，312）。

3. 如权利要求2所述的茶壶，其特征在于：所述螺旋形搅拌部（112，312）是在杆部的轴向上保持规定的间距而螺旋形延伸形成的。

4. 如权利要求3所述的茶壶，其特征在于：所述螺旋形搅拌部（112，312）的内侧空间可容纳球状水质改良剂。

5. 如权利要求2所述的茶壶，其特征在于：所述螺旋形搅拌部（112，312）由弹性材料制成。

6. 如权利要求2所述的茶壶，其特征在于：所述螺旋形搅拌部（212）是在杆部（211）的轴周围伸出螺旋形的叶片板而形成的。

7. 如权利要求1至6中任意一项所述的茶壶，其特征在于：所述搅拌工具（110，210，310）还包括与所述杆部（111，211，311）伸出所述壶盖（104）的上端相连接的把手（114，214，314）。

8. 如权利要求7所述的茶壶，其特征在于：所述杆部（111，211）和所述搅拌部（112，212）一体成型，所述把手（114，214）与所述杆部（111，211）可拆卸连接。

9. 如权利要求7所述的茶壶，其特征在于：所述杆部（311）和所述把手（314）一体成型，所述杆部（311）和所述搅拌部（312）可拆卸连接。

10. 如权利要求9所述的茶壶，其特征在于：所述搅拌部（312）的上端固定有十字接头，所述杆部（311）的下端套在十字接头的突出部上。

（五）针对第四题作出解答

第四题要求考生简述所撰写的独立权利要求相对于涉案专利（附件1）解决的技术问题和取得的技术效果。此相当于要求考生撰写说明书实用新型内容部分中有关解决的技术问题和有益效果这两方面内容。

应当针对该涉案专利存在的缺陷或不足说明该独立权利要求要解决的技术问题，不得包含该独立权利要求特征部分的技术内容。而取得的技术效果应当从该独立权利要求的技术方案出发具体说明。

　　下面给出推荐的第四题（撰写的独立权利要求相对于涉案专利解决的技术问题和取得的技术效果）的参考答案。

　　涉案专利的茶壶在壶盖底面中央可拆卸地固定有一个搅拌工具，仅能够通过旋转壶盖带动搅拌工具的旋转而搅拌茶叶，使得茶叶浸泡不均匀。本实用新型独立权利要求1要解决的技术问题就是涉案专利中的茶壶壶盖与搅拌工具的固定连接而造成的茶叶搅拌不均匀的技术问题。

　　本实用新型独立权利要求1所要求保护的茶壶，其搅拌工具的杆部可自由地穿过壶盖上的通气孔，其在通气孔中不仅可以旋转操作，还可以上下拉动。这样搅拌工具可以起到泵的作用，使得茶壶下部的水可以流动到茶壶上部，从而达到更加方便均匀地冲泡茶叶的技术效果。

第二章 根据 2017 年专利代理实务科目试题改编的模拟试题

本章在对 2017 年全国专利代理人资格考试"专利代理实务"科目试题略作改编的基础上，给出该模拟试题并进行解析。首先在本章第一部分给出模拟试题内容，其次在第二部分"对试题内容的理解"说明该试题内容四道题的考核重点，再次在第三部分说明 2017 年"专利代理实务"科目试题的总体答题思路，最后再分别针对前两道题和后两道题具体说明答题思路、解析并给出参考答案。建议考生在阅读模拟试题内容之后，先自行解答此模拟试题，然后再看两部分试题内容的应试思路、具体解析和参考答案，比较一下自己的答题思路和答案与给出的应试思路和参考答案有哪些不同之处，从而可更好地掌握专利代理实务科目的应试技巧。

一、模拟试题内容

试题说明

客户 A 公司向你所在代理机构提供了自行撰写的申请材料（包括说明书 1 份、权利要求书 1 份），以及检索到的 2 篇对比文件。现委托你所在的代理机构为其提供咨询意见并具体办理专利申请事务。

1. 请你撰写提交给客户的信函，为客户逐一解释其自行撰写的权利要求书是否符合《专利法》及其实施细则的规定并说明理由。

2. 请你根据《专利法实施细则》第 17 条的规定，依据检索到的对比文件，说明客户自行撰写的说明书中哪些部分需要修改并对需要修改之处予以说明。

3. 请你综合考虑对比文件 1 及对比文件 2 所反映的现有技术，为客户撰写发明专利申请的权利要求书。

4. 请你根据"三步法"陈述所撰写的独立权利要求相对于现有技术具备创造性的理由。

附件1（客户自行撰写的说明书）：

背景技术

图1示出了现有起钉锤的立体图，起钉锤大致为英文字母"T"的形状，包括把手2和锤头组件3。锤头组件3包括锤头31和起钉翼32。所述起钉翼32呈弯曲双叉形爪，并在中部形成"V"形缺口。起钉时，起钉翼32的缺口用于卡住钉子的边缘，以锤头组件3的中部作为支点，沿着方向A扳动把手2，弯曲双叉形爪与把手2一起用于在拔出钉子时通过杠杆作用将钉子拔出。

现有的起钉锤在起钉子时是通过锤头组件的中部作为支点。由于支点和起钉翼的距离有限，要拔起较长的钉子时，往往起到一定程度就无法再往上拔了，只好无奈地再找辅助工具垫高支点才能继续往上拔，费时费力。

发明内容

本发明提供一种起钉锤，包括锤头组件和把手，其特征在于所述锤头组件一端设置有起钉翼，另一端设置有锤头，所述锤头组件的中间位置具有支撑部。

具体实施方式

图2示出了本发明的第一实施例。如图所示，该起钉锤的锤头组件3顶部中间向外突出形成支撑部4，用于作为起钉的支点。这种结构的起钉锤增大了起钉支点的距离，使得起钉，尤其是起长钉，更加方便。

图3示出了本发明的第二实施例。如图所示，该起钉锤的锤头组件3上向外突出的支撑部4与锤头组件3本身是相互分开的两个独立部件。支撑部4下侧设有一个调节螺杆51，通过该调节螺杆51作为调节结构，可以调节支撑部4伸出锤头组件3的高度，从而调节起钉支点的高度。该起钉锤的具体结构是：把手2的一端与锤头组件3相连接，锤头组件3上从其远离把手2的顶部一侧沿着把手2长度方向开设有螺纹槽，其内侧设有内螺纹。调节螺杆51上设有外螺纹，其一端螺接于螺纹槽中并可从螺纹槽中旋进旋出，另一端与支撑部4相连接。支撑部4可以是半球形等各种形状，优选的为板状并且顶面两侧具有弧形支撑面。这样可以增大支点的接触面积，避免支点对钉有钉子的物品造成损坏，同时可增加起钉时的稳定性。

使用时，可根据需要将调节螺杆51旋出一定长度，从而调节起钉支点的高度，以便能够轻松地拔起各种长度的钉子，适用范围广。不拔钉子时，可将调节螺杆旋进去隐蔽起来，不占任何空间，与普通的起钉锤外观相差无几，美观效果好。

图4示出了第二实施例的一个变型，作为本申请的第三实施例。如图所示，起钉锤包括锤头组件3、把手2、支撑部4和调节螺杆52。锤头组件3上设有贯穿的通孔，通孔内设有与调节螺杆52配合使用的螺纹。调节螺杆52通过通孔贯穿锤头组件3，并与锤头组件3螺纹连接。调节螺杆52穿过锤头组件3的顶部与支撑部4相连接。所述调节螺杆52基本与把手平行设置，在把手2的中上部设置一个固定支架7，调节螺杆52可在固定支架7内活动穿过。调节螺杆52的底部设有调节控制钮61。调节螺杆52的长度比把手2的长度短，以方便手部抓握把手。

在该实施例中，虽然调节螺杆52也是设置在锤头组件3上，但是由于其贯穿锤头组件3，使得支撑部4和调节控制钮61分别位于锤头组件3的两侧。这样在使用过程中，在将钉子拔起到一定程度后，使用者可以旋转调节控制钮61，使得支撑部4离开锤头组件3的表面升起一定的距离，继续进行后续操作，直至将钉子拔出。这种结构的起钉锤能够根据具体情况，随时调节支撑部的位置，不仅使得起钉锤起钉子的范围大大增加，而且可以一边进行起钉操作，一边进行支点调整，更加省时省力。

图5示出了本发明的第四实施例，在该实施例中，调节螺杆设置于把手上。如图5所示，起钉

锤包括锤头组件 3、把手 2、支撑部 4 和调节螺杆 53。锤头组件 3 的中部具有一个贯穿的通孔，通孔内固定设置把手 2。把手 2 是中空的，调节螺杆 53 贯穿其中。把手 2 的中空内表面设置有与调节螺杆 53 配合使用的内螺纹，这样调节螺杆 53 可在把手 2 内旋进旋出。调节螺杆 53 靠近锤头组件 3 的一端与支撑部 4 相连接，另一端具有一个调节控制钮 62。调节螺杆 53 的长度比把手 2 的长度长。

使用时，可以通过旋转调节控制钮 62 来调节支撑部 4 伸出的距离，从而调节起钉支点的高度。

应当注意的是，虽然在本申请的实施例二到实施例四中，调节支撑部高度的装置均采用调节螺杆，但是在不偏离本发明实质内容的基础上，其他具有锁定功能的可伸缩调节机构，例如具有多个卡位的卡扣连接结构、具有锁定装置的齿条传动结构等都可以作为调节装置应用于本发明。

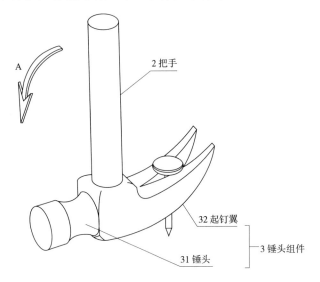

图 1（背景技术）

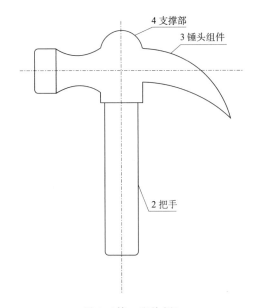

图 2（第一实施例）

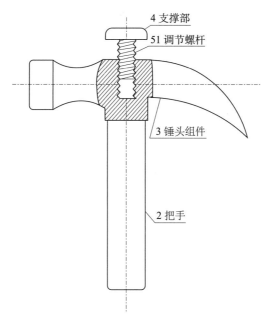

图 3（第二实施例）

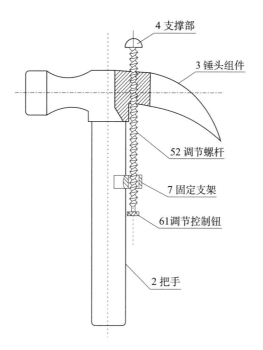

图 4（第三实施例）

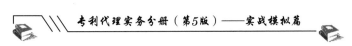

第二章

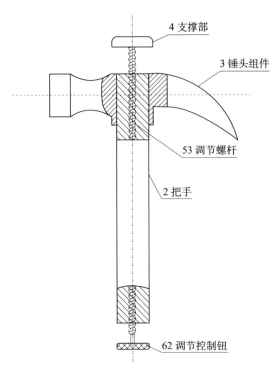

图 5（第四实施例）

附件 2（客户撰写的权利要求书）：

1. 一种起钉锤，包括锤头组件和把手，其特征在于：所述锤头组件一端设置有起钉翼，另一端设置有锤头，所述锤头组件的顶部中间位置具有支撑部。

2. 如权利要求 1 所述的起钉锤，其特征在于：所述支撑部由锤头组件顶部中间向外突出的部分构成。

3. 如权利要求 1 或 2 所述的起钉锤，其特征在于：所述支撑部的高度可以调节。

4. 如权利要求 3 所述的起钉锤，其特征在于：所述把手为中空的，内设调节装置，所述调节装置与锤头组件螺纹连接。

5. 如权利要求 1 所述的起钉锤，其特征在于：所述支撑部为板状，顶面两侧具有弧形支撑面。

第二章

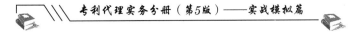

附件3（对比文件1）：

（19）中华人民共和国国家知识产权局

（12）实用新型专利

（45）授权公告日 2017.05.09

（21）申请号 201620123456.5

（22）申请日 2016.08.22

（73）专利权人 赵××

（其余著录项目略）

说　明　书

一种多功能起钉锤

技术领域

本实用新型涉及手工工具领域，尤其涉及一种多功能起钉锤。

背景技术

目前，人们使用的起钉锤如图1所示包括锤柄，锤柄一端设置起钉锤头，起钉锤头的一侧是榔头，另一侧的尖角处有倒脚，用于起钉操作。起钉锤头的顶部中央向外突出形成支撑柱，设置支撑柱是为了增加起钉高度，使需要拔出的钉子能够完全被拔出。起钉锤是一种常见的手工工具，但作用单一，使用率低下，闲置时又占空间。

实用新型内容

本实用新型的目的在于解决上述问题，使起钉锤有开瓶器的作用，在起钉锤闲置不用时，可以作为开瓶器使用，提高使用率。

为达到上述目的，具体方案如下：

一种多功能起钉锤，包括一锤柄，一起钉锤头，所述起钉锤头固定于锤柄顶部。

优选的，所述锤柄底部有塑胶防滑把手。

优选的，所述起钉锤头的榔头一侧中间挖空，呈普通开瓶器状。

附图说明

图1是本实用新型的多功能起钉锤的示意图。

具体实施方式

如图1所示，一种多功能起钉锤，包括锤柄20，起钉锤头30，所述起钉锤头30的榔头一侧310中间挖空，呈普通开瓶器状，起钉锤头30另一侧尖角处有倒脚，用于起钉操作。起钉锤头30固定于锤柄20顶部。优选的，所述锤柄20底部有塑胶防滑把手40。本实用新型可以提高起钉锤的使用率，起钉锤头30的榔头一侧310内部挖空形成开瓶器口，开瓶时只需将挖空部分里侧对准瓶口翘起即可，使用方便，且整体结构简单，制作方便。

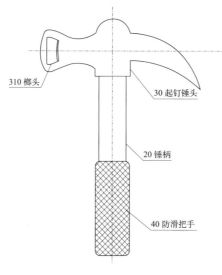

310 榔头

30 起钉锤头

20 锤柄

40 防滑把手

图1

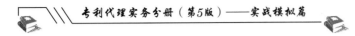

附件 4（对比文件 2）：

（19）中华人民共和国国家知识产权局

（12）实用新型专利

（45）授权公告日 2017.09.27

（21）申请号 201720789117.7

（22）申请日 2017.04.04

（73）专利权人 孙××

（其余著录项目略）

说 明 书

一种新型起钉锤

技术领域

本实用新型涉及一种起钉锤。

背景技术

在日常生活中，羊角起钉锤是一种非常实用的工具。羊角起钉锤一般由锤头和锤柄组成，其锤头具有两个功能，一是用来钉钉子，二是用来起钉子。现有的起钉锤在起钉子时是通过锤头的中部作为支点，受力支点与力臂长度是固定的。当钉子拔到一定高度后，由于羊角锤的长度有限，受力支点不能良好起作用，力矩太小，导致很长的钉子很难拔出来。

实用新型内容

为了克服现有羊角起钉锤的不足，本实用新型提供一种锤身长度可以加长的起钉锤，该起钉锤不仅能克服很长的钉子无法拔出来的不足，而且使用更加省力、方便、快捷。

附图说明

图1是本实用新型起钉锤的结构示意图。

具体实施方式

如图1所示，该起钉锤包括锤柄200、锤体300和长度附加头500。锤体300一端设置有锤头，另一端设置有起钉翼。

长度附加头500为一圆柱形附加头，其直径与锤头直径相同。所述长度附加头500与锤体300的锤头采用卡扣的方式连接在一起。使用时，如果需要起长钉，则将长度附加头500安装在锤体300上，从而增加起钉锤的锤身长度。

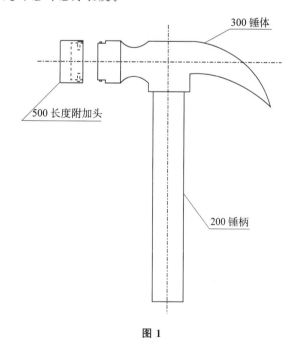

图1

二、对试题内容的理解

由试题说明可知，2017 年专利代理实务科目的试卷要求考生在应试时完成四方面的工作：针对客户自行撰写的权利要求书向客户提供其是否符合《专利法》和《专利法实施细则》规定的咨询信函；说明客户自行撰写的说明书中哪些部分需要修改及应当如何修改；在考虑两篇现有技术的基础上为客户撰写发明专利申请的权利要求书；根据"三步法"陈述所撰写的独立权利要求相对于现有技术具备创造性的理由。

前两项工作类似于 1994～1998 年专利代理实务科目试卷申请文件的改错题。第一题相当于目前"专利代理实务"科目试卷中有关无效宣告请求书应试中专利文件无效宣告理由的分析和论述以及有关答复审查意见通知书应试中对权利要求书所存在的形式缺陷的分析。第二题考核考生说明书各部分的撰写能力。后两项工作是目前"专利代理实务"科目试卷中有关专利申请文件撰写部分试题中最常见的试题：第三题考核考生撰写权利要求书的能力，第四题考核考生答复审查意见通知书时论述具备创造性的争辩能力。

第一题重点考核考生对于专利代理事务中经常涉及的有关"新颖性""创造性""实用性""专利保护客体""权利要求书以说明书为依据""权利要求清楚简要地限定要求专利保护范围""独立权利要求应当记载必要技术特征""单一性"等基本法律概念❶的掌握程度和理解运用能力。

第二题以不同于前几年的考试方式考核考生有关说明书的撰写能力。前几年是通过简答题的方式要求考生撰写说明书的某一部分（如技术领域、发明或实用新型内容部分中的要解决的技术问题和有益效果等），而 2017 年的试题要求考生根据《专利法实施细则》第 17 条规定说明客户自行撰写的说明书中哪些部分需要修改并对需要修改之处予以说明，从而比较全面地考核了考生对《专利法实施细则》第 17 条规定的说明书各个组成部分以及各部分撰写要求的掌握程度和运用能力。

第三题要求考生综合考虑对比文件 1 和对比文件 2 所反映的现有技术为客户撰写发明专利申请的权利要求书。这是"专利代理实务"科目考试中最基本最重要的考试方式，主要考核考生撰写权利要求书的基本技巧，要求在满足《专利法》及《专利法实施细则》有关规定的前提下，撰写出保护范围尽可能宽的独立权利要求，并规划出符合逻辑、结构递进的从属权利要求，最大程度对申请文件中的内容进行保护。

第四题要求考生通过与对比文件的分析对比，采用《专利审查指南 2010》第二部分第四章第 3.2.1.1 节中有关"三步法"的判断方法，陈述考生撰写的独立权利要求具备创造性的理由。该题不仅要求考生熟练掌握创造性的判断方法，还反映了考生对现有技术的理解和对申请文件所涉及的技术内容的分析判断能力。

三、总体答题思路

通过对试题内容的理解，在本部分先简要说明 2017 年"专利代理实务"科目试题的总体答

---

❶ 此处列出的八个法律基本概念是"专利代理实务"科目试题中可能遇到的，但对于 2017 年试题，第一题中给出的咨询意见中不包括"创造性""实用性""专利保护客体"这三个基本法律概念内容。考虑到"创造性"对专利代理师来说是十分重要的基本法律概念，因而 2017 年试题第四题重点考核考生有关"创造性"这一基本法律概念的掌握程度和理解运用能力。

题思路，然后在下面几部分再针对前两题和后两题分别具体分析说明其应试思路并给出相应的参考答案。

对于2017年"专利代理实务"科目的试题，可以按下述八个步骤进行。

（1）由于试题中未给出技术交底材料，仅给出客户自行撰写的权利要求书和说明书，因此在答题时首先阅读说明书以理解发明创造内容并确定要求保护的主题。由于第二题要求指出说明书存在的问题，在阅读说明书的同时应当关注说明书中存在的明显不符合《专利法实施细则》第17条规定之处。

（2）将客户自行撰写的权利要求书分别与说明书公开的内容以及作为现有技术的两篇对比文件进行对比分析，以确定客户自行撰写的权利要求书存在哪些不符合《专利法》《专利法实施细则》规定之处，并进一步分析说明书的内容还存在哪些不符合《专利法实施细则》第17条规定之处。

（3）根据前两步的分析结果，完成对客户自行撰写的权利要求书的咨询意见。

（4）根据前两步的分析结果，说明客户自行撰写的说明书的哪些部分需要修改以及如何修改。

（5）为准备撰写专利申请文件的权利要求书，进一步理解客户自行撰写的说明书中公开的该发明的具体技术内容。

（6）确定最接近的现有技术、该发明要解决的技术问题以及解决该技术问题的必要技术特征，在此基础上完成独立权利要求的撰写。

（7）分析其他附加技术特征，做好从属权利要求的布局，完成从属权利要求的撰写。

（8）针对撰写的独立权利要求论述其相对于现有技术具备创造性的理由。

四、针对前两道试题的应试思路、解析和参考答案

由前面针对2017年"专利代理实务"科目试题给出的答题总体步骤可知，针对前两道题的应试思路可按照前面答题总体思路中列出的前四个步骤进行：阅读理解说明书中涉及的发明创造，确定专利申请要求保护的主题，并关注说明书中所存在的明显缺陷；将客户自行撰写的权利要求书与说明书及现有技术进行分析对比，确定权利要求书及说明书撰写存在的问题；完成给客户有关权利要求书的咨询信函；指出说明书存在的问题并说明应当如何修改。

（一）阅读理解说明书中涉及的发明创造

在阅读理解说明书时需要关注两方面内容：专利申请涉及的主题以及与该主题相关的主要技术内容；说明书存在的明显缺陷。

1. 该发明专利申请涉及的主题及相关技术内容

由客户自行撰写的说明书记载的内容可知，该发明创造仅涉及一个主题"起钉锤"。在其背景技术部分描述的起钉锤在起钉子时以锤头组件的中部作为支点，由于支点与起钉翼的距离有限，拔起较长的钉子费时费力。说明书的具体实施方式给出了4个解决上述技术问题的实施例：在第一实施例中，起钉锤的锤头组件的顶部中间向外突出形成支撑部，用于作为起钉的支点，这种结构的起钉锤增大了起钉支点的距离，从而可方便地拔起长钉；第二至第四实施例是在第一实施例基础上作出的进一步改进，其中的锤头组件与支撑部为两个相互分开的独立部件，该起钉锤还包括一个用于调节支撑部伸出锤头组件高度的调节螺杆，以调节支点的高度，从而可以更方便地拔起各种不同长度的钉子。

2. 说明书存在的明显缺陷

在阅读理解说明书中有关专利申请涉及的主题及其相关技术内容的同时，就能很容易地发现客户自行撰写的说明书存在一些明显不符合《专利法实施细则》第17条规定之处，此可作为解答第二题时的一部分答案。

《专利法实施细则》第17条第1款对说明书撰写的格式要求作出了规定，要求发明或者实用新型专利申请的说明书首先应当写明发明或者实用新型的名称，然后按顺序写明技术领域、背景技术、发明内容、附图说明和具体实施方式。由此可知，客户撰写的说明书存在的明显缺陷之一是：缺少发明名称、技术领域和附图说明这三部分内容。

此外，《专利法实施细则》第17条第1款第3项中写明发明内容部分应当写明发明或实用新型所要解决的技术问题、解决技术问题所采用的技术方案，并对照现有技术写明发明或实用新型的有益效果。在客户撰写的说明书存在的第二个明显缺陷是：发明内容部分仅给出技术方案，缺少发明要解决的技术问题和有益效果两方面内容；而且该技术方案反映的是背景技术的技术内容，未反映出具体实施方式部分所描述的改进技术方案。

《专利审查指南2010》第二部分第二章第2.3节中规定附图中除了必需的词语外，不应当含有其他的注释。目前的说明书附图中除了给出附图标记外，还给出了各附图标记对应的部件的名称，应当将这些部件名称从附图中删去。此外，说明书附图中各幅附图下方除给出相应的顺序编号处，还给出了附图名称，应当将这些附图名称删去。

（二）将客户自行撰写的权利要求书分别与说明书以及现有技术进行对比分析

这一部分需要包括四方面的内容：理解客户自行撰写的权利要求书中各项权利要求的技术方案；将权利要求书与说明书公开的内容进行比较，指出其明显不符合《专利法》和《专利法实施细则》规定之处；将权利要求书与两份对比文件公开的内容进行对比分析，以进一步确定其存在哪些不符合《专利法》和《专利法实施细则》规定之处；在上述对比分析基础上进一步分析说明书撰写所存在的问题。

1. 理解权利要求书中各项权利要求的技术方案

客户自行撰写的权利要求书中共包括5项权利要求：1项独立权利要求和4项从属权利要求。

独立权利要求1要求保护一种起钉锤，其包括锤头组件和把手，其中锤头组件的一端设置有起钉翼，另一端设置有锤头，所述锤头组件的顶部中间位置具有支撑部。

权利要求2和权利要求5对独立权利要求1作进一步限定，分别限定"支撑部由锤头组件顶部中间向外突出的部分构成"和"支撑部为板状，其顶面两侧具有弧形支撑面"。

权利要求3对权利要求1和权利要求2要求保护的起钉锤作出进一步限定，限定"支撑部的高度可以调节"。

权利要求4对权利要求3要求保护的起钉锤作出进一步限定，限定其中的"把手为中空的，内设调节装置，所述调节装置与锤头组件螺纹连接"。

2. 将权利要求书与说明书公开的内容进行比较

在理解了客户自行撰写的权利要求书后，将权利要求书与说明书公开的内容进行比较，以确定权利要求书存在哪些明显不符合《专利法》和《专利法实施细则》规定之处。

在阅读理解客户自行撰写的权利要求书时能意识到独立权利要求1要求保护的起钉锤就是日常生活中最常见的起钉锤。在将其与客户撰写的说明书进行比较时，更明确知晓独立权利要求1反映的技术方案就是客户撰写的说明书背景技术部分给出的现有技术的起钉锤，因此该独立权利要求1极有可能相对于现有技术不具备新颖性❶。

此外，尽管客户在自行撰写的说明书的发明内容部分未写明该发明要解决的技术问题，但在背景技术部分已写明现有技术中的起钉锤不能拔起较长的钉子，为拔起较长钉子，需要再找辅助工具垫高支点才能继续往上拔，费时费力。这样的话可以理解该发明要解决的技术问题是能比较方便地拔起较长的钉子。为解决此技术问题，必须包括增大起钉锤起钉支点距离的结构，至少要求起钉锤的锤头组件顶部中间向外突出形成支撑部。显然，客户自行撰写的独立权利要求1未包含反映增大起钉锤起钉支点距离的结构，因此客户撰写的独立权利要求1缺少解决技术问题的必要技术特征，不符合《专利法实施细则》第20条第2款的规定。

目前的权利要求2相当于客户自行撰写的说明书中具体实施方式部分中的第一实施例，应当认为其已满足权利要求以说明书为依据和清楚限定权利要求保护范围的规定。

该权利要求3包括两个并列的技术方案，分别对权利要求1或权利要求2的技术方案作出进一步限定，现对这两个技术方案作出分析说明。

首先，分析权利要求3引用权利要求2的技术方案。在权利要求2中要求保护的起钉锤中，支撑部由锤头组件顶部中间向外突出的部分构成，可知支撑部是锤头组件的一部分，两者为一个整体件，因而支撑部相对于锤头组件的高度是固定的；而权利要求3要求保护的起钉锤限定其中的支撑部高度可以调节，显然权利要求3限定部分的内容与权利要求2限定部分的内容相矛盾。由此可知，权利要求3引用权利要求2的技术方案未清楚地限定要求专利保护的范围，不符合《专利法》第26条第4款的规定。

下面再分析权利要求3引用权利要求1的技术方案。由说明书的四个实施例可知：支撑部可以如第一实施例那样是锤头组件的一部分，其与锤头组件为一整体件；还可以如第二实施例至第四实施例那样，支撑部和锤头组件两者为彼此分开的独立部件。而在独立权利要求1中特征部分仅写明"锤头组件顶部中间位置具有支撑部"，并未限定两者为一整体件或者两者为彼此分开的独立部件。也就是说，独立权利要求1中的支撑部可以是与锤头部件在一起的整体件，也可以是与锤头组件相分开的独立部件。而权利要求3引用权利要求1的技术方案中限定支撑部的高度可以调节，即其只适用于支撑部和锤头组件是彼此分开的独立部件的情况。因此未清楚限定权利要求3引用权利要求1技术方案的保护范围，限定部分应当首先限定支撑部和锤头组件是分开的独立部件，然后再进一步限定支撑部伸出锤头组件的高度是可调节的，否则该权利要求3引用权利要求1的技术方案未清楚地限定要求专利保护的范围，不符合《专利法》第26条第4款的规定。

权利要求4所要求保护的起钉锤与说明书的内容相比较，应当能看出客户进一步限定的技术方案是具体实施方式部分中的第四实施例。但经过与第四实施例的分析对比，发现该权利要求4所要求保护的技术方案与说明书第四实施例记载的内容相矛盾，两者不相一致，而且能意识到说明书中具体实施方式中第四实施例记载的方案是清楚的，而权利要求4技术方案本身就存在矛盾之处："把手中空内设调节装置"和"调节装置与锤头组件螺纹连接"，到底是调节装置与把手中的螺纹相配合来调节支撑部高度，还是调节装置与锤头组件螺纹连接来调节支撑部的高度。正由于权利要求4的技术方案本身相矛盾，因而与具体实施方式中的第二实施例和第三实施例也不一致，当然与具体实施方式中的第一实施例就更不一致了。由此可知，权利要求4的技术方案得不

---

❶ 由于背景技术部分写明的现有起钉锤也有可能是申请人本人在先申请而尚未公开的专利申请中记载的内容，需要进一步以检索到的对比文件来说明这种起钉锤已构成现有技术，因此在这里只是说明独立权利要求1极有可能相对于现有技术不具备新颖性，而未直接给出其相对于现有技术不具备新颖性的结论。

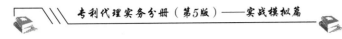

到说明书中所有实施例（4个实施例）的支持，不符合《专利法》第 26 条第 4 款有关权利要求以说明书为依据的规定。

至于权利要求 5，其进一步限定支撑部为顶面两侧具有弧形支撑面的板状件，应当认为该权利要求 5 也已清楚简要地限定要求专利保护的范围，且与说明书中记载的内容相适应。

3. 将权利要求书与两篇对比文件公开的内容进行对比分析

在理解了权利要求书各项权利要求的技术方案之后，将权利要求书与两篇对比文件公开的现有技术进行对比分析。

分析各项权利要求是否具备新颖性和创造性时，首先要关注给出的对比文件的日期。如果是现有技术，则可以用于判断各项权利要求是否具备新颖性和创造性；但若是申请在先公开在后的中国专利文件或专利申请文件的情况，则只能用于判断各项权利要求是否具备新颖性，不能用于判断各项权利要求是否具备创造性。

在 2017 年"专利代理实务"科目的试题中，对比文件 1 和对比文件 2 均为已经公开的专利文献，都构成该申请的现有技术，可以用于判断客户自行撰写的权利要求书中各项权利要求是否具备新颖性和创造性。

下面先分析各项权利要求相对于上述现有技术（对比文件 1 或对比文件 2）是否具备新颖性。

对比文件 1 的发明目的虽然是提供一种兼具开瓶功能的多功能起钉锤，但是在其背景技术部分公开了起钉锤头的顶部中央向外突出形成支撑柱（该发明专利申请中的锤头组件顶部中间向外突出的支撑部），并且明确了设置支撑柱的目的是增加起钉高度，使需要拔出的钉子能够完全被拔出，由此可知，其背景技术部分公开的内容与权利要求 1、2 所要求保护的技术方案、发明目的（即要解决的技术问题）、采用的技术手段以及达到的技术效果均是相同的，两者为同样的发明或者实用新型。所以权利要求 1、2 相对于对比文件 1 不具备新颖性。

权利要求 3 限定支撑部的高度可以调节，而对比文件 1 背景技术部分公开的顶部中央向外突出形成的支撑柱与起钉锤头是一体成型的，其起钉柱高度是固定的，不能被调节。因此对比文件 1 没有公开权利要求 3 的附加技术特征，因而未公开权利要求 3 的技术方案，不能否定权利要求 3 的新颖性。此外，对比文件 1 也没有公开权利要求 4（指修改成反映第四实施例的从属权利要求）、权利要求 5 的附加技术特征，因此也不能否定权利要求 4 和 5 的新颖性。

对比文件 2 公开了一种锤身长度可以加长的起钉锤。根据其背景技术部分的描述，现有技术中的羊角起钉锤在起钉子时是通过锤头的中部作为支点，因此其也公开了权利要求 1 的技术方案，因此其背景技术部分公开的内容与权利要求 1 要求保护的技术方案、解决的技术问题、采用的技术手段以及达到的技术效果均是相同的，两者为同样的发明或者实用新型，因此权利要求 1 相对于对比文件 2 也不具备新颖性。

虽然对比文件 2 所要解决的技术问题也是起钉锤在起钉过程中由于受力支点与力臂长度是固定的，当钉子拔到一定高度后，受力支点不能良好起作用，力矩太小，导致很长的钉子很难拔出来，但是其采用的解决方案是将锤身加长，与该发明专利申请中在锤头组件的顶部中央设置向外突出的支撑部从而提高支撑部高度的解决方案是不同的，因此对比文件 2 未公开权利要求 2 的技术方案，不能否定权利要求 2 的新颖性。

此外，对比文件 2 也未公开权利要求 3、权利要求 4（指修改成反映第四实施例的从属权利要求）、权利要求 5 限定部分的附加技术特征，因此对比文件 2 也不能否定权利要求 3、权利要求 4 和权利要求 5 的新颖性。

在上述分析基础上，再来分析权利要求3~5相对于现有技术是否具备创造性。

上述两篇对比文件与该发明专利申请的技术领域相同，两者解决的技术问题与该发明专利申请要解决的技术问题差不多。考虑到对比文件1还公开了权利要求2的技术方案，即其相对于对比文件2公开了该发明专利申请更多的技术特征，因此将对比文件1作为该发明专利申请的最接近的现有技术。

权利要求3、权利要求4（指修改成反映第四实施例的从属权利要求）、权利要求5未被对比文件1背景技术部分公开的起钉锤的技术特征分别为"支撑部的高度可以调节""把手为中空的，内设调节装置，调节装置上的外螺纹与设置在中空把手内部的内螺纹形成螺纹连接""支撑部为板状，两侧具有弧形支撑面"。对比文件1中记载的其他技术方案均未公开上述技术特征，对比文件2中记载的技术方案也未公开上述技术特征，而且上述技术特征也不属于本领域为解决上述相关技术问题的惯用技术手段，即不属于本领域的公知常识，因此对比文件1和对比文件2以及本领域公知常识的结合不能否定权利要求3~5各项权利要求的创造性。

需要说明的是，当权利要求1和2不具备新颖性时，客户如果想将权利要求3和5分别撰写成一项独立权利要求时，则这两项独立权利要求相对现有技术的特定技术特征分别为"支撑部的高度可以调节"和"支撑部为板状，其顶面两侧具有弧开支撑面"。两者的特定技术特征既不相同又不相应，不属于一个总的发明构思，不符合《专利法》第31条第1款的规定，不能合案申请，因此只能作为两件专利申请提出。但权利要求5限定部分的附加技术特征仍可作为对由权利要求3改写的独立权利要求作进一步限定的附加技术特征，写成该独立权利要求的一项从属权利要求。

4. 进一步分析说明书撰写所存在的问题

在将权利要求书与两篇对比文件进行分析对比时，注意到权利要求1和权利要求2相对于对比文件1不具备新颖性。此时就应当再次关注一下客户撰写的说明书，进一步分析与此相应还存在哪些不符合《专利法实施细则》第17条规定之处。

首先，对比文件1背景技术部分公开的起钉锤是该发明专利申请最接近的现有技术，客户自行撰写的说明书背景技术部分反映的是早期的现有技术，未反映最接近的现有技术对比文件1的内容，因此应当将对比文件1的有关内容补充到背景技术部分。

其次，具体实施方式部分中的第一实施例已记载在最接近的现有技术对比文件1的背景技术部分，已构成该发明专利申请的现有技术，因此在具体实施方式部分应当将第一实施例的有关内容删去，并针对此对比文件1在发明内容部分写明该发明要解决的技术问题以及相对于现有技术带来的有益效果。

（三）完成给客户有关权利要求书的咨询信函

在前述分析的基础上，着手撰写咨询信函。咨询意见的撰写应当条理清楚、说理充分、行文流畅。

为此，先将前面第二步中第2点与第3点中所分析的权利要求书存在的不符合《专利法》和《专利法实施细则》规定之处作简单归纳。

在阅读客户自行撰写的权利要求书并将其与说明书的内容进行比较后所确定的权利要求书存在的不符合《专利法》和《专利法实施细则》规定之处为：

① 权利要求1缺少解决技术问题的必要技术特征，不符合《专利法实施细则》第20条第2款的规定；

② 权利要求3未清楚地限定要求专利保护的范围，不符合《专利法》第26条第4款的

规定；

③ 权利要求 4 未以说明书为依据，不符合《专利法》第 26 条第 4 款的规定。

在将客户自行撰写的权利要求书中的各项权利要求与现有技术两篇对比文件进行分析对比后，所确定的权利要求存在的不符合《专利法》和《专利法实施细则》规定之处为：

④ 权利要求 1 和权利要求 2 相对于对比文件 1 不具备新颖性，不符合《专利法》第 22 条第 2 款的规定；

⑤ 权利要求 1 相对于对比文件 2 不具备新颖性，不符合《专利法》第 22 条第 2 款的规定；

⑥ 由于权利要求 1 和权利要求 2 不具备新颖性，此时若将权利要求 3 和权利要求 5 改写成两项独立权利要求，则这两项独立权利要求之间不具有单一性，不符合《专利法》第 31 条第 1 款的规定。

在给客户的咨询信函中，除了起始段和结尾段外，重点说明客户自行撰写的权利要求书所存在的不符合《专利法》和《专利法实施细则》规定之处。这一部分可以有两种写法：一种是按照权利要求的顺序逐一指出其不符合《专利法》和《专利法实施细则》规定之处；另一种是先重点说明其不符合《专利法》第 22 条规定之处，再指出其他方面不符合《专利法》和《专利法实施细则》规定之处。应试时，这两种写法均可，通常若涉及不符合《专利法》第 22 条规定之处内容较多时，可以采用后一种写法，因为其所占分值较多，而对 2017 年"专利代理实务"科目试题来看，涉及不符合《专利法》第 22 条规定之处内容相对较少，因而也可采用前一种写法。

下面按照前一种写法给出咨询信函的参考答案。

尊敬的 A 公司：

很高兴贵方委托我专利代理机构代为办理有关起钉锤的发明专利申请案，经仔细阅读贵公司撰写的权利要求书、说明书和提供的现有技术对比文件 1 和对比文件 2，我方认为贵公司所撰写的权利要求书存在一些不符合《专利法》和《专利法实施细则》之处，将会影响本发明专利申请的顺利授权，现逐一指出。

1. 关于权利要求 1

（1）权利要求 1 缺少解决技术问题的必要技术特征，不符合《专利法实施细则》第 20 条第 2 款的规定

由贵公司自行撰写的说明书背景技术部分的描述可知，对于现有技术中的起钉锤来说，由于其起钉支点和起钉翼的距离有限，从而存在拔起较长钉子时费时费力的技术问题。而通过阅读说明书的四个具体实施方式可知，本发明为解决这一技术问题，必须采用增大起钉锤起钉支点距离的结构，至少该起钉锤的支撑部由锤头组件顶部中间向外突出的部分构成，显然，贵公司撰写的独立权利要求 1 未包含反映增大起钉锤起钉支点距离的结构，因而独立权利要求 1 缺少解决技术问题的必要技术特征，不符合《专利法实施细则》第 20 条第 2 款的规定。

（2）权利要求 1 相对于对比文件 1 或者相对于对比文件 2 不具备新颖性，不符合《专利法》第 22 条第 2 款的规定

权利要求 1 要求保护一种起钉锤，对比文件 1 背景技术部分公开了一种目前人们使用的起钉锤，并具体公开了以下技术特征：起钉锤包括锤柄（本发明中的把手），锤柄一端设置起钉锤头（本发明中的锤头组件），所述锤头的一侧是榔头（本发明中的锤头），锤头另一侧尖角处有倒脚，用于起钉操作（相当于本发明中的起钉翼）。起钉锤头的顶部中央向外突出形成支撑柱（本发明中锤头组件顶部中间位置的支撑部），设置支撑柱是为了增加起钉高度，使需要拔出的钉子能够完全被拔出。由此可见，对比文件 1 已经公开了权利要求 1 所要求保护的技术方案的全部技术特

征，两者采用了相同的技术方案，并且它们都属于起钉锤这一相同的技术领域，都解决了便于起钉锤拔出长钉的技术问题，并能达到相同的技术效果，两者为同样的发明或者实用新型。因此，权利要求1相对于对比文件1背景技术部分中公开的起钉锤不具备新颖性，不符合《专利法》第22条第2款的规定。

此外，对比文件2背景技术部分也公开了一种羊角起钉锤，由锤头和锤柄（本发明中的把手）组成，其锤头具有两个功能，一是用来钉钉子，二是用来起钉子（结合附图可知该锤头相当于本发明中一端设置有起钉翼另一端设置有锤头的锤头组件）。现有的起钉锤在起钉子时是通过锤头的中部（相当于本发明锤头组件顶部中间位置的支撑部）作为支点。由此可知，对比文件2背景技术部分的羊角起钉锤也公开了权利要求1所要求保护的技术方案的全部技术特征，两者采用了相同的技术方案，并且它们都属于起钉锤这一相同的技术领域，都解决可同时实现钉钉子和起钉子的相同技术效果，两者为同样的发明或者实用新型。因此权利要求1相对于对比文件2背景技术部分的羊角起钉锤不符合《专利法》第22条第2款有关新颖性的规定。

2. 权利要求2相对于对比文件1不具备新颖性，不符合《专利法》第22条第2款的规定

权利要求2进一步限定了所述支撑部由锤头组件顶部中间向外突出的部分构成，对比文件1背景技术部分中已经公开了起钉锤头的顶部中央向外突出形成支撑柱，因此在其引用的独立权利要求1不具备新颖性的情况下，从属权利要求2相对于对比文件1背景技术部分公开的起钉锤也不具备新颖性，不符合《专利法》第22条第2款的规定。

3. 权利要求3引用权利要求1和引用权利要求2的两个技术方案均未清楚地限定要求专利保护的范围，不符合《专利法》第26条第4款的规定

权利要求3在其限定部分进一步限定"支撑部的高度可以调节"，但在其引用的权利要求1中，在其特征部分写明"锤头组件的顶部中间位置具有支撑部"，而由说明书具体实施方式中给出的四个实施例可知，其中的支撑部可以如第一实施例那样是锤头组件的一部分（两者为整体件），但也可以如后三个实施例那样是与锤头组件分开的单独部件（两者为分开的独立部件），显然两者为整体件时其高度不能调节。因此权利要求3引用权利要求1作进一步限定时，应当将整体件的情形排除在外，即限定部分的技术特征应当包括两个特征：支撑部和锤头部件为两个分开的独立部件；支撑部的高度可以调节。而目前的权利要求3仅进一步限定支撑部的高度可以调节，未限定支撑部和锤头部件为两个分开的独立部件，因而权利要求3引用权利要求1的技术方案未清楚限定要求专利保护的范围，不符合《专利法》第26条第4款的规定。

权利要求3进一步限定的附加技术特征是"支撑部的高度可以调节"，而在其引用的权利要求2中的"支撑部是由锤头组件顶部中间向外突出构成的"，该部分是固定的，高度不能调节，因此权利要求3引用权利要求2时的限定部分的技术特征与权利要求2中的技术特征存在矛盾，导致权利要求3引用权利要求2的技术方案未清楚限定要求专利保护的范围，不符合《专利法》第26条第4款的规定。

4. 权利要求4未以说明书为依据，不符合《专利法》第26条第4款的规定

权利要求4进一步限定"把手为中空的，内设调节装置，调节装置与锤头组件螺纹连接"。根据说明书的记载，在第四实施例中把手2是中空的，但把手2的中空内表面设置有与调节螺杆53配合使用的内螺纹，这样调节螺杆53可在把手2内旋进旋出，即调节螺杆与把手螺纹连接，而不是与锤头组件螺纹连接；而在第二实施例和第三实施例的起钉锤中调节螺杆与锤头组件螺纹连接，但把手都不是中空的。由此可知，权利要求4所限定的技术方案与说明书具体实施方式部分记载的后三个实施例中的任一个都不一致，得不到其中任何一个实施例的支持，因而其没有以

说明书为依据，不符合《专利法》第 26 条第 4 款的规定。

5. 应当注意到，在独立权利要求 1 不具备新颖性时，权利要求 3 与权利要求 5 没有单一性，不符合《专利法》第 31 条第 1 款的规定，不能将这两项权利要求直接改写成两项独立权利要求

根据目前掌握的对比文件，独立权利要求 1 和从属权利要求 2 不具备新颖性，不符合《专利法》第 22 条第 2 款的规定。在独立权利要求 1 不具备新颖性或创造性的情况下，需要考虑从属权利要求之间是否符合单一性的规定。

权利要求 3 引用权利要求 1 的技术方案相对于现有技术作出贡献的技术特征为"支撑部的高度可以调节"，从而使支撑部的高度适用于不同长度的钉子。

权利要求 5 相对于现有技术作出贡献的技术特征为"支撑部为板状，其两端具有弧形支撑面"，从而增大支点的接触面积，避免支点对钉有钉子的物品造成损坏，同时可增加起钉时的稳定性。

由此可见，两个权利要求对现有技术作出贡献的技术特征既不相同也不相应，即两者之间并不包含相同或相应的特定技术特征，在技术上并不相互关联，彼此之间不属于一个总的发明构思，不具有单一性，不符合《专利法》第 31 条第 1 款的规定。

鉴于此，在重新撰写权利要求书时，为消除权利要求 1 和权利要求 2 不具备新颖性的缺陷而删去权利要求 1 和权利要求 2，不应当将权利要求 3 和权利要求 5 直接改写成两项独立权利要求。但是，在将权利要求 3 改写成独立权利要求 1 时，可将权利要求 5 限定部分的技术特征作为附加技术特征，改写成修改后的独立权利要求 1 的从属权利要求。

综上所述，目前贵公司撰写的权利要求书存在较多问题，我方专利代理师将会与贵方积极沟通，在充分理解发明内容的基础上，结合对现有技术的检索、分析和对比，重新撰写权利要求书和说明书。

以上为咨询意见，供参考。

××专利代理公司×××
专利代理师×××
××××年××月××日

（四）指出说明书存在的问题并说明应当如何修改

应试时，在完成给客户有关权利要求书的咨询信函后，可以根据前面第一步和第二步中指出客户自行撰写的说明书所存在的不符合《专利法实施细则》第 17 条的规定之处，依据《专利审查指南 2010》第二部分第二章第 2.2.1 节至第 2.2.6 节和第 2.3 节的具体规定说明应当如何进行修改，从而完成第二题的解答。

为此，先列出第一步和第二步中所指出的客户所撰写的说明书存在的不符合《专利法实施细则》第 17 条规定之处，并对其作一简单归纳。

第一步中阅读客户自行撰写的说明书时所发现的说明书不符合《专利法实施细则》第 17 条规定之处如下：①缺少发明名称；②缺少技术领域部分；③发明内容部分缺少要解决的技术问题和有益效果两方面内容，且该技术方案反映的是背景技术的技术内容，未反映出具体实施方式部分所描述的改进技术方案；④缺少附图说明部分；⑤说明书附图中包含有不必要的文字注释，给出了各附图标记对应的部件的名称。

第二步中在将权利要求书与两份对比文件公开的内容进行对比分析之后进一步发现客户自行撰写的说明书还存在两方面不符合《专利法实施细则》第 17 条规定之处：①说明书背景技术部分反映的是早期的现有技术，未反映最接近的现有技术对比文件 1 的内容；②具体实施方式部分

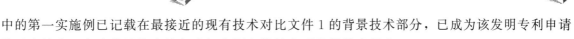

中的第一实施例已记载在最接近的现有技术对比文件1的背景技术部分，已成为该发明专利申请的现有技术，应当从具体实施方式部分删去并补充到背景技术部分。

下面针对第一步和第二步中列出的说明书存在的七方面不符合《专利法实施细则》第17条规定之处，并依据《专利法实施细则》第17条和《专利审查指南2010》第二部分第二章第2.2.1节至第2.2.6节和第2.3节的具体规定，说明对上述不符合规定之处应当如何进行修改。为清楚起见，按照说明书各部分的顺序给予说明。

（1）说明书缺少发明名称

按照《专利法实施细则》第17条第1款和《专利审查指南2010》第二部分第二章第2.2.1节的规定，发明专利申请的说明书"应当写明发明的名称"，"发明名称应当清楚、简要，写在说明书首页正文部分的上方居中位置"并且"应当清楚、简要、全面地反映要求保护的主题和类型"。

根据前面分析，该发明专利申请只要求保护一个主题"起钉锤"，因此发明名称应当确定为"起钉锤"，并写在说明书首页正文部分的上方居中位置。

（2）说明书缺少技术领域部分

按照《专利法实施细则》第17条第1款和第2款的规定，说明书通常应当包括技术领域、背景技术、发明内容、附图说明和具体实施方式五个部分，并在说明书每一部分前面写明标题。《专利审查指南2010》第二部分第二章第2.2.2节对技术领域部分应当撰写的内容作了进一步具体规定：说明书中发明或者实用新型的技术领域应当是发明或者实用新型要求保护的技术方案所属或者直接应用的具体领域，而不是上位的或者相邻的技术领域，也不是发明或者实用新型本身。

根据上述规定，在修改的说明书中应当增补技术领域这一部分内容。具体来说，在说明书的发明名称之后直接写明这一部分标题"技术领域"，然后另起行写明该专利申请要求保护的发明的技术方案所属或直接应用的具体技术领域"本发明涉及一种起钉锤，包括锤头组件和把手"，不应写成上位的或者相邻的技术领域。

（3）背景技术部分反映的是早期的现有技术，未反映最接近的现有技术对比文件1的内容

按照《专利法实施细则》第17条第1款的规定，背景技术部分应当写明对发明或者实用新型的理解、检索、审查有用的背景技术；有可能的，并引证反映这些背景技术的文件。《专利审查指南2010》第二部分第二章第2.2.3节还进一步规定，背景技术要引证发明和实用新型专利申请最接近的现有技术。

正如前面分析所指出的，该发明专利申请说明书具体实施方式部分的第一实施例已经被对比文件1公开，其已构成该申请最接近的现有技术，因此需要对背景技术部分作出修改。在这部分应当引证对比文件1，写明其出处（中国实用新型专利ZL201620123456.6），并简要写明反映其"锤头组件顶部中央向外突出形成支撑部"的技术方案，并针对对比文件1的起钉锤中"支撑柱的高度固定不变，不能适应不同长度的钉子"，客观地指出其存在的问题和缺点（仅限于涉及该发明所解决的问题和缺点）：不能轻松拔起各种长度的钉子，适用范围窄。与此同时可以删去背景技术部分原结合附图描述的早期现有技术的内容。

（4）发明内容部分缺少要解决的技术问题和有益效果两方面内容，且该技术方案反映的是背景技术的技术内容，未反映出具体实施方式部分所描述的改进技术方案

按照《专利法实施细则》第17条第1款的规定，发明内容部分应当写明发明或者实用新型所要解决的技术问题、解决其技术问题采用的技术方案、对照现有技术写明发明或者实用新型的

有益效果。《专利审查指南 2010》第二部分第二章第 2.2.4 节对这部分的三方面内容又作出进一步规定：发明或者实用新型所要解决的技术问题，应当针对现有技术中存在的缺陷或不足，用正面的、尽可能简洁的语言，客观而有根据地反映发明或者实用新型要解决的技术问题；说明书技术方案首先应当以发明或者实用新型的必要技术特征总和的形式写明独立权利要求的技术方案，然后可以通过对该发明或者实用新型的附加技术特征的描述，反映对其作进一步改进的从属权利要求的技术方案；有益效果可以通过对发明或者实用新型结构特点的分析和理论说明相结合，或者通过列出实验数据的方式予以说明，不得只断言发明或者实用新型具有有益的效果。

根据上述规定，应当对该发明专利申请说明书的发明内容部分进行改写：首先，应当写明该发明所要解决的技术问题是现有技术中的起钉锤不能轻松地拔出不同长度的钉子，适用范围窄；其次，对该发明的技术方案，至少应当记载改写后独立权利要求的技术方案，必要时另起段写明重要的从属权利要求的技术方案；最后，还应当补充说明该发明的有益效果，从独立权利要求的区别技术特征和从属权利要求的附加技术特征出发分析该发明与现有技术相比带来的优点，通过调节支撑部的高度改变支点距离，从而适应拔出各种长度钉子的需要。

（5）说明书缺少附图说明部分

按照《专利法实施细则》第 17 条第 1 款和《专利审查指南 2010》第二部分第二章第 2.2.5 节的规定，说明书有附图的，应当写明各幅附图的图名，并且对图示内容作简要说明。附图不止一幅的，应当对所有附图作出图面说明。

根据上述规定，该发明专利申请的说明书至少需要结合附图描述后三个实施例，因此应当补充附图说明这一部分内容，即在"发明内容"部分之后直接写明这一部分标题"附图说明"，然后另起行针对说明书的各幅附图写明各幅图的图名并作简要说明。

（6）具体实施方式部分中的第一实施例为该发明专利申请的现有技术

按照《专利法实施细则》第 17 条第 1 款和《专利审查指南 2010》第二部分第二章第 2.2.6 节的规定，说明书应当详细描述申请人认为实现发明或者实用新型的优选的具体实施方式。在适当情况下，应当举例说明；有附图的，应当对照附图进行说明。

在该发明专利申请说明书具体实施方式部分记载的第一实施例已经在对比文件 1 背景技术部分公开，已成为该发明专利申请的现有技术。正如前面所指出的那样，应当将对比文件 1 的有关内容补入背景技术部分。与此相应，具体实施方式部分有关第一实施例的内容应当删除，并将第二实施例至第四实施例改作该发明的第一实施例至第三实施例。

（7）说明书附图中包含了不必要的文字注释

按照《专利法实施细则》第 18 条和《专利审查指南 2010》第二部分第二章第 2.3 节的规定，发明或者实用新型的几幅附图应当按照"图 1，图 2，……"顺序编号排列；说明书中与附图中使用的相同的附图标记应当表示同一组成部分；附图中除了必需的词语外，不应当含有其他的注释。

试题中的说明书附图中在各幅附图下方除给出各幅附图的顺序编号外，还给出了附图的名称，而且在各幅附图中除给出附图标记外，还给出各附图标记对应的部件的名称，包含了不必要的其他注释内容，因此应当将各幅附图下方的图名以及各幅附图中的部件名称删除。此外，正如前面所指出的，"背景技术"部分应当补入第一实施例的内容，与此同时可以删除"背景技术"部分原记载的早期现有技术的起钉锤内容，因而有关反映早期现有技术的起钉锤的原图 1 也应当删去。至于反映第一实施例的原图 2 可视其在背景技术部分的描述情况决定取舍，若不需要结合附图，则可以删去；若需要结合附图进行，则可以保留。在删去部分附图后，对其他保留的几幅附图重新顺序编号。

下面给出第二题的参考答案。

客户自行撰写的说明书中，存在不符合《专利法实施细则》规定之处：缺少发明名称，缺少技术领域和附图说明两个部分，发明内容部分缺少要解决的技术问题和有益效果两方面内容，需要进行补充；说明书附图中包含有不必要的内容，应当删去。此外，背景技术、发明内容中的技术方案、具体实施方式和说明书附图应当相对于最接近的现有技术对比文件1（具体实施方式部分中的实施例1）作出修改。

1. 发明名称

说明书中缺少发明名称，应当在说明书首页正文部分上方居中位置给出发明名称："起钉锤"。

2. 技术领域

说明书中缺少"技术领域"部分，应当在说明书的发明名称之后直接写明这一部分标题"技术领域"，然后另起行写明本专利申请要求保护的发明的技术方案所属或直接应用的具体技术领域"本发明涉及一种起钉锤，包括锤头组件和把手"。请注意，不应写成上位的或者相邻的技术领域，也不应写成其具体技术领域，当然也不应当包含商业性宣传用语。

3. 背景技术

由于说明书具体实施方式部分的第一实施例已经被对比文件1公开，其已构成本发明专利申请最接近的现有技术，因此需要对背景技术部分作出修改。在这部分应当引证对比文件1，写明其出处（中国实用新型专利 ZL201620123456.6），并简要写明反映其"锤头组件顶部中央向外突出形成支撑部"的技术方案，并针对对比文件1的起钉锤中"支撑柱的高度固定不变，不能适应不同长度的钉子"，客观地指出其存在的问题和缺点（仅限于涉及本发明所解决的问题和缺点）：不能轻松拔起各种长度的钉子，适用范围窄。与此同时，可以删去背景技术部分原结合附图描述的早期现有技术的内容。

4. 发明内容部分

发明内容这一部分应当明确发明所要解决的技术问题、解决其技术问题所采用的技术方案，并对照现有技术写明发明的有益效果。而客户自行撰写的这一部分存在两个问题：其一，缺少发明要解决的技术问题和有益效果这两方面内容；其二，这一部分写明的技术方案已被背景技术部分反映的现有技术公开，未体现其相对于该现有技术所作出的改进。鉴于此，需要对发明内容这一部分进行修改。

在这一部分，首先，应当写明本发明所要解决的技术问题是现有技术中的起钉锤不能轻松地拔出不同长度的钉子，适用范围窄。

其次，应当记载本发明的技术方案，至少应当记载改写后独立权利要求的技术方案，必要时另起段写明重要的从属权利要求的技术方案。

最后，分别从独立权利要求的区别技术特征和从属权利要求的附加技术特征出发分析本发明与现有技术相比带来的优点：通过调节支撑部的高度改变支点距离，从而适应拔出各种长度钉子的需要。

5. 附图说明

说明书中缺少"附图说明"部分，应当在说明书中补入这部分内容，即在"发明内容"部分之后直接写明这一部分标题"附图说明"，然后另起行针对说明书最后保留的各幅附图写明各幅图的图名并作简要说明。

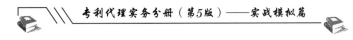

6. 具体实施方式

在说明书具体实施方式部分记载的第一实施例已经在对比文件1背景技术部分公开，已成为本发明专利申请最接近的现有技术。正如前面所指出的那样，应当将对比文件1的有关内容补入背景技术部分。与此相应，具体实施方式部分有关第一实施例的内容应当删除，并将第二实施例至第四实施例改作本发明的第一实施例至第三实施例。

7. 说明书附图

客户撰写的说明书中的说明书附图在各幅附图下方除给出各幅附图的顺序编号外，还给出了附图的名称，而且在各幅附图中除了给出附图标记外，还给出各附图标记对应的部件的名称，包含了不必要的其他注释内容，因此应当将各幅附图的图名以及各幅附图中的部件名称删除。此外，正如前面所指出的，背景技术部分应当补入第一实施例的内容，与此同时可以删除背景技术部分原记载的早期现有技术的起钉锤内容，因而有关反映早期现有技术的起钉锤的原图1也应当删去。至于反映第一实施例的原图2可视其在背景技术部分的描述情况决定取舍，若不需要结合附图，则可以删去；若需要结合附图进行，则可以保留。在删去部分附图后，对其他保留的几幅附图重新顺序编号。

五、针对后两道试题的应试思路、解析和参考答案

正如前面对试题内容的理解部分所指出的，2017年"专利代理实务"科目试题的后两道题是常规的申请文件撰写试题。对于这类试题，其应试思路可采用前面答题总体思路中列出的后四个步骤：进一步理解客户自行撰写的说明书中公开的该发明具体技术内容；确定最接近现有技术、解决的技术问题以及解决技术问题的必要技术特征，完成独立权利要求的撰写；合理安排从属权利要求的布局，完成从属权利要求的撰写；针对撰写的独立权利要求论述其相对于现有技术具备创造性的理由。

（一）进一步理解说明书中公开的该发明具体技术内容

在进一步理解说明书中公开的该发明具体技术内容时，需要进行下述两项工作：通过与现有技术的比较，确定该申请要求保护的发明创造；针对该要求保护的发明创造列出其主要技术特征。

1. 通过与现有技术的比较，确定要求保护的发明创造

正如前面阅读客户撰写的说明书时所指出的，由客户撰写的说明书中记载的内容可知，该发明创造只涉及一项要求保护的主题：起钉锤。

由说明书所介绍的背景技术可知，该发明主要作出一个方面的改进：能拔出长度较长的钉子（以下简称"第一方面改进"）。在阅读说明书具体实施方式中后三个实施例时，得知其进一步作出了两方面改进：其一，通过调节支撑部伸出锤头组件的高度实现拔出不同长度的钉子，尤其在后两个实施例中能更轻松地拔出不同长度的钉子（以下简称"第二方面改进"）；其二，采用顶面两侧具有弧形支撑面的板状支撑部来增大支点的接触面积以避免支点对物品造成损坏，且增加起钉时的稳定性（以下简称"第三方面改进"）。

就这三方面改进而言，后两方面改进与第一方面改进是主从关系，后两方面改进是在第一方面改进的基础上作出的进一步改进；就后两方面改进来看，第二方面改进和第三方面改进是两种彼此并不直接相关的并列改进。说明书具体实施方式中对第一方面改进给出一种改进结构（第一实施例）；对于第二方面改进明确给出三种改进结构（第二实施例至第四实施例），而又在说明书最后一段还给出了两种扩展的结构（具有多个卡位的卡扣调节结构，具有锁定装置的齿条传动调

节结构）；对第三方面改进来说，仅给出一种改进结构。

正如前面解答前两道题时所指出的，对比文件1的背景技术部分已公开了该发明的第一实施例。也就是说，该发明所作第一方面改进已成为现有技术，因此应当将针对这一方面改进要求保护的技术方案排除在该发明专利申请的保护范围。而对于第二方面改进和第三方面改进来说，两者是并不直接相关的并列关系，则这两方面改进可以分别作为一项发明创造要求保护，即可以针对这两方面改进分别撰写一项独立权利要求。正如前面分析客户自行撰写的权利要求书时已指出当权利要求1和权利要求2不具备新颖性时，权利要求3（相当于第二方面改进的一种具体结构）和权利要求5（相当于针对第三方面改进的具体结构）不具备单一性，因而这两项独立权利要求应当作为两件发明专利申请提出。就2017年"专利代理实务"科目试题来说，与大多数专利申请文件撰写部分的常规试题不同，在试题内容中并未包括要求考生对多项发明创造说明合案申请还是分案申请的理由，更未要求对另行提出申请的发明创造撰写独立权利要求，因此应当针对这两方面改进之一来撰写独立权利要求。显然，由客户自行撰写的说明书和权利要求书来看，第二方面的改进比第三方面的改进更为重要，因而针对第二方面的改进撰写独立权利要求。此外，由于第三方面改进与第二方面改进并不相抵触，这样的话，在该专利申请中还可将第三方面的改进作为第二方面的进一步改进撰写从属权利要求。

2. 针对以第二方面改进为主的发明创造列出其主要技术特征

客户自行撰写的说明书中针对第二方面改进给出三种改进结构和两种扩展结构，显然这五种结构是并列改进结构，因而应当针对第二方面改进的这五种并列改进结构撰写一项能将其都概括在内的独立权利要求。为此，下面首先列出这五种改进结构的共同的技术特征，然后再列出不同技术特征并考虑对这些不同技术特征如何进行概括。

显然，这五种改进结构的起钉锤相同的技术特征为：

① 锤头组件，一端设有起钉翼，另一端设有锤头；

② 把手，把手的上端❶与锤头组件相连接；

③ 支撑部；

④ 支撑部与锤头部件是彼此分开的部件；

⑤ 支撑部为半球形等各种形状，优选为顶面两侧具有弧形支撑面的板状件。

在列出五种改进结构的起钉锤相同的技术特征之后，再来分析这五种改进结构的起钉锤不同的技术特征。

(i) 第一种：以调节螺杆作为调节结构；锤头组件从其远离把手的顶部一侧沿把手长度方向开设有螺纹槽，其内侧设有内螺纹；调节螺杆上设有外螺纹，其一端螺接于螺纹槽中并可从螺纹槽中旋进旋出，另一端与支撑部相连接。

(ii) 第二种：以调节螺杆作为调节结构；锤头组件上设有贯穿的通孔，通孔内设有与调节螺杆配合使用的螺纹；调节螺杆通过通孔贯穿锤头组件，并与锤头组件螺纹连接，其穿过锤头组件的顶部与支撑部相连接；所述调节螺杆基本与把手平行设置，在把手的中上部设置一个固定支架，调节螺杆可在固定支架内活动穿过；调节螺杆的底部设有调节控制钮；调节螺杆的长度比把手的长度短，以方便手部抓握把手。

(iii) 第三种：以调节螺杆作为调节结构；锤头组件的中部具有一个贯穿的通孔，通孔内固

---

❶ 客户自行撰写的说明书中称作把手的一端，考虑到前面已将锤头组件的两端称作"一端"和"另一端"，为清楚起见，将把手的两端称作"上端"和"下端"。

定设置把手；把手是中空的，调节螺杆贯穿其中；把手的中空内表面设置有与调节螺杆配合使用的内螺纹，这样调节螺杆可在把手内旋进旋出；调节螺杆靠近锤头组件的一端固定支撑部，另一端具有一个调节控制钮；调节螺杆的长度比把手的长度长。

（iv）第四种：用具有多个卡位的卡扣连接结构作为可伸缩调节机构来代替前三种结构中用作调节支撑部高度装置的调节螺杆。

（v）第五种：用具有锁定装置的齿条传动结构作为可伸缩调节机构来代替前三种结构中用作调节支撑部高度装置的调节螺杆。

现在考虑一下如何对这五种改进结构的不同技术特征进行概括。正如客户撰写的说明书的最后一段所述，该申请的实施例二到实施例四（上述五种改进结构的前三种）中，调节支撑部高度的装置均采用调节螺杆；接着，指出其他具有锁定功能的可伸缩调节机构，例如具有多个卡位的卡扣连接结构、具有锁定装置的齿条传动结构等都可以作为调节装置应用于该发明。由此可知对于前三种不同结构的调节螺杆，以及具有多个卡位的卡扣连接结构、具有锁定装置的齿条传动结构可概括为"调节装置"，且在这五种改进结构中具有共同的功能"用于调节支撑部高度"。此外，在这五种改进结构中，前三种的调节螺杆的一端与支撑部相连接，后两种扩展结构虽然没有明确写明调节装置与支撑部的连接关系，由于这两种调节装置也是用来调节支撑部伸出锤头组件的高度，结合其结构形式，这两种调节装置应当以其一端与支撑部相连接。根据上述分析，可将这五种改进结构的不同的技术特征概括为下述两个技术特征：⑥对支撑部伸出锤头组件的高度进行调节的调节装置；⑦支撑部与调节装置的顶部❶固定连接。

通过上述分析可知，上述几种结构的起钉锤的共同技术特征为上述技术特征①至技术特征⑤以及两个对五种结构不同技术特征概括后的技术特征⑥和技术特征⑦，从而为撰写权利要求书中的独立权利要求做好准备。

（二）撰写该发明的独立权利要求

在列出该发明的主要技术特征后，着手撰写该发明的独立权利要求。通常先确定该发明的最接近的现有技术和该发明相对于最接近的现有技术解决的技术问题；然后确定该发明为解决上述技术问题的必要技术特征；最后将这些技术特征与最接近的现有技术进行比较，完成独立权利要求的撰写。

1. 确定最接近的现有技术以及该发明相对于最接近的现有技术解决的技术问题

按照《专利审查指南2010》第二部分第四章第3.2.1.1节的规定，最接近的现有技术是指与要求保护的发明最密切相关的一个技术方案，通常与要求保护的发明技术领域相同，所要解决的技术问题、技术效果或者用途最接近和/或公开了发明的技术特征最多的现有技术。在本试题中，客户提供了两篇对比文件（对比文件1和对比文件2）作为该发明的现有技术，在这两篇对比文件中，两者与该发明的技术领域相同，均为起钉锤，两者解决的技术问题、技术效果和用途与该发明的接近程度差不多，都能拔起较长的钉子。但对比文件1与对比文件2相比，公开了该发明更多的技术特征，锤头组件顶部中间向外突出的部分形成支撑部，因此应当将对比文件1背景技术部分公开的起钉锤作为该发明的最接近的现有技术。

该发明最接近的现有技术（对比文件1背景技术部分的起钉锤）虽然公开了起钉锤头的顶部

---

❶ 在客户自行撰写的说明书中，对于调节螺杆的两端，第二和第四实施例中称作"调节螺杆的一端"和"另一端"，第三实施例中称作顶部和底部，为与锤头组件的两端称作"一端"和"另一端"相区别，将调节螺杆和调节装置的两端称作"顶部"和"底部"。

中央向外突出形成支撑柱，但支撑柱高度不能调节，这种起钉锤不能适用于不同长度的钉子的起钉需求。在该发明五种起钉锤中，均通过不同的调节装置对支撑部伸出锤头组件的高度进行调节，从而满足不同长度的钉子的起钉需要。由此可知，该发明相对于最接近的现有技术解决了现有技术中存在的"不能拔出不同长度钉子"这一技术问题。

2. 确定解决上述技术问题的必要技术特征

在上述七个技术特征中，显然技术特征①锤头组件、技术特征②把手、技术特征③支撑部是起钉锤必定包括的部件，并与该发明密切相关，应当作为该发明的必要技术特征；至于技术特征①后半部分有关锤头组件的结构和技术特征②后半部分有关把手与锤头组件的连接关系，虽然是该发明必定有的结构，但由于这两个具体结构与该发明的改进并不直接相关，因而可以不写入独立权利要求。需要说明的是，由于这两个结构是该发明必定有的结构，写入后也不影响独立权利要求的保护范围，且考虑到写入后可能有利于进一步清楚限定从属权利要求的技术方案，不妨可考虑将这三个技术特征均作为该发明的必要技术特征。

技术特征④、技术特征⑥和技术特征⑦是该发明为拔起不同长度钉子而必不可少的技术手段，可知这三个技术特征是该发明第二方面改进为了解决上述技术问题的必要技术特征，应当写入独立权利要求。

至于技术特征⑤是该发明第三方面改进所采用的技术手段，与该发明第二方面改进并不直接相关，因而不是该发明解决上述技术问题的必要技术特征，因此不必写入独立权利要求中。

3. 完成独立权利要求的撰写

在确定了该发明第二方面改进的必要技术特征之后，将这六个技术特征与最接近的现有技术（对比文件1背景技术部分的起钉锤）进行对比分析，可知前三个技术特征（技术特征①、技术特征②和技术特征③）已被最接近的现有技术公开，将这三个技术特征写入前序部分，其他几个技术特征写入特征部分。与此同时，为使所要求保护的技术方案更为清楚，在文字上作了一些必要的调整，并在部件之后补上了相应的附图标记，从而完成独立权利要求的撰写。

最后完成的独立权利要求1如下：

1. 一种起钉锤，包括锤头组件（3）、把手（2）和支撑部（4），该把手（2）的上端与该锤头组件（3）相连接，该锤头组件（3）的一端设有起钉翼，另一端设置有锤头，其特征在于：所述支撑部（4）与所述锤头组件（3）是两个彼此分开的部件，所述起钉锤还包括调节装置（51；52、61；53、62），该调节装置（51；52、61；53、62）的顶部与所述支撑部（4）相连接，用于对所述支撑部（4）伸出所述锤头组件（3）的高度进行调节。

（三）撰写合理数量的从属权利要求

通常应当首先针对发明创造的改进部分撰写从属权利要求。如果改进部分体现在独立权利要求的技术特征采用了对多个实施方式进行概括的方式，则可以在从属权利要求中分别限定成这些具体实施方式。但就该发明来说，其独立权利要求中在对三个实施例概括的基础上又进一步扩展了另两种不同于三个实施例概括的结构，这样的话在从属权利要求2中先采用概括这三个实施例结构的技术特征（调节螺杆）作进一步限定，然后再进一步限定成三个不同的具体实施例。

其次在进一步限定成三个不同的具体实施例时，还考虑可否对其中两种进行概括。通过分析这三种实施例的结构特征可知，前两个实施例中通过调节螺杆上的外螺纹与锤头组件中的内螺纹的配合使用来实现对支撑部伸出锤头组件高度的调节，最后一个实施例是通过调节螺杆的外螺纹与设置在中空把手上的内螺纹的配合使用来实现对支撑部伸出锤头组件高度的调节。因此可以先针对前两个实施例撰写一个将这两者不同结构概括在内的独立权利要求，然后再针对这两个实施例的具体结构撰写下一层级的从属权利要求；在此之后，再针对最后一个实施例的具体结构撰写从属权利要求。若其中某一实施例中的多个结构特征并不是密不可分的话，则可以将其分拆成多个从属权利要求来撰写。

最后，可针对次要的一些改进撰写从属权利要求，如支撑部的优选结构。这种优选结构对三个实施例均适用，则可作为这三种具体实施例的进一步改进撰写从属权利要求。

下面具体说明如何撰写各项从属权利要求。

首先，撰写一项将这第二实施例至第四实施例均概括在内的从属权利要求2。该发明的发明点主要涉及调节装置，优先考虑这三个实施例共有的、与发明点密切相关的技术特征，第二实施例至第四实施例针对调节装置均采用了"调节螺杆"，以此作为附加技术特征撰写权利要求2：

2. 如权利要求1所述的起钉锤，其特征在于：所述调节装置是具有外螺纹的调节螺杆（51；52；53）。

其次，针对前两个实施例撰写一项能将两者均概括在内的独立权利要求。考虑到在这两个实施例中对支撑部伸出锤头组件高度的调节是通过调节螺杆上的外螺纹与锤头组件中的内螺纹的配合使用来实现的，因此将反映这一共性的技术特征作为附加技术特征来撰写从属权利要求3，由于其是对权利要求2中调节螺杆的进一步限定，因而其仅引用权利要求2，未引用权利要求1。撰写成的权利要求3为：

3. 如权利要求2所述的起钉锤，其特征在于：所述调节螺杆（51；52）上的外螺纹与所述锤头组件（3）上设有的内螺纹形成螺纹连接。

此后，针对第二实施例和第三实施例分别撰写下一层级的从属权利要求。其中第二实施例并没有优选结构，针对第二实施例只需要撰写一项从属权利要求4，在此从属权利要求4中应当清楚地表明两者螺纹配合使用的关系，如锤头组件上内螺纹的位置。由于权利要求4是对权利要求3的技术方案作进一步限定，因而权利要求4仅引用了权利要求3。撰写成的从属权利要求4为：

4. 如权利要求3所述的起钉锤，其特征在于：所述锤头组件（3）上的内螺纹设置在从该锤头组件（3）远离所述把手（2）的顶部一侧沿着该把手（2）长度方向开设的螺纹槽的内侧，所述调节螺杆（51）上的外螺纹螺接于该锤头组件（3）的螺纹槽中，并可从该螺纹槽中旋进旋出。

在针对第二实施例撰写了从属权利要求4后，再针对第三实施例撰写从属权利要求。由于第三实施例的具体结构中包含有多个技术手段，且这些技术手段并不是密不可分的，则需要分析这些技术手段中是否存在优选手段，其中的优选手段可以作为更下一层级从属权利要求的附加技术特征。显然，由说明书中对第三实施例的描述可知，其包括如下几个技术手段：①锤头组件上设有贯穿通孔，通孔内设有与调节螺杆配合使用的螺纹；②调节螺杆通过通孔贯穿锤头组件并与锤头组件螺纹连接；③调节螺杆基本与把手平行设置；④把手中上部设置固定支架，调节螺杆可在固定支架内活动穿过；⑤调节螺杆底部设有调节控制钮；⑥调节螺杆的长度比把手的长度短。在这些技术手段中，后三个是优选措施，例如调节螺杆通过贯穿锤头组件后伸出的长度较短时，可以不必在把手的中上部设置固定支架，又如调节螺杆底部没有调节控制钮也可直接通过转动调节螺杆来调节支撑部伸出的高度，调节螺杆的长度比把手的长度长也照样能实现调节支撑部伸出的高度而仅仅不方便用手抓握把手；而对于第③个技术手段，只要清楚限定了锤头组件上贯穿通孔的位置，则调节螺杆必定基本与把手平行，而且是第三实施例的必然结果。通过上述分析，针对前两个技术手段（包括通过清楚写明锤头组件上贯穿通孔的位置）来撰写相应的从属权利要求5，该权利要求5与权利要求4是两个并列的方案，因此权利要求5也仅引用权利要求3。在这之后，再以上述三个优选结构撰写三项从属权利要求6~8。由于这三项权利要求均是对权利要求5

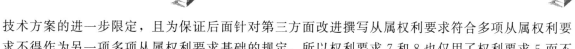

技术方案的进一步限定，且为保证后面针对第三方面改进撰写从属权利要求符合多项从属权利要求不得作为另一项多项从属权利要求基础的规定，所以权利要求7和8也仅引用了权利要求5而不再相互引用。撰写成的从属权利要求5～8如下：

5. 如权利要求3所述的起钉锤，其特征在于：所述锤头组件上（3）上的内螺纹设置在一个从该锤头组件（3）远离所述把手（2）一侧通向其对侧的贯穿通孔的内表面，所述调节螺杆（52）穿过所述锤头组件（3）的贯穿通孔，并与所述锤头组件（3）形成螺纹连接。

6. 如权利要求5所述的起钉锤，其特征在于：所述调节螺杆（52）的底部设有调节控制钮（61）。

7. 如权利要求5所述的起钉锤，其特征在于：所述把手（4）的中上部设有供所述调节螺杆（52）活动穿过的固定支架（7）。

8. 如权利要求5所述的起钉锤，其特征在于：所述调节螺杆（52）的长度比所述把手（2）的长度短。

在撰写了反映第二实施例和第三实施例两种起钉锤结构的从属权利要求后，再针对第四实施例的起钉锤结构撰写从属权利要求。下面先列出第四实施例具体结构的技术手段：①锤头组件中部具有一个贯穿的通孔，通孔内固定设置把手；②把手是中空的，调节螺杆贯穿其中，把手的中空内表面设置有与调节螺杆配合使用的内螺纹；③调节螺杆的底部具有一个调节控制钮；④调节螺杆的长度比把手长。同样，第③个关于调节控制钮的技术手段是优选结构，而第④个技术手段是第四实施例必然的结果，因此在针对第四实施例撰写从属权利要求时先以前两个技术手段作为附加技术特征撰写从属权利要求9。该从属权利要求9与权利要求3是同一层级的从属权利要求，因而其与权利要求3一样，引用权利要求2。在这之后，再以第③个技术手段撰写下一层级的从属权利要求10，其仅引用权利要求9。撰写成的权利要求9和10如下：

9. 如权利要求2所述的起钉锤，其特征在于：所述锤头组件（3）上具有一个贯穿的通孔，所述把手（2）的上端固定在此通孔内，所述把手（2）是中空的，供所述调节螺杆（53）贯穿其中，该把手（2）的中空内表面设置有与所述调节螺杆（53）配合使用的内螺纹。

10. 如权利要求9所述的起钉锤，其特征在于：所述调节螺杆（53）的底部设有调节控制钮（62）。

最后以本发明第三方面改进的技术手段特征"支撑部为半球形等各种形状，优选为顶面两侧具有弧形支撑面的板状件"作为附加技术特征来撰写从属权利要求。考虑到半球形为常规形状，因而该附加技术特征为"两侧具有弧形支撑面的板状件"，由于其对前面各项权利要求均适用，且前面各项从属权利要求均为只引用一项在前权利要求的从属权利要求，因此其引用前面权利要求1～10中任意一项。最后撰写成的从属权利要求11为：

11. 如权利要求1至10中任何一项所述的起钉锤，其特征在于：所述支撑部为板状，顶面两侧具有弧形支撑面。

下面集中给出第三题的参考答案。

1. 一种起钉锤，包括锤头组件（3）、把手（2）和支撑部（4），该把手（2）的上端与该锤头组件（3）相连接，该锤头组件（3）的一端设有起钉翼，另一端设置有锤头，其特征在于：所述支撑部（4）与所述锤头组件（3）是两个彼此分开的部件，所述起钉锤还包括调节装置（51；52、61；53、62），该调节装置（51；52、61；53、62）的顶部与所述支撑部（4）相连接，用于对所述支撑部（4）伸出所述锤头组件（3）的高度进行调节。

2. 如权利要求1所述的起钉锤，其特征在于：所述调节装置是具有外螺纹的调节螺杆（51；

52；53）。

3．如权利要求 2 所述的起钉锤，其特征在于：所述调节螺杆（51；52）上的外螺纹与所述锤头组件（3）上设有的内螺纹形成螺纹连接。

4．如权利要求 3 所述的起钉锤，其特征在于：所述锤头组件（3）上的内螺纹设置在从该锤头组件（3）远离所述把手（2）的顶部一侧沿着该把手（2）长度方向开设的螺纹槽内侧，所述调节螺杆（51）上的外螺纹螺接于该锤头组件（3）的螺纹槽中并可从该螺纹槽中旋进旋出。

5．如权利要求 3 所述的起钉锤，其特征在于：所述锤头组件上（3）上的内螺纹设置在一个从该锤头组件（3）远离所述把手（2）一侧通向其对侧的贯穿通孔的内表面，所述调节螺杆（52）穿过所述锤头组件（3）的贯穿通孔，并与所述锤头组件（3）形成螺纹连接。

6．如权利要求 5 所述的起钉锤，其特征在于：所述调节螺杆（52）的底部设有调节控制钮（61）。

7．如权利要求 5 所述的起钉锤，其特征在于：所述把手（4）的中上部设有供所述调节螺杆（52）活动穿过的固定支架（7）。

8．如权利要求 5 所述的起钉锤，其特征在于：所述调节螺杆（52）的长度比所述把手（2）的长度短。

9．如权利要求 2 所述的起钉锤，其特征在于：所述锤头组件（3）上具有一个贯穿的通孔，所述把手（2）的上端固定在此通孔内，所述把手（2）是中空的，供所述调节螺杆（53）贯穿其中，该把手（2）的中空内表面设置有与所述调节螺杆（53）配合使用的内螺纹。

10．如权利要求 9 所述的起钉锤，其特征在于：所述调节螺杆（53）的底部设有调节控制钮（62）。

11．如权利要求 1 至 10 中任何一项所述的起钉锤，其特征在于：所述支撑部（4）为板状，顶面两侧具有弧形支撑面。

（四）针对撰写的独立权利要求论述其相对于现有技术具备创造性的理由

该题要求考生按照"三步法"陈述所撰写的独立权利要求相对于现有技术具备创造性的理由。应试时，考生应当按照《专利审查指南 2010》第二部分第四章第 3.1 节和第 3.2.1.1 节的规定给出答案：以"三步法"为判断方法具体分析说明独立权利要求相对于现有技术具有突出的实质性特点，此三步为从两篇对比文件中确定最接近的现有技术、确定独立权利要求相对于最接近对比文件的区别技术特征和本发明要解决的技术问题、分析说明要求保护的发明对本领域的技术人员来说是非显而易见的；在此基础上论述独立权利要求相对于现有技术带来有益的技术效果。在作出上面的分析后，最后得出独立权利要求具备《专利法》第 22 条第 3 款有关创造性规定的结论。

在前面撰写独立权利要求的解析过程中已经指出该发明的最接近的现有技术和该发明相对于最接近现有技术解决的技术问题，为减少重复，在此不再作具体分析，下面直接给出第四题的参考答案。

客户提供的两篇作为现有技术的对比文件 1 和对比文件 2 与本发明的技术领域相同，均为起钉锤，两者解决的技术问题、技术效果和用途与本发明的接近程度差不多，都能拔起较长的钉子。但对比文件 1 与对比文件 2 相比，公开了本发明更多的技术特征，锤头组件顶部中间向外突出的部分形成支撑部，因此应当将对比文件 1 背景技术部分公开的起钉锤作为本发明的最接近的现有技术。

权利要求 1 请求保护一种起钉锤，最接近的现有技术对比文件 1 背景技术部分中公开了一种起钉锤，并具体公开了以下技术特征：包括锤柄（相当于本发明的把手），锤柄一端设置起钉锤头（相当于本发明的锤头组件），起钉锤头的一侧是榔头（相当于本发明的锤头），另一侧尖角处有倒脚，用于起钉操作（相当于本发明的起钉翼）。起钉锤头的顶部中央向外突出形成支撑柱（相当于本发明的支撑部），设置支撑柱是为了增加起钉高度，使需要拔出的钉子能够完全被拔出。由此可见，对比文件1未公开权利要求1特征部分的技术特征："支撑部锤头组件是两个彼此分开的部件，起钉锤还包括调节装置，调节装置的顶部与所述支撑部相连接，用于对支撑部伸出所述锤头组件的高度进行调节。"由上述区别技术特征在本发明中所能达到的技术效果（调节支撑部伸出锤头组件的高度）可知，权利要求1相对于对比文件1背景技术部分中的起钉锤实际解决的技术问题是如何调节起钉锤的支撑部高度，使起钉锤适合起出不同长度的钉子。

对比文件1的其他技术方案没有公开上述区别技术特征，对比文件2公开了一种具有长度附加头的起钉锤，其虽然公开了起钉锤的长度可以加长，但是也没有公开支撑部高度可以增加，也没有公开可以通过调节装置调节支撑部的高度。因此对比文件1的其他技术方案和对比文件2没有公开上述区别技术特征，也没有给出将上述区别技术特征应用到对比文件1背景部分给出的最接近现有技术以解决其存在的技术问题的技术启示。此外，上述区别技术特征也不是解决上述技术问题的惯用技术手段，即不属于本领域的公知常识。因此对于本领域技术人员来说，权利要求1的技术方案相对于对比文件1和对比文件2以及本领域公知常识的结合是非显而易见的。

此外，权利要求1的技术方案通过调节装置，能够调整支撑部与起钉翼之间的距离，从而调整支点高度，适应起出不同长度的钉子，适用范围广，具有有益的技术效果。

由此可知，权利要求1相对于对比文件1、对比文件2和本领域公知常识的结合具有突出的实质性特点和显著的进步，具备《专利法》第22条第3款规定的创造性。

第三章 根据 2018 年专利代理实务科目试题改编的模拟试题

本章在对 2018 年全国专利代理人资格考试"专利代理实务"科目试题略作改编的基础上，给出该模拟试题并作出解析。在本章中，首先给出模拟试题内容，其次在"对试题内容的理解"部分说明该试题内容包括无效宣告请求实务和专利申请文件撰写两个部分，最后再针对这两部分试题内容分别具体说明应试思路并给出参考答案。建议考生在阅读模拟试题内容之后，先自行解答此模拟试题，然后再阅读两部分试题内容的应试思路和参考答案，比较一下自己的答题思路和答案与给出的应试思路和参考答案有哪些不同之处，从而更好地掌握专利代理实务科目的应试技巧。

一、模拟试题内容

试题说明

客户 A 公司正在研发一项产品。在研发过程中，A 公司发现该产品存在侵犯 B 公司的实用新型专利的风险。为此，A 公司进行了检索并得到对比文件 1、2，拟对 B 公司的实用新型专利（下称"涉案专利"）提出无效宣告请求，在此基础上，A 公司向你所在代理机构提供了涉案专利（附件 1）、对比文件 1~2、A 公司技术人员撰写的无效宣告请求书（附件 2），以及 A 公司所研发产品的技术交底材料（附件 3）。

1. 请你具体分析客户所撰写的无效宣告请求书中的各项无效宣告理由是否成立，并将结论和具体理由以信函的形式提交给客户。

2. 请你根据客户提供的材料为客户撰写一份无效宣告请求书，在无效宣告请求书中要明确无效宣告请求的范围、理由和证据，要求以《专利法》及其实施细则中的有关条、款、项作为独立的无效宣告理由提出，并结合给出的材料具体说明。

3. 针对你在第二题所提出的无效宣告请求，请你思考 B 公司可能进行的应对和预期的无效宣告结果，并思考：在这些应对中，是否存在某种应对会使得 A 公司的产品仍存在侵犯涉案专利的风险？如果存在，则应说明 B 公司的应对方式、依据和理由；如果不存在，则应说明依据和理由。

4. 请你根据技术交底材料，综合考虑客户提供的涉案专利和两份对比文件所反映的现有技术，为客户撰写一份发明专利申请的权利要求书。

如果认为应当提出一份专利申请，则应撰写独立权利要求和适当数量的从属权利要求；如果在一份专利申请中包含两项或两项以上的独立权利要求，则应说明这些独立权利要求能够合案申请的理由；如果认为应当提出多份专利申请，则应说明不能合案申请的理由，并针对其中的一份专利申请撰写独立权利要求和适当数量的从属权利要求，对于其他专利申请，仅需撰写独立权利要求。

5. 简述你撰写的独立权利要求相对于涉案专利所解决的技术问题和取得的技术效果以及所采用的技术手段。如有多项独立权利要求，请分别说明。

附件1（涉案专利）：

(19) 中华人民共和国国家知识产权局

(12) 实用新型专利

(45) 授权公告日　2018.09.12

(21) 申请号　201721234567.X

(22) 申请日　2017.12.04

(73) 专利权人　B公司

（其余著录项目略）

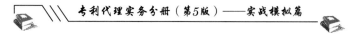

权 利 要 求 书

1. 一种灯，包括灯座（11）、支撑杆（12）、发白光的光源（13），其特征在于，还包括滤光部（14），所述滤光部（14）套设在所述光源（13）外，所述滤光部（14）由多个滤光区（14a，14b，14c，14d）组成，所述滤光区（14a，14b，14c，14d）与所述光源（13）的相对位置是可以改变的，从而提供不同的光照模式。

2. 根据权利要求1所述的灯，其特征在于，所述滤光部（14）可旋转地连接在所述支撑杆（12）上，通过旋转所述滤光部（14）提供不同的光照模式。

3. 根据权利要求2所述的灯，其特征在于，所述滤光部（14）是圆柱状，所述滤光区（14a，14b，14c，14d）的分界线与所述滤光部（14）的旋转轴平行。

4. 根据权利要求2所述的灯，其特征在于，所述滤光部（14）是多棱柱状，所述多棱柱的每个侧面为一个滤光区，所述多棱柱的棱边与所述滤光部（14）的旋转轴平行。

5. 根据权利要求3或4所述的灯，其特征在于，还包括反射罩（15），所述反射罩（15）固定设置在所述滤光部（14）所包围空间内的光源承载座（121）上，并部分包围所述光源（13），所述反射罩（15）的边缘延伸到所述滤光部（14）以使所述光源（13）发出的光完全限制在单一的滤光区内，所述反射罩（15）的材料优选为铝。

6. 根据权利要求2所述的灯，其特征在于，所述灯座（11）的材料为塑料。

说　明　书

多用途灯

本实用新型涉及灯的改良。

图1所示，是一种现有灯的示意图。现有灯通常由灯座1、支撑杆2、光源3和部分包围光源3的反射罩4组成。灯座1可以平稳地放置在桌面上，并通过支撑杆2连接到光源3。这种灯通常仅能提供单一形态、单一色调等的光。

本实用新型的主要目的是提供一种多用途灯，可以提供不同的光照模式。

图1为现有灯的示意图；

图2为本实用新型的灯的示意图；

图3中，（a）、（b）分别是本实用新型的光源为具有一定发光角度的发光二极管灯条、全角度发光的荧光管且无反射罩的发光角度示意图；（c）是带反射罩的荧光管的发光角度示意图。

如图2～3所示，本实用新型的灯包括灯座11、支撑杆12、发白光的光源13。灯还包括滤光部14、遮光片16和光源承载座121，光源13安装在光源承载座121上。滤光部14套设在光源13外，并可旋转地连接在支撑杆12顶端上，如旋转套接在光源承载座121外部，滤光部14的旋转轴和光源承载座121的轴线重合，遮光片16盖在滤光部14远离光源承载座121的顶端。灯座11材料为塑料。

滤光部14由依次排列的多个滤光区组成，其通过透过不同颜色和/或亮度比例而提供不同的滤光功能，隔开多个滤光区的分界线则平行于滤光部14的旋转轴，因此，通过旋转滤光部14可以为不同的方位提供不同的光照模式。例如，图2～3示出的滤光部14是圆柱状的，有四个滤光区14a、14b、14c、14d。其中，滤光区14a是透明的，便于工作照明；滤光区14b透过中等量黄光，用于营造就餐氛围；滤光区14c和滤光区14d分别透过中等亮度的粉红色和蓝色光，用于营造浪漫和海洋的氛围。

光源13可以是具有一定发光角度的发光二极管灯条，即光源13发射的光主要集中在如图3（a）所示的发光区131下方、由发光区131延伸的两箭头涵盖的发光角度范围之内，而在发光角度之外仅有少量光，因而通过将相应的滤光区14a、14b、14c、14d旋转而覆盖相应的发光角度，可以使得在发光区131下方、发光角度范围之内光的光照模式发生变化。光源13也可以采用荧光管这种360度全角度发光的光源，如图3（b）所示，除了可以调整光源13下方区域的光照模式外，还可以调整光源13侧面和上方等区域的光照模式。

为了集中光能量，可以在滤光部14所包围空间内的光源承载座121上固定设置一个部分包围光源13的反射罩15，如图2、3（c）所示。反射罩15的材料为金属，优选为铝。反射罩15的边缘还可以进一步延伸到滤光部14，这样，灯的出光将完全限制在所选择的滤光区的单一区域内，避免灯的其他滤光区出现不需要的光。

滤光部14也可以是其他形状，例如多棱柱状。当形状为多棱柱状时，多棱柱的每个侧面为一个滤光区，多棱柱的棱边也是各滤光区的分界线，与滤光部14的旋转轴平行，此时，可以通过多棱柱的侧面朝向来判断旋转是否已经到位。但在滤光部14为多棱柱的情况下，反射罩15的边缘如果延伸到滤光部14，将使得滤光部14无法旋转。

说 明 书 附 图

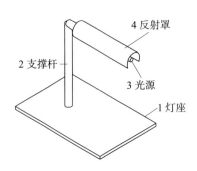

图 1 （现有技术）

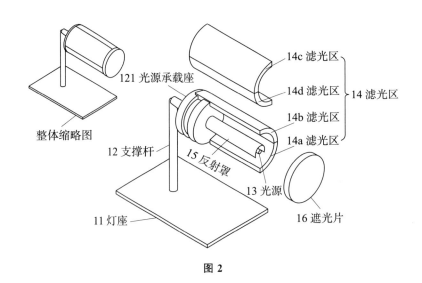

图 2

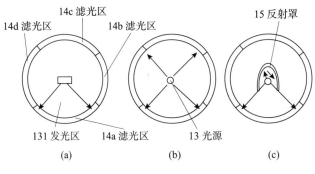

图 3

对比文件1：

（19）中华人民共和国国家知识产权局

（12）实用新型专利

（45）授权公告日　2007.10.09

（21）申请号　200620123456.5

（22）申请日　2006.12.26

（73）专利权人　×××

（其余著录项目略）

第三章

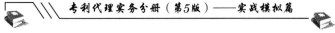

说 明 书

变光灯

本实用新型涉及一种变光灯。

现有放置在桌子上的台灯，包括灯座、管状光源和部分包围管状光源的反射罩，不具备变光功能。

本实用新型目的在于提供一种变光灯，可以使得用户根据需要进行变光。

图1为本实用新型的变光灯的分解图；

图2为本实用新型的变光灯的一种工作状态的剖视图，此时光源23对准滤光层242并用销柱25定位。

如图1～2所示，本实用新型的变光灯包括灯座21、支撑柱22、光源23和变光套24，支撑柱22设置在灯座21上，光源23为在支撑柱22顶端四个侧面上设置的白光发光二极管，变光套24为中空的四棱柱体，从上到下地由滤光层241、242、243和一个基底244排列而成，滤光层241、242、243和一个基底244均为中空的四棱柱体，滤光层241、242、243的透明度依次降低。

通过上下移动变光套24相对于支撑柱22的位置，并用销柱25定位，使得变光套24上下运动，从而适应用户的不同亮度需求。

第三章

说　明　书　附　图

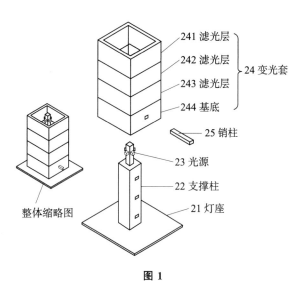

241 滤光层
242 滤光层
243 滤光层　} 24 变光套
244 基底
25 销柱
23 光源
22 支撑柱
21 灯座

整体缩略图

图 1

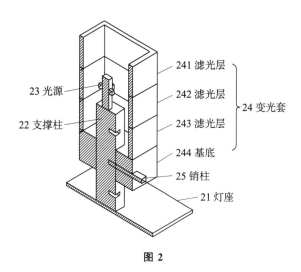

23 光源
22 支撑柱

241 滤光层
242 滤光层
243 滤光层　} 24 变光套
244 基底
25 销柱
21 灯座

图 2

第三章

对比文件 2：

（19）中华人民共和国国家知识产权局

（12）实用新型专利

（45）授权公告日 2008.10.23

（21）申请号 200820789117.7

（22）申请日 2008.01.04

（73）专利权人 ×××

（其余著录项目略）

说　明　书

调光灯

本实用新型涉及一种调光灯。

现有技术的调光灯，调光是通过阻抗调节结构和灯泡串联而实现的。但是这种方式流过灯泡的电流会产生变化，导致使用寿命缩短。

本实用新型所要解决的技术问题是提供一种使用寿命长的调光灯。

图1是本实用新型的调光灯的分解图；

图2是从调光灯发出光的亮度较暗时的工作状态图，此时，灯罩被旋转到其侧壁部分地或全部地遮挡灯泡；

图3是从调光灯发出光的亮度较亮时的工作状态图，此时，灯罩被旋转到其侧壁完全露出灯泡。

如图1～3所示，调光灯包括塑料灯座31、竖直柱32、灯泡33、灯罩34，竖直柱32的外壁设置外螺纹；灯泡33设置于竖直柱32顶端；灯罩34整体由半透明材料制成，灯罩34下侧与竖直柱32通过内外螺纹配合，从而可旋转地套设于竖直柱32外侧，旋转灯罩34可使其上下移动，从而实现亮度调整。

第三章

说 明 书 附 图

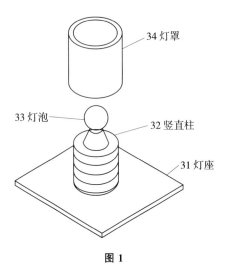

图 1

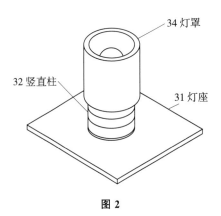

图 2

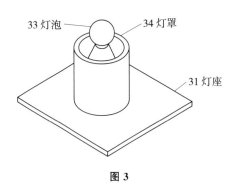

图 3

附件 2（A 公司技术人员撰写的无效宣告请求书）：

（一）关于新颖性和创造性

1. 对比文件 1 公开的变光套 24 包括三个从上到下透明度依次降低的滤光层，变光套 24 可上下运动，实现了灯的不同亮度调整。因此，对比文件 1 公开了权利要求 1 特征部分的全部内容，权利要求 1 相对于对比文件 1 不具备新颖性。

2. 对比文件 2 公开了灯罩 34 与竖直柱 32 通过内外螺纹配合，从而可旋转地套设于竖直柱 32 外侧，旋转灯罩 34 可使其上下移动，实现亮度调整。由此可知，对比文件 2 公开了权利要求 2 的全部附加技术特征，因此，在其所引用的权利要求 1 不具备新颖性的前提下，权利要求 2 也不具备新颖性。

3. 由于权利要求 6 的附加技术特征是材料，不属于形状、构造，而涉案专利为实用新型，实用新型保护的对象为产品的形状、构造或者其结合，因而该特征不应当纳入新颖性的考虑之内，因此，在其引用的权利要求不具备新颖性的前提下，该权利要求也不具备新颖性。

（二）其他无效宣告理由

4. 在权利要求 1～2、6 无效的前提下，权利要求 3～4 将成为独立权利要求，由于权利要求 3～4 所引用的权利要求 2 不具备新颖性，而权利要求 3～4 的附加技术特征既不相同，也不相应，因此，权利要求 3～4 将不具备单一性。

5. 权利要求 5～6 中限定了材料，由于实用新型保护的对象为产品的形状、构造或者其结合，因此，权利要求 5～6 不是实用新型的保护对象，不符合《专利法》第 2 条第 3 款的规定。

因此请求宣告涉案专利全部无效。

附件3（技术交底材料）：

一种多功能灯

现有灯的亮度、冷暖色调等通常是单一的。但是，不同用途往往需要有不同的光，例如小夜灯需要亮度较暗、色调较暖的黄光，工作时需要亮度较高、色调较冷的白光，用餐时需要亮度中等、色调较暖的黄光。因此，需要一种灯能同时兼具多种模式以满足不同需求。

为此，提供了一种能兼顾上述需求的灯。

图1为灯的整体分解图；

图2为灯的分解剖视图；

图3为拆除遮光片后、朝光源承载座观看的滤光部的剖视图。

如图1~3所示，灯包括灯座41、支撑杆42、光源43。光源43为全角度发光的线性白光灯管，反射罩45部分包围光源43。灯还包括滤光部44、遮光片46和光源承载座421，光源43安装在光源承载座421上，滤光部44套设在光源43之外，并可旋转地连接在支撑杆42顶端上，如旋转套接在光源承载座421外部。遮光片46盖在滤光部44远离光源承载座421的顶端，并随滤光部44一起共同旋转。

滤光部44具有三个滤光区44a、44b、44c，其分界线位于一个虚拟圆柱体的圆柱面上，并与滤光部44的旋转轴平行。滤光区44a仅透过少部分黄光从而实现小夜灯的功能，其形成在该虚拟圆柱体的120度圆心角的扇形圆柱面上；滤光区44b是透明的，便于工作照明，滤光区44c可透过中等量黄光从而营造就餐氛围，滤光区44b、44c形成在该虚拟圆柱体的内接等边三棱柱的两个侧平面上。反射罩45使光线反射角度集中到光源43下方的一个滤光区的范围中，通过滤光部44的旋转可以实现满足上述三种光照的需求。

由于小夜灯模式透光量较少，相对于其他两种光照模式，滤光部44会吸收更多的光，升温更多，而将滤光区44a设置在虚拟圆柱体的圆柱面上，并将滤光区44b、44c设置在该虚拟圆柱体的内接等边三棱柱上，且滤光部44的旋转轴、光源43的轴线均与该虚拟圆柱体的中心轴重合，使得滤光区44a与光源43的间距大于其他滤光区44b、44c与光源43的间距，将会抑制滤光部44升温，并通过滤光区44b、44c的平面设置，保证了各滤光区44a、44b、44c的相应光照模式切换到位。

为便于在黑暗环境下，定位小夜灯模式，在滤光区44a与其他两个滤光区44b、44c交界区域各设置一列间隔的荧光凸点，而在其他两个滤光区44b、44c的交界区域设置条形荧光凸起，同时，在滤光部44的靠近光源承载座421和靠近遮光片46的边界区域，以及遮光片46的靠近各滤光区的区域上，分别设置表示滤光区编号的数字型荧光凸起。当然，这些荧光凸点和荧光凸起等亮度极弱并不能用于照明，但可在触感和视觉上被识别。同时，由于圆柱面和平面的整体触感不同，也可以定位小夜灯模式。

技术交底材料附图

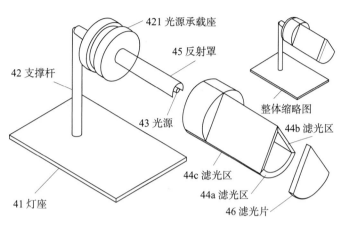

图 1

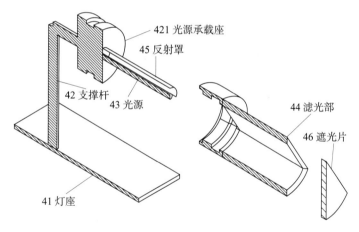

图 2

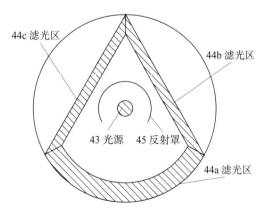

图 3

二、对试题内容的理解

由试题说明可知，本试题包括两部分内容：前三题涉及无效宣告请求的实务，后两题涉及专利申请文件撰写的实务。

在该无效宣告请求实务的三道试题中，第一题是向客户（无效宣告请求人 A 公司）给出咨询意见；第二题是为客户撰写无效宣告请求书；第三题是与往年试题不同的一道简答题。在第三道简答题中，要求应试者针对在第二题中提出的无效宣告请求，预期 B 公司在无效宣告程序中可能采用的应对措施，并思考在这些应对中，是否存在某种应对会使得 A 公司的产品仍存在侵犯涉案专利的风险？如果存在，则应说明 B 公司的应对方式、依据和理由；如果不存在，则应说明依据和理由。需要说明的是，第一题看上去是向请求人撰写咨询意见，但是若将请求人自行撰写的无效宣告请求书作为一份已提交给国家知识产权局并已转给专利权人的无效宣告请求书，则此题在一定程度上相当于专利代理师向专利权人方给出咨询意见，分析无效宣告请求书中各项无效宣告理由是否成立。但是，该咨询意见的内容还包括了更多的内容，按照国家知识产权局给出的历年试题答案来看，除说明无效宣告请求书中的各项无效宣告理由是否成立外，还需要指明其具体分析论述中存在哪些不符合《专利审查指南 2010》中有关（如新颖性、创造性）审查原则或审查基准规定之处，甚至还需要指出无效宣告请求书的撰写存在哪些不规范之处。❶。第二题是常规的为请求人撰写一份无效宣告请求书的试题。第三题是向请求人给出无效宣告请求的前景分析（包括专利权人方有无可能通过对权利要求书的修改来维持专利权部分有效）。由于此次无效宣告请求的背景是请求人方研发的产品有无可能侵犯对方的专利权，要求分析己方研发的产品会否仍存在侵犯涉案专利的风险，并说明理由，因此，在应答第三题时需要了解并初步分析专利申请文件撰写部分试题所涉及的技术交底材料内容后才能给出答案。

后两道有关专利申请文件撰写部分的试题是典型的专利申请文件撰写部分的试题。第四题是针对客户所提供的有关改进多功能灯的技术交底材料，并以前一部分试题中拟提出无效宣告请求的实用新型专利和两份对比文件作为现有技术，为客户撰写一份发明专利申请的权利要求书，主要考核应试者权利要求书的撰写能力；此外，还要求说明所撰写的多项发明创造是分案申请还是合案申请的理由，考核应试者对单一性这一基本概念的掌握程度；为减少考试时的工作量，对于分案申请，仅要求应试者撰写独立权利要求。而第五题是说明撰写的独立权利要求相对于涉案专利所要解决的技术问题和有益效果以及所采用的技术手段，相当于考核应试者撰写说明书有关发明内容部分的能力。

鉴于上述对试题内容的理解，下面先针对第一部分无效宣告请求实务内容的试题给出应试思路，并通过具体分析给出参考答案，然后针对第二部分专利申请文件撰写实务内容的试题给出应试思路，并通过具体分析给出参考答案。

三、无效实务部分试题的应试思路、解析和参考答案

根据前面对无效宣告请求实务部分试题内容的理解，这部分试题的应试思路按下述六步进

---

❶ 国家知识产权局给出的 2018 年专利代理实务科目试题解析中，还需要指出客户自行撰写的无效宣告请求书所作具体分析中存在哪些不符合《专利审查指南 2010》中有关新颖性、创造性审查原则或审查基准规定之处，而在 2019 年专利代理实务科目试题解析中还进一步要求指出该无效宣告请求书的撰写存在哪些不规范之处。因而为帮助考生在应试中给出更全面的答案，本章对 2018 年专利代理实务科目的试题按照 2019 年的答题要求作出分析并给出参考答案。

行：①阅读理解拟提出无效宣告请求的实用新型专利文件；②分析客户 A 公司提供的两件证据的相关性；③分析客户 A 公司技术人员自行撰写的无效宣告请求书中各项无效宣告理由是否成立；④根据分析结果向客户 A 公司给出上述分析结果的信函；⑤为客户 A 公司撰写提交给国家知识产权局的无效宣告请求书；⑥对无效宣告请求案前景的分析。

（一）阅读理解拟提出无效宣告请求的实用新型专利文件

在阅读理解该实用新型专利文件时需要进行下述两方面的工作：理解该实用新型专利各项权利要求的技术方案；分析专利文件本身是否存在可作为无效宣告理由的缺陷。

1. 结合该实用新型专利的说明书理解各项权利要求的技术方案

由该实用新型专利的权利要求书和说明书可知，该实用新型专利要求保护一项发明创造：独立权利要求 1 及从属权利要求 2～6 要求保护一种灯。

由独立权利要求 1 的技术方案以及说明书第七段和第八段结合图 2～3 作出的具体说明内容可知，独立权利要求 1 要求保护一种灯，其相对于现有技术的灯还包括套设在发白光光源外、由多个滤光区组成的滤光部，多个滤光区与光源的相对位置可以改变，从而提供不同的光照模式。

权利要求 2 限定权利要求 1 要求保护的灯的滤光部通过旋转实现多个滤光区与光源相对位置的改变。其对应于说明书第七段和第八段结合图 2～3 说明的具体实施例，从而通过旋转所述滤光部提供不同的光照模式。

权利要求 3 和权利要求 4 分别限定权利要求 2 中的滤光部为圆柱状和多棱柱状。其分别对应于说明书第八段和第十一段结合图 2～3 说明的具体实施例。

权利要求 5 限定权利要求 3 和权利要求 4 要求保护的灯还包括固定设置在滤光部所包围空间内的光源承载座上，并部分包围所述光源的反射罩，其边缘延伸到滤光部使光源发出的光完全限制在单一的滤光区内，且反射罩的材料优选为铝。其对应于说明书第十段和第十一段结合图 2 和图 3（c）说明的具体实施例，从而将灯的出光将完全限制在所选择的滤光区的单一区域内，避免灯的其他滤光区出现不需要的光。

权利要求 6 限定权利要求 2 要求保护的灯的灯座材料为塑料。其对应于说明书第七段结合图 2 说明的具体实施例。

2. 分析专利文件本身是否存在可作为无效宣告理由的缺陷

前面有关理解该实用新型各项权利要求技术方案的内容，对于解答无效宣告请求实务部分的三道试题都是需要完成的。而对专利文件本身是否存在可作为无效宣告理由实质缺陷的判断分析，虽然对解答第一题时分析客户 A 公司技术人员自行撰写的无效宣告请求书中哪些无须证据支持的无效宣告理由是否成立有所帮助，但这方面的有关分析内容完全可以放在应试思路的第三步"分析客户 A 公司技术人员自行撰写的无效宣告请求书中各项无效宣告理由是否成立"时再进行。在阅读理解实用新型专利文件时分析专利文件本身是否存在可作为无效宣告理由的缺陷，主要是考虑到无效宣告请求实务部分第二题要为客户 A 公司撰写无效宣告请求书，需要分析专利文件本身是否存在可作为无效宣告理由的实质缺陷，而这部分工作在阅读实用新型专利文件时就应当加以关注，因此仍将这一部分分析内容放在"阅读理解拟提出无效宣告请求的实用新型专利文件"这一步中。

在阅读该实用新型专利文件时，发现三项可以作为无效宣告理由的缺陷：独立权利要求 1 未以说明书为依据；权利要求 5 引用权利要求 4 的技术方案未以说明书为依据；权利要求 5 未清楚限定要求专利保护的范围。

说明书中所有实施例都是通过旋转滤光部这个特定方式，实现多个滤光区与光源的相对位的改变以提供不同的光照模式，且本领域技术人员对于说明书中各个实施例所给出的圆柱形和多棱柱形滤光部结构不能明确还可以采用说明书中未提到的其他替代旋转的方式来完成，例如对于说明书中给出的圆柱形和多棱柱形滤光部结构是无法通过移动来提供不同的光照模式，因而权利要求1中采用的多个滤光区与光源的相对位置可以改变的功能、效果限定得不到说明书的支持，因此权利要求1的技术方案未以说明书为依据，不符合《专利法》第26条第4款的规定。

权利要求5引用权利要求3或4，进一步限定"反射罩的边缘延伸到所述滤光部"。但在说明书最后一段明确指出：在滤光部为多棱柱的情况下，反射罩的边缘如果延伸到滤光部，将使得滤光部无法旋转。而权利要求4已明确限定滤光部为多棱柱，权利要求5又进一步限定反射罩的边缘延伸到滤光部就会使得滤光部无法旋转。由此可知，权利要求5引用权利要求4的技术方案就是说明书中所记载无法旋转的方案，即不能通过旋转滤光部提供不同的光照模式。因此权利要求5引用权利要求4的技术方案得不到说明书的支持，不符合《专利法》第26条第4款关于权利要求应当以说明书为依据的规定。

此外，权利要求5限定部分的最后一个特征"反射罩的材料优选为铝"。在权利要求中限定出不同的保护范围，导致保护范围不清楚，不符合《专利法》第26条第4款有关权利要求清楚限定要求专利保护范围的规定。

（二）分析客户A公司提供的两件证据的相关性

由试题内容可知，客户A公司向你所在的代理机构提供了两份对比文件（对比文件1和对比文件2）作为提出无效宣告请求的证据。在这一步中，先对这两件证据的相关性作出分析，然后再针对A公司技术人员自行撰写的无效宣告请求书具体分析这两件证据是否支持其中所主张的不具备新颖性或创造性的无效宣告理由，最后在第五步撰写无效宣告请求书前再分析这两件证据是否能使该实用新型专利各项权利要求不具备新颖性或创造性。

1. 确定客户所提供的两件证据可适用的无效宣告理由

涉案实用新型专利的申请日为2017年12月4日。

对比文件1中国实用新型专利的授权公告日为2007年10月9日，对比文件2中国实用新型专利的授权公告日为2008年10月23日，均早于涉案实用新型专利的申请日，因此这两份对比文件均构成涉案实用新型专利的现有技术，可以用作评价涉案实用新型专利各项权利要求是否具备新颖性和创造性的对比文件。

2. 判断两份对比文件公开的内容与涉案实用新型专利的相关程度

对比文件1公开了一种变光灯，包括灯座、支撑柱、光源和变光套，支撑柱设置在灯座上，光源为在支撑柱顶端的四个侧面上设置的白光发光二极管，其中变光套从上到下地由三个滤光层和一个基底排列而成，三个滤光层和一个基底均为中空的四棱柱体，三个滤光层的透明度依次降低。通过上下移动变光套相对于支撑柱的位置，并用销柱定位使得变光套上下运动，从而适应用户的不同亮度需求。

对比文件2公开了一种调光灯，包括塑料的灯座、竖直柱、灯泡、灯罩，竖直柱的外壁设置外螺纹；灯泡设置于竖直柱顶端；灯罩整体由半透明材料制成，灯罩下侧与竖直柱通过内外螺纹配合，从而可旋转地套设于竖直柱外侧，旋转灯罩可使其上下移动，从而实现亮度调整。

由此可知，两份对比文件公开的内容与涉案专利的内容十分相关，需要具体分析两份对比文件公开的内容是否影响本专利各项权利要求的新颖性和创造性。

（三）分析 A 公司技术人员自行撰写的无效宣告请求书中各项无效宣告理由是否成立

在阅读理解该实用新型专利文件和分析客户提供的两件证据的相关性之后，针对客户 A 公司技术人员自行撰写的无效宣告请求书分析其提出的各项无效宣告理由是否成立。

首先，分析无效宣告请求书中的各项无效宣告理由是否属于《专利法实施细则》第 65 条第 2 款规定的无效宣告理由；其次，分析无效宣告请求书中有关各项权利要求不具备新颖性或创造性的无效宣告理由是否成立；最后，分析无效宣告请求书中的其他无效宣告理由是否成立。

1. 分析无效宣告请求书中的各项无效宣告理由是否属于法定的无效宣告理由

通过阅读客户 A 公司技术人员自行撰写的无效宣告请求书可知，其共提出三项无效宣告理由：①权利要求 1、2 和 6 不具备新颖性；②权利要求 3 和 4 之间不具备单一性；③权利要求 5 和 6 不属于实用新型保护客体。

第一项和第三项无效宣告理由属于《专利法实施细则》第 65 条第 2 款规定的无效宣告理由，可以作为无效宣告理由提出，而第二项不具备单一性的无效宣告理由不属于《专利法实施细则》第 65 条第 2 款规定的无效宣告理由，不应当作为无效宣告理由提出。

2. 分析无效宣告请求书中有关各项权利要求不具备新颖性或创造性的无效宣告理由是否成立

在无效宣告请求书中，有关权利要求不具备新颖性的无效宣告理由涉及三项权利要求和两份对比文件：①权利要求 1 相对于对比文件 1 不具备新颖性；②权利要求 2 相对于对比文件 2 不具备新颖性；③权利要求 6 不具备新颖性。

（1）关于权利要求 1 相对于对比文件 1 不具备新颖性的无效宣告理由

请求书中认为：对比文件 1 公开的变光套 24 包括三个从上到下透明度依次降低的滤光层，变光套 24 可上下运动，实现了灯的不同亮度调整。因此，对比文件 1 公开了权利要求 1 特征部分的全部内容，权利要求 1 相对于对比文件 1 不具备新颖性。

按照《专利审查指南 2010》第二部分第三章有关新颖性审查原则的规定，只有当对比文件公开的内容与权利要求的技术方案是同样的发明和实用新型，才能得出该权利要求不具备新颖性的结论。而目前撰写的请求书中仅将对比文件 1 公开的内容与权利要求 1 的特征部分进行分析对比，即未将两者的技术方案进行对比，更未指出"四个实质相同"❶，这样的分析对比方式明显不符合《专利审查指南 2010》中上述有关新颖性判断"同样的发明和实用新型"这一审查原则的规定。此外，请求书中论述不具备新颖性还存在不规范之处，即未给出对比文件出处，未给出相关法律条款。

但是，如果将对比文件 1 公开的内容与权利要求 1 的技术方案进行对比后，就能得知对比文件 1 已公开了一种变光灯，包括灯座、支撑柱（相当于权利要求 1 中的支撑杆）、设置在支撑柱顶端四个侧面上的白光发光二极管（相当于权利要求 1 中的发白光的光源）和变光套（相当于权利要求 1 中的滤光部），变光套从上到下地由滤光层和基底排列而成（相当于权利要求 1 中的滤光部由多个滤光区组成），通过上下移动变光套相对于支撑柱的位置，使变光套上下运动，从而适应用户的不同亮度需求（相当于权利要求 1 中的滤光区与光源的相对位置可以改变，从而提供不同的光照模式）。

由此可知，对比文件 1 公开了权利要求 1 的全部技术特征。此外，两者都是用于提供不同光照模式的灯，因而两者的技术领域、所解决的技术问题、技术方案和预期效果实质相同，即两者

---

❶ "四个实质相同"是指技术领域、所解决的技术问题、技术方案和预期效果实质相同。

· 87 ·

为同样的实用新型，因此权利要求1相对于对比文件1不具备《专利法》第22条第2款规定的新颖性的无效宣告理由有可能成立。

通过上述分析可知，权利要求1相对于对比文件1不具备新颖性的无效宣告理由有可能成立，但自行撰写的请求书中有关权利要求1相对于对比文件1不具备新颖性的分析不符合《专利审查指南2010》第二部分第三章中有关"同样的发明和实用新型"这一新颖性审查原则；且在分析论述时未指出对比文件公开内容具体出处，未指出无效宣告理由所涉及的法律条款，存在着撰写不规范之处。

（2）关于权利要求2相对于对比文件2不具备新颖性

请求书中认为：对比文件2公开了灯罩34与竖直柱32通过内外螺纹配合，从而可旋转地套设于竖直柱32外侧，旋转灯罩34可使其上下移动，实现亮度调整。由此可知，对比文件2公开了权利要求2的全部附加技术特征，因此，在其所引用的权利要求1不具备新颖性的前提下，权利要求2也不具备新颖性。

权利要求2要求保护的技术方案由其引用部分和限定部分两部分组成。对比文件2仅公开了其限定部分的全部附加技术特征，并未公开其引用部分的全部技术特征，即未公开其引用的权利要求1的技术方案，如未公开其中的滤光部由多个滤光区组成。可知对比文件2并未公开权利要求2的技术方案，因此权利要求2相对于对比文件2具备新颖性，即权利要求2相对于对比文件2不具备新颖性的无效宣告理由不能成立。

请求书中以对比文件2公开了权利要求2的全部附加技术特征认定，在其所引用的权利要求1不具备新颖性的前提下，权利要求2也不具备新颖性。上述分析混淆了新颖性和创造性两者的概念，因为权利要求1是相对于对比文件1不具备新颖性，即其引用部分的技术特征是在对比文件1中公开了，可知权利要求2的全部技术特征是在对比文件1和对比文件2中公开了，采用的是结合对比。因此上述分析认定不符合《专利审查指南2010》第二部分第三章中有关新颖性判断的单独对比原则。此外，客户自行撰写的请求书对权利要求2的分析论述也未指出对比文件公开内容的具体出处，未指出无效宣告理由所涉及的法律条款，同样存在撰写不规范之处。

由于权利要求2限定部分技术特征已在对比文件2中公开，且其在对比文件2中通过旋转灯罩起到调节光照亮度的作用，与本实用新型权利要求2中通过旋转滤光部来实现提供不同光照亮度的作用相同，本领域技术人员有动机将对比文件2中公开的上述技术特征应用于对比文件1中而得到权利要求2的技术方案，即权利要求2相对于对比文件1和2的结合是显而易见的，不具有实质性特点，因此权利要求2相对于对比文件1和2的结合不具备《专利法》第22条第3款规定的创造性。

（3）关于权利要求6不具备新颖性

请求书中指出：权利要求6的附加技术特征是材料，不属于形状、构造，而涉案专利为实用新型，实用新型保护的对象为产品的形状、构造或者其结合，因而该特征不应当纳入新颖性的考虑之内，因此，在其引用的权利要求不具备新颖性的前提下，该权利要求也不具备新颖性。

权利要求6限定灯座材料为"塑料"，塑料是已知材料，不属于对材料本身的改进，因此属于实用新型的保护客体。更何况，《专利审查指南2010》第四部分第六章已明确指出，在实用新型专利的新颖性和创造性的审查中，应当考虑其技术方案中的所有技术特征，包括材料特征和方法特征，因此请求书的上述分析中认为不应将材料特征纳入新颖性的考虑之中是不符合《专利审查指南2010》上述规定的。此外，在客户自行撰写的请求书中同样存在着未指明无效宣告理由所涉及法律条款的撰写不规范之处。

此外，正如前面所指出的，权利要求2相对于对比文件2具备新颖性，则对权利要求2作进一步限定的权利要求6相对于对比文件2也具备新颖性，因此该权利要求6不具备新颖性的无效宣告理由不能成立。

但是，需要说明的是，对比文件2中已公开了塑料灯座，因此当权利要求2相对于对比文件1和2的结合不具备创造性时，权利要求6相对于对比文件1和2的结合也不具备创造性。

3. 分析无效宣告请求书中其他无效宣告理由是否成立

无效宣告请求书中涉及其他无效宣告理由共有两项：①权利要求3和权利要求4之间不具备单一性；②权利要求5和6不属于实用新型保护客体。下面对这两项无效宣告理由逐一进行分析。

（1）关于权利要求3和权利要求4之间不具备单一性

请求书中认为：在权利要求1~2、6无效的前提下，权利要求3和4将成为独立权利要求，由于权利要求3和4所引用的权利要求2不具备新颖性，而权利要求3和4的附加技术特征既不相同，也不相应，因此，权利要求3和4将不具备单一性。

尽管请求书中对权利要求3和4之间不具备单一性的分析并不正确（实际上，两者的限定部分具有相应的特定技术特征），但是正如前面分析所指出的那样，不具备单一性不属于《专利法实施细则》第65条第2款规定的无效宣告理由，即便所论述的不具备单一性的事实存在，国家知识产权局专利局复审和无效审理部对此无效宣告理由将不予考虑。

（2）关于权利要求5和6不是实用新型的保护对象

请求书中指出：权利要求5和6中限定了材料，由于实用新型保护的对象为产品的形状、构造或者其结合，因此，权利要求5和6不是实用新型的保护对象，不符合《专利法》第2条第3款的规定。

权利要求5限定部分限定反射罩的材料为铝，权利要求6限定部分限定灯座的材料为塑料，铝和塑料都是已知材料，按照《专利审查指南2010》第一部分第二章第6.2.2节的规定，实用新型权利要求中可以包含已知材料的名称，即可以将现有技术中的已知材料应用于具有形状、构造的产品上，不属于对材料本身提出的改进，因而允许铝和塑料作为技术特征出现在实用新型的权利要求中。也就是说，权利要求5和6属于实用新型专利的保护客体，符合《专利法》第2条第3款的规定。

由此可知，权利要求5和6不是实用新型保护对象的无效宣告理由不能成立。

（四）根据分析结果向客户A公司给出上述分析结果的信函

根据前面的分析结果，撰写给客户A公司的信函。根据试题要求，在此信函中除起始部分和结尾部分外，只需要逐个分析客户A公司技术人员撰写的无效宣告请求书中各项无效宣告请求理由是否成立，给出结论和具体理由。但是，由国家知识产权局给出的2018年和2019年专利代理实务科目试题的解析答案来看，还需要指明客户A公司技术人员自行撰写的无效宣告请求书在具体分析论述中存在哪些不符合《专利审查指南2010》中有关（如新颖性、创造性）审查原则或审查基准规定之处，以及该请求书的撰写存在哪些不规范之处。

下面为推荐的向客户A公司给出分析结果的信函。

尊敬的A公司：

很高兴贵方委托我代理机构代为办理有关请求宣告专利号为201721234567.X、名称为"多用途灯"的实用新型专利无效宣告请求的有关事宜，经仔细阅读贵方提供的附件1和2以及对比文件1和2，现对附件2无效宣告请求书中各项无效宣告理由是否成立以及请求书的撰写所存在的问题给出如下分析意见。

一、权利要求1相对于对比文件1不具备新颖性的理由成立，但请求书中有关不具备新颖性的论述不合适

对比文件1公开了一种变光灯（参见对比文件1的说明书正文倒数第1段与第2段，图1和2），包括灯座21、支撑柱22（即权利要求1中的支撑杆）、光源23，光源23为白光发光二极管，变光套24（相当于权利要求1中的滤光部）套设于光源23外（如图2所示），其从上到下地由滤光层241、242、243（相当于权利要求1中的多个滤光区）和基底排列而成，通过上下移动变光套24相对于支撑柱22的位置，以适应用户的不同亮度需求。由此可见，对比文件1不仅公开了权利要求1特征部分的全部技术特征，还公开了权利要求1前序部分的全部技术特征，也就是说其公开了权利要求1的技术方案，且两者的技术领域、解决的技术问题和预期效果实质相同，因而，对比文件1公开的变光灯与权利要求1要求保护的灯为同样的实用新型，因此权利要求1相对于对比文件1不具备《专利法》第22条第2款规定的新颖性。

需要指出的是，贵公司所撰写的请求书中仅将对比文件1公开的内容与权利要求1特征部分进行分析对比，即未与权利要求1的整个技术方案进行对比，且未指明两者在技术领域、所解决的技术问题、技术方案和预期效果实质相同，这样的分析对比方式明显不符合《专利审查指南2010》第二部分第三章中有关新颖性判断"同样的发明和实用新型"这一审查原则的规定，因此请求书中有关权利要求1相对于对比文件1不具备新颖性的分析论述是不合适的。此外，所作分析论述还存在着未指明对比文件公开内容出处和未写明无效宣告理由所涉及法律条款等撰写不规范之处。

二、权利要求2相对于对比文件2不具备新颖性的理由不能成立

权利要求2要求保护的技术方案由其引用部分和限定部分两部分组成，对比文件2仅公开了其限定部分的全部附加技术特征，并未公开其引用部分的全部技术特征，即未公开其引用的权利要求1的技术方案，如未公开其中的滤光部由多个滤光区组成，可知对比文件2并未公开权利要求2的技术方案，因此权利要求2相对于对比文件2具备新颖性，即权利要求2相对于对比文件2不具备新颖性的无效宣告理由不能成立。

需要指出的是，贵公司撰写的请求书中，认定对比文件2公开了权利要求2的全部附加技术特征，在其所引用的权利要求1不具备新颖性的前提下，权利要求2也不具备新颖性。上述分析混淆了新颖性和创造性两者的概念，因为权利要求1相对于对比文件1不具备新颖性，即其引用部分的技术特征是在对比文件1中公开，可知权利要求2的全部技术特征是在对比文件1和对比文件2中公开，应当采用结合对比，因此上述分析认定不符合《专利审查指南2010》第二部分第三章中有关新颖性判断的单独对比原则。同样，所作分析论述还存在着未指明对比文件公开内容出处和未写明无效宣告理由所涉及法律条款等撰写不规范之处。

此外，需要提请注意的是，由于权利要求2限定部分的技术特征已在对比文件2中公开，且这些技术特征在对比文件2中通过旋转灯罩起到了调节光照亮度的作用，与本实用新型权利要求2中通过旋转滤光部来提供不同光照亮度的作用相同，本领域技术人员有动机将对比文件2中公开的上述技术特征应用于对比文件1中而得到权利要求2的技术方案，即权利要求2相对于对比文件1和2的结合是显而易见的，不具有实质性特点，因此权利要求2相对于对比文件1和2的结合不具备《专利法》第22条第3款规定的创造性。

三、关于权利要求6相对于对比文件2不具备新颖性的理由不能成立

权利要求6限定灯座材料为"塑料"，塑料是已知材料，不属于对材料本身的改进，因此属

于实用新型的保护客体。更何况，《专利审查指南2010》第四部分第六章已明确指出，在实用新型专利的新颖性和创造性的审查中，应当考虑其技术方案中的所有技术特征，包括材料特征和方法特征，因此贵公司撰写的请求书中认为不应将材料特征纳入新颖性的考虑之中是不符合《专利审查指南2010》上述规定的。此外，所涉及的无效宣告理由未写明法律条款，撰写不规范。

此外，正如前面所指出的，权利要求2相对于对比文件2具备新颖性，则对权利要求2作进一步限定的权利要求6相对于对比文件2也具备新颖性，因此该权利要求6不具备新颖性的无效宣告理由不能成立。

需要说明的是，在对比文件2中已公开了塑料灯座，因此当权利要求2相对于对比文件1和2的结合不具备创造性时，权利要求6相对于对比文件1和2的结合也不具备创造性。

四、权利要求3和权利要求4不具有单一性的理由不能成立

《专利法》第31条规定的单一性不属于《专利法实施细则》第65条第2款规定的可被无效宣告的条款。因此，贵公司撰写的请求书中将"权利要求3和4不具备单一性"作为无效宣告理由是错误的，该无效宣告理由不能成立。

五、权利要求5和6不是实用新型保护对象的无效宣告理由不成立

权利要求5的限定部分限定反射罩的材料为铝，权利要求6限定部分限定灯座的材料为塑料，铝和塑料都是已知材料，是将现有技术中的已知材料应用于具有形状、构造的产品上，不属于对材料本身提出的改进，因而根据《专利审查指南2010》第一部分第二章的相关规定，允许其作为技术特征出现在实用新型的权利要求中。也就是说，权利要求5和6属于实用新型保护客体，符合《专利法》第2条第3款的规定。由此可知，权利要求5和6不是实用新型保护对象的无效宣告理由不能成立。

以上是对贵公司技术人员所撰写的无效宣告请求书的分析意见，供贵公司参考。为此，又针对贵公司所提供的对比文件撰写了一份无效宣告请求书。

××专利代理机构×××

××××年××月××日

（五）为客户A公司撰写提交给国家知识产权局的无效宣告请求书

在前面阅读理解专利文件部分仅分析了该实用新型专利本身是否存在无须证据就可以作为无效宣告理由提出的实质性缺陷，在分析客户A公司技术人员自行撰写的无效宣告请求书中各项无效宣告理由能否成立时仅针对客户所考虑的内容进行分析。在此基础上直接撰写无效宣告请求书还是不够的，需要分析客户所提供的两件证据能否使各项权利要求不具备新颖性或创造性，从而确定无效宣告请求所使用的证据以及这些证据所支持的无效宣告理由。在这基础上撰写提交给国家知识产权局的无效宣告请求书。

1. 分析两件证据能否使各项权利要求不具备新颖性或创造性

正如前面分析所指出的，对比文件1和对比文件2均为本涉案专利的现有技术，可用作判断本涉案专利是否具备新颖性和创造性的对比文件。

该实用新型专利权利要求书中包括6项权利要求：独立权利要求1及从属权利要求2～6。在前面分析客户A公司技术人员自行撰写的无效宣告请求书中各项无效宣告理由能否成立时，已得知权利要求1相对于对比文件1不具备新颖性，权利要求2和权利要求6相对于对比文件1和对比文件2的结合不具备创造性。

权利要求3和4是引用权利要求2的从属权利要求，下面先分析这两项从属权利要求相对于

对比文件1和2的结合是否具备创造性。由于对比文件1和2均未披露滤光区分界线与滤光部旋转轴平行的圆柱状或多棱柱状滤光部，且这种滤光部也不属于本领域技术人员的公知常识，因此对比文件1和对比文件2的结合（包括考虑了本领域技术人员的公知常识）不能否定权利要求3和4的创造性。

权利要求5是从结构上对权利要求3或4作进一步限定的下一层级从属权利要求，因而当对比文件1和对比文件2的结合（包括考虑了本领域技术人员的公知常识）不能否定权利要求3和4的创造性时，也不能否定权利要求5的创造性。

通过上述分析可知，在对涉案专利提出无效宣告请求时，可以将对比文件1和对比文件2作为证据，以权利要求1相对于对比文件1不具备新颖性、权利要求2和权利要求6相对于对比文件1和对比文件2的结合不具备创造性作为无效宣告理由。

2. 无效宣告证据的选择和无效宣告理由的确定

根据上述分析，在对该实用新型专利提出无效宣告请求时，可以将对比文件1和对比文件2作为证据，以权利要求1相对于对比文件1不具备《专利法》第22条第2款规定的新颖性、权利要求2和6相对于对比文件1和2的结合不具备《专利法》第22条第3款规定的创造性作为无效宣告理由。

此外，根据前面阅读专利文件对专利文件本身缺陷所作分析，还可以提出如下两项无效宣告理由：独立权利要求1以及权利要求5引用权利要求4的技术方案未以说明书为依据，不符合《专利法》第26条第4款有关规定；权利要求5未清楚限定要求专利保护的范围，不符合《专利法》第26条第4款有关规定。

由此可知，权利要求3和4不存在可提出无效宣告的理由，无效宣告请求范围为部分无效。

3. 撰写无效宣告请求书

在选定无效宣告证据和确定无效宣告理由之后，就可着手为客户A公司撰写提交给国家知识产权局的无效宣告请求书。

在无效宣告请求书中，应当在起始段对无效宣告请求的法律依据、无效宣告请求所针对的涉案专利情况、无效宣告理由和无效宣告请求的范围作出说明。

在起始段之后，先列出无效宣告的两件证据（对比文件1和对比文件2）；在此基础上具体说明权利要求1相对于对比文件1不具备新颖性的无效宣告理由，然后具体说明权利要求2和权利要求6相对于对比文件1和对比文件2的结合不具备创造性的无效宣告理由。

此后，分析说明其他无效宣告理由：先说明权利要求1和权利要求5引用权利要求4的技术方案未以说明书为依据的无效宣告理由，再针对权利要求5说明其未清楚限定要求专利保护范围的无效宣告理由。

最后给出结尾段。

下面给出推荐的无效宣告请求书。

无效宣告请求书

国家知识产权局：

根据《专利法》第45条和《专利法实施细则》第65条的规定，请求人针对专利号为ZL201721234567.X、申请日为2017年12月4日、名称为"多用途灯"的实用新型专利（下称"该专利"），以该专利不具备《专利法》第22条第2款、第3款规定的新颖性、创造性，不符合《专利法》第26条第4款有关权利要求书应当以说明书为依据并清楚限定要求专利保护范围的规定为无效宣告理由，请求国家知识产权局宣告该专利部分无效。

一、关于证据

请求人提交如下对比文件作为证据使用：

证据1（即试题中的对比文件1）：专利号为 ZL200620123456.5 的中国实用新型专利说明书，授权公告日为 2007 年 10 月 9 日；

证据2（即试题中的对比文件2）：专利号为 ZL200820789117.7 的中国实用新型专利说明书，授权公告日为 2008 年 10 月 23 日。

二、关于不具备新颖性、创造性的无效宣告理由

1. 权利要求1相对于证据1不具备《专利法》第22条第2款规定的新颖性

权利要求1请求保护一种灯，证据1公开了一种变光灯（参见证据1的说明书正文倒数第1段和第2段，图1和2），包括灯座21、支撑柱22（即权利要求1中的支撑杆）、光源23和变光套24（相当于权利要求1中的滤光部），光源23为在支撑柱顶端四个侧面上设置的白光发光二极管（即权利要求1中的发白光的光源），变光套24为中空的四棱柱体，其从上到下地由滤光层241、242、243和一个基底244排列而成，滤光层241、242、243的透明度依次降低（相当于权利要求1中的滤光部由多个滤光区组成）。图2示出变光套24套设于光源23外，通过上下移动变光套24相对于支撑柱22的位置，使得变光套24上下运动，从而适应用户的不同亮度需求（相当于权利要求1中的滤光区与光源的相对位置可以改变，从而提供不同的光照模式）。

由此可见，证据1公开了权利要求1的全部技术特征，两者采用了相同的技术方案，并且它们都属于"灯"这一相同的技术领域，都解决了提供不同光照模式的技术问题，并能达到相同的预期技术效果。因此，权利要求1相对于对比文件1不具备新颖性，不符合《专利法》第22条第2款的规定。

2. 权利要求2不具备《专利法》第22条第3款规定的创造性

证据1和证据2与该专利属于相同的技术领域"灯"，都能实现调节灯光亮度以适应不同需求，即两者要解决的技术问题和技术效果与该专利接近程度也差不多，但证据1相对于证据2披露了该专利更多的技术特征"滤光部由多个滤光区组成"，因此证据1是该专利最接近的现有技术。

证据1公开了权利要求2所引用的权利要求1的全部技术特征，权利要求2未被证据1披露的技术特征是其限定部分的附加技术特征："所述滤光部（14）可旋转地连接在所述支撑杆（12）上，通过旋转所述滤光部（14）提供不同的光照模式"。由上述技术特征在本实用新型中所能达到的技术效果可知，权利要求2相对于证据1实际解决的技术问题是采用与最接近现有技术不同的滤光部操作方式来提供不同光照模式。

证据2公开了一种调光灯（参见证据2说明书正文最后一段，图1至3），包括灯座31、竖直柱32、灯泡33、灯罩34，竖直柱32的外壁设置外螺纹，灯泡33设置于竖直柱32顶端，灯罩34整体由半透明材料制成（可知其也起到滤光作用，相当于权利要求2中的滤光部），灯罩34下侧与竖直柱32通过内外螺纹配合，从而可旋转地套设于竖直柱32外侧，旋转灯罩34可使其上下移动，从而实现亮度调整。由此可见，证据2公开了权利要求2限定部分的技术特征，该技术特征在证据2中所起的作用（通过旋转方式来调整光照模式）与其在权利要求2技术方案中所起的作用相同，因而，本领域技术人员有动机将证据2中的上述技术特征应用到证据1中来，从而得到权利要求2的技术方案。即证据2给出将上述技术特征应用到证据1中以解决其存在的技术问题的技术启示，由此可知，将证据1和证据2相结合得到权利要求2的技术方案对本领域技

术人员来说是显而易见的。

综上所述，权利要求 2 相对于证据 1 和证据 2 的结合不具有实质性特点和进步，不具备《专利法》第 22 条第 3 款规定的创造性。

3. 权利要求 6 不具备《专利法》第 22 条第 3 款规定的创造性

权利要求 6 是权利要求 2 的从属权利要求，其进一步限定的附加技术特征"所述灯座的材料为塑料"已被证据 2（参见证据 2 正文最后一段第 1 行）公开，因此，在权利要求 6 所引用的权利要求 2 相对于证据 1 和证据 2 的结合不具备创造性的前提下，权利要求 6 相对于证据 1 和证据 2 的结合也不具备《专利法》第 22 条第 3 款规定的创造性。

三、关于不符合《专利法》第 26 条第 4 款规定的无效理由

1. 独立权利要求 1 不符合《专利法》第 26 条第 4 款有关权利要求以说明书为依据的规定

权利要求 1 要求保护一种灯，其相对于现有技术的灯还包括套设在发白光光源外、由多个滤光区组成的滤光部，多个滤光区与光源的相对位置可以改变，从而提供不同的光照模式。

说明书中所有实施例是通过旋转滤光部这种特定方式实现多个滤光区与光源的相对位置的改变以提供不同的光照模式，且本领域技术人员对于说明书中各个实施例所给出的圆柱形和多棱柱形滤光部结构，不能明确还可以采用说明书中未提到的其他替代旋转的方式来完成，例如对于说明书中给出的圆柱形和多棱柱形滤光部结构，是无法通过移动来实现提供不同的光照模式，因而权利要求 1 中采用的多个滤光区与光源的相对位置可以改变的功能、效果限定得不到说明书的支持，因而权利要求 1 的技术方案未以说明书为依据，不符合《专利法》第 26 条第 4 款的规定。

2. 权利要求 5 引用权利要求 4 的技术方案未以说明书为依据，不符合《专利法》第 26 条第 4 款的规定

根据该专利说明书最后一段记载的内容可知，在滤光部 14 为多棱柱的情况下，反射罩 15 的边缘如果延伸到滤光部 14，将使得滤光部 14 无法旋转。而权利要求 5 引用了权利要求 3 或 4，其附加技术特征包括了"反射罩（15）的边缘延伸到所述滤光部（14）"，但其引用权利要求 4 时，权利要求 4 的附加技术特征包括"滤光部（14）是多棱柱状"，可知，权利要求 5 引用权利要求 4 时的方案明显是说明书中记载的无法旋转的方案，不能通过旋转滤光部提供不同的光照模式。由此可知，权利要求 5 引用权利要求 4 的技术方案与说明书中给出的技术方案相矛盾，得不到说明书支持，不符合《专利法》第 26 条第 4 款有关权利要求书应当以说明书为依据的规定。

3. 权利要求 5 未清楚限定要求专利保护的范围，不符合《专利法》第 26 条第 4 款的规定

权利要求 5 限定部分的最后一个特征"反射罩（15）的材料优选为铝"，在权利要求中限定出不同的保护范围，导致保护范围不清楚，不符合《专利法》第 26 条第 4 款有关权利要求应当清楚限定要求专利保护范围的规定。

综上所述，该专利的权利要求 1 不具备《专利法》第 22 条第 2 款规定的新颖性，权利要求 2 和 6 不具备《专利法》第 22 条第 3 款规定的创造性，权利要求 1 及权利要求 5 引用权利要求 4 的技术方案不符合《专利法》第 26 条第 4 款有关权利要求书应当以说明书为依据的规定，权利要求 5 不符合《专利法》第 26 条第 4 款有关权利要求应当清楚限定要求专利保护范围的规定，故请求宣告专利号为 ZL201721234567.X、名称为"多用途灯"的实用新型专利的权利要求 1、2、5 和 6 无效。

无效宣告请求人：A 公司

××××年××月××日

（六）　对无效宣告请求案前景的分析

这一部分是为了应答试题第三题而进行的。在这部分，首先分析对方在无效宣告程序中面对己方提出的无效宣告请求可能会采取的应对措施；其次需要理解下一题技术交底材料中己方研发产品的技术内容，在此基础上判断己方研发产品是否仍存在着侵权风险；最后根据分析结果给出第三题的参考答案。

1. 对方在无效宣告程序中可能采取的应对措施

由于无效宣告请求仅提出部分无效，即使专利权人不对权利要求书进行修改，按照目前的现有技术证据，授权时的权利要求3和4不会被宣告无效。

但是专利权人可能会对权利要求书进行修改，以争取更宽的保护范围。显然，按照2017年2月28日发布、2017年4月1日实施的《国家知识产权局关于修改〈专利审查指南2010〉的决定》，专利权人可采用对权利要求作进一步限定的修改方式：在删除权利要求1的基础上，将权利要求3限定部分的后一技术特征"滤光区的分界线与滤光部的旋转轴平行"（即权利要求4中的"多棱柱的棱边与滤光部的旋转轴平行"）加入权利要求2中，对权利要求2作进一步限定，作为修改后的独立权利要求1，然后将权利要求3至6作为修改后的从属权利要求2至7，以争取更充分的保护。

专利权人按上述方式修改的权利要求书❶如下：

1. 一种灯，包括灯座（11）、支撑杆（12）、发白光的光源（13），其特征在于：还包括滤光部（14），所述滤光部（14）套设在所述光源（13）外，所述滤光部（14）由多个滤光区（14a，14b，14c，14d）组成，所述滤光区（14a，14b，14c，14d）的分界线与所述滤光部（14）的旋转轴平行，所述滤光部（14）可旋转地连接在所述支撑杆（12）上，所述滤光区（14a，14b，14c，14d）与所述光源（13）的相对位置是可以通过旋转所述滤光部（14）改变的，从而提供不同的光照模式。❷

2. 根据权利要求1所述的灯，其特征在于：所述滤光部（14）是圆柱状。

3. 根据权利要求2所述的灯，其特征在于：还包括反射罩（15），所述反射罩（15）固定设置在所述滤光部（14）所包围空间内的光源承载座（121）上，并部分包围所述光源（13），所述反射罩（15）的边缘延伸到所述滤光部（14）以使所述光源（13）发出的光完全限制在单一的滤光区内。

4. 根据权利要求1所述的灯，其特征在于：所述滤光部（14）是多棱柱状，所述多棱柱的棱边构成所述滤光区（14a，14b，14c，14d）的分界线，所述多棱柱的每个侧面为一个滤光区。

5. 根据权利要求4所述的灯，其特征在于：还包括反射罩（15），所述反射罩（15）固定设置在所述滤光部（14）所包围空间内的光源承载座（121）上，并部分包围所述光源（13）。

6. 根据权利要求3或5所述的灯，其特征在于：所述反射罩的材料（15）为铝。

7. 根据权利要求1至5中任一项所述的灯，其特征在于：所述灯座（11）的材料为塑料。

---

❶　按照2018年专利代理实务科目试题要求，此处仅需要分析对方可能的修改独立权利要求的方式，就可给出答案，无须考虑如何修改从属权利要求。考虑到今后专利代理实务科目试题中还会涉及专利权人方如何在无效宣告程序中修改专利文件的内容，为帮助考生了解在无效宣告程序中如何修改权利要求书，故在此处给出了修改后的权利要求书。

❷　由于是否准确划界这一缺陷不属于《专利法实施细则》第65条第2款规定的可以提出无效宣告请求的理由，应试时无须对修改后的独立权利要求重新正确划界。

2. 初步理解技术交底材料的内容

由技术交底材料介绍的内容可知，A 公司研发出的多功能灯相对于现有灯解决了三个方面的问题：①一种灯能同时兼具多种光照模式；②处于小夜灯模式时可抑制滤光部的升温；③在黑暗环境下识别和定位小夜灯模式。由技术交底材料附图及文字说明可知，解决上述三个问题中任一个的多功能灯，滤光部均套设在光源之外，滤光部具有三个滤光区，其分界线位于一个虚拟圆柱体的圆柱面上，并与滤光部的旋转轴平行，其中一个滤光区形成在该虚拟圆柱体的 120 度圆心角的扇形圆柱面上，另两个滤光区形成在该虚拟圆柱体的内接等边三棱柱的两个侧平面上；滤光部能相对于光源旋转，从而实现不同光照的需求。而在小夜灯模式下，为抑制滤光部升温，进一步将小夜灯滤光区设置在扇形圆柱面上。为了在黑暗环境下识别和定位小夜灯模式，在扇形圆柱面与其相邻滤光区的交界区域以及其他位置设置荧光识别标记。

3. 判断己方研发产品是否还存在侵权风险

由上述对技术交底材料介绍的研发产品作出初步分析可知，本研发产品中滤光部的形状与涉案专利说明书中的形状不同。如果在无效宣告程序中，涉案专利的专利权人在无效宣告程序中考虑到原权利要求 3 和原权利要求 4 仍可能维持有效，对权利要求书未作出较大的修改，那么由于研发产品未采用权利要求 3 和权利要求 4 中的滤光部形状，因而有可能会被认为不侵权。但是，如果涉案专利的专利权人在无效宣告程序中对权利要求书按照前面所述修改方式，在删去独立权利要求 1 的基础上，对权利要求 2 作进一步限定而成为新修改的独立权利要求 1，仅限定滤光区的分界线与滤光部的旋转轴平行，而不再进一步限定其具体形状，则研发产品的滤光区的分界线也与滤光部的旋转轴平行，这样的话，研发产品仍存在着侵犯涉案专利的风险。

根据上述分析，对第三题给出如下参考答案：

B 公司在无效程序中有两种可能的应对方式。

第一种应对方式：考虑到目前无效宣告请求的证据还不能将权利要求 3 和权利要求 4 宣告无效，未对权利要求书作较大修改，仅将权利要求 3 和权利要求 4 改写成两项并列的独立权利要求。对于这种应对方式，由于研发产品的滤光部形状与权利要求 3 和 4 的形状不同，且很有可能被认为不是等同的技术手段，因而侵权风险不大。

第二种应对方式：专利权人为涉案专利争取更宽的保护范围，在删去独立权利要求 1 的基础上，将权利要求 3 限定部分中的后一技术特征，即将"滤光区（14a，14b，14c，14d）的分界线与所述滤光部（14）的旋转轴平行"加入权利要求 2 中，对权利要求 2 作进一步限定，并将其改写成新的独立权利要求 1。这样的修改方式属于无效宣告程序中对权利要求采取进一步限定的修改方式，符合《专利审查指南 2010》第四部分第三章第 4.6.2 节对于无效宣告程序中修改方式的规定，也符合《专利法》第 33 条和《专利法实施细则》第 69 条的规定。

在修改后独立权利要求 1 中，"滤光区（14a，14b，14c，14d）的分界线与所述滤光部（14）的旋转轴平行"这一技术特征既未被对比文件 1 公开，更未被对比文件 2 公开。因此，该修改后的独立权利要求 1 分别相对于对比文件 1 或者相对于对比文件 2 具备新颖性，且相对于对比文件 1 和 2 的结合具备创造性。因而预期该涉案专利修改后的独立权利要求 1 有可能会被维持有效。

若专利权人按此方式修改独立权利要求 1，则由于研发产品滤光区的分界线也与滤光部的旋转轴平行，这样一来，该修改后的独立权利要求 1 也涵盖了 A 公司技术交底材料中解决提供不同模式照明问题的技术方案，实现了光照模式的切换，从而使 A 公司的产品仍存在侵犯该涉案专利的风险。

四、发明专利申请文件撰写部分试题的应试思路、解析和参考答案

对于发明专利申请文件撰写部分的试题，可按照下述思路进行解答：阅读理解技术交底材料，确定专利申请要求保护的主题；针对该专利申请要求保护的最重要的发明撰写独立权利要求；针对该最重要的发明撰写从属权利要求；针对其他发明撰写独立权利要求并确定申请策略，在此基础上对第四题作出解答，即为客户撰写本发明专利申请的权利要求书，说明涉及的多项发明采用合案申请或分案申请的理由，对其中的分案申请，撰写独立权利要求；最后针对第五题作出解答，说明所撰写的各项独立权利要求相对于本涉案专利所要解决的技术问题和有益效果以及所采用的技术手段。

（一）阅读理解技术交底材料，确定专利申请要求保护的主题

通过阅读技术交底材料可知，本发明涉及一项要求保护的主题：多功能灯。

由技术交底材料第一段可知，本发明提供一种能同时兼具多种光照模式以满足不同需求的多功能灯。在技术交底材料第六和第七段结合附图1至图3给出的技术手段是：采用一种套设在光源上、可旋转、由三个滤光区组成的滤光部，滤光区的分界线位于一个虚拟圆柱体的圆柱面上，其中一个滤光区是120度圆心角的扇形圆柱面，另两个滤光区是该虚拟圆柱体内接等边三棱柱的两个侧平面，反射罩使光线发射角集中在一个滤光区中。

由技术交底材料第八段可知，本发明还可抑制小夜灯模式下滤光部的升温，其采取的技术手段是将实现小夜灯模式的滤光区设置在扇形圆柱面上。

由技术交底材料第九段可知，本发明还可在黑暗环境下定位小夜灯模式，其采取的技术手段是在滤光部上设置荧光标记。

由此可知，本发明主要作出三方面改进：提供一种兼具多个光照模式的灯、抑制小夜灯模式下滤光部的升温、在黑暗环境下定位小夜灯模式。

在本发明这三方面改进中，第二方面改进是在第一方面改进的基础上作出的，而第三方面改进相对于第一方面改进是独立的，即其还可用于其他滤光部结构的多功能灯。因而可以针对第一方面改进撰写一项独立权利要求，第二方面改进作为第一方面改进的进一步改进撰写成从属权利要求，而对第三方面改进既可作为另一项发明撰写一项独立权利要求，也可作为第一方面改进的进一步改进撰写成其独立权利要求的从属权利要求。

（二）针对该专利申请要求保护的最重要的发明撰写独立权利要求

技术交底材料中针对第一方面改进结合附图给出一种多功能灯，采用了与现有技术不同的滤光部结构并且在第一方面改进的基础上给出了第二方面改进的技术方案。同时，给出了第三方面改进的技术方案，第三方面改进也可以用于其他滤光部结构的多功能灯。根据技术交底材料的内容来看，第一方面和第二方面的改进对于客户来说更重要，因此首先针对第一方面和第二方面的改进撰写独立权利要求和从属权利要求。在撰写独立权利要求时，通常按照下述步骤进行：分析并列出涉及多功能灯的第一方面改进和第二方面改进的全部技术特征；确定最接近的现有技术及要解决的技术问题；确定解决技术问题的必要技术特征，完成独立权利要求的撰写。

1. 分析并列出多功能灯的全部技术特征

下面，依据技术交底材料第六段至第八段中结合附图1至3针对前两方面改进给出的多功能灯的具体结构，列出该要求保护主题所涉及的全部技术特征。

① 灯座；

② 支撑杆；

③ 光源，光源为全角度发光的线性白光灯，安装在光源承载座上；

④ 反射罩，反射罩部分包围光源；

⑤ 滤光部，套设在光源之外，可旋转地连接在支撑杆顶端；

⑥ 光源承载座；

⑦ 遮光片，盖在滤光部远离光源承载座的顶端，随滤光部旋转；

⑧ 滤光部具有三个滤光区，分界线位于虚拟圆柱体圆柱面上，与滤光部旋转轴平行，其中一个滤光区形成在该虚拟圆柱体的120度圆心角的扇形圆柱面上，透光量最少，另两个形成在该虚拟圆柱体的内接等边三棱柱的两个侧平面上；

⑨ 反射罩使光线发射角集中到光源下方的一个滤光区的范围中；

⑩ 滤光部的旋转轴、光源的轴线均与该虚拟圆柱体的中心轴重合；

⑪ 虚拟圆柱体的扇形圆柱面上的滤光区与光源的间距大于其他滤光区与光源的间距。

以上11个技术特征主要按照其在技术交底材料第六段和第八段出现的顺序排列的，对多功能灯各个组成部件的进一步说明，多数放在该部件之后。但这些进一步说明还会涉及其他组成部件，就放在所涉及的其他组成部件之后，例如技术特征⑨"反射罩使光线发射角集中到光源下方的一个滤光区的范围中"就仍按照其在技术交底材料中出现的位置放在说明滤光部各滤光区排列布置的技术特征⑧之后。在列出上述技术特征时，尽可能采用了原技术交底材料中的文字，仅仅在列出技术特征⑧时，对于仅透过少部分黄光实现小夜灯模式的滤光区，在第八段第一句中"透光量较少"的启发下，觉得不如直接写明其"透光量最少"更能反映其与另两个滤光区的区别，且能使独立权利要求得到更充分的保护，因而在技术特征⑧中写明该滤光区"形成在该虚拟圆柱体的120度圆心角的扇形圆柱面上，透光量最少"。

在列出上述11个技术特征时，由技术交底材料第七段，得知对于本发明主要改进点滤光部结构只给出一个实施例：具有三个滤光区，其中一个滤光区为120度圆心角的扇形圆柱面，另两个为虚拟圆柱体内接等边三棱柱的两个侧平面。此技术交底材料并未像往年其他试题中的技术交底材料那样，在最后一段给出扩展的文字说明，但是考虑到试题第四题已明确指出撰写权利要求书时要以无效实务部分试题中的涉案专利和两份对比文件作为现有技术，因而需要关注这三份现有技术，尤其是作为本发明基础的涉案专利，关注现有技术中有无包含对多功能灯具体结构进行扩展说明的内容。在前面解答无效实务试题理解涉案专利内容时，注意到涉案专利的说明书第八段指出了滤光部由多个滤光区组成，在附图2和图3所示实施例中滤光部是圆柱状的，具有四个滤光区，从而可以考虑本发明中的滤光区不限于三个，而可以是多个滤光区。另外，在涉案专利说明书第十一段指出了滤光部可以是其他形状，例如多棱柱状，当为多棱柱状时，多棱柱的每个侧面为一个滤光区，因此可以考虑对本发明多功能灯滤光部的多个滤光区，写明"其中透光量最少的一个滤光区形成在所述虚拟圆柱体的扇形圆柱面上，其他滤光区形成在虚拟圆柱体内接多棱柱的侧平面上"。

通过上面分析，可以把技术特征⑧"滤光部具有三个滤光区，分界线位于虚拟圆柱体圆柱面上，与滤光部旋转轴平行，其一滤光区形成在该虚拟圆柱体的120度圆心角的扇形圆柱面上，透光量最少，另两个形成在该虚拟圆柱体的内接等边三棱柱的两个侧平面上"进一步扩展为："滤光部具有多个滤光区，多个滤光区的分界线位于虚拟圆柱体圆柱面上，与滤光部旋转轴平行，其中透光量最少的一个滤光区形成在该虚拟圆柱体的扇形圆柱面上，其他滤光区形成在该虚拟圆柱体的内接多棱柱的其他侧平面上"。

在对本发明滤光部的滤光区数量和形状通过涉案专利公开的内容进行扩展的同时，注意到技术交底材料中的多功能灯是，通过包围光源的反射罩将全角度发光的线性白光灯发出的光线发射角集中到光源下方的一个滤光区的范围中。但在阅读涉案专利说明书时，也注意到在其说明书第九段和第十段结合附图3（a）、3（b）、3（c）给出了三种不同的光源布置结构：其中第九段前半段给出的第一种光源布置结构中，光源是具有一定发光角度的发光二极管灯条，其发射的光主要集中在如图3（a）所示的发光区的下方、由发光区延伸的两箭头涵盖的发光角度范围之内，而在发光角度之外仅有少量光；在第九段后半段给出的第二种光源布置结构中，光源是荧光管这种360度全角度发光的光源，除了如图3（b）所示可以调整光源下方区域的光照模式外，还可以调整光源侧面和上方等多个区域的光照模式，即同时在室内形成多种不同的光照模式；在第十段给出的第三种光源布置结构中，光源也是360度全角度发光的光源，但如附图2或图3（c）所示，在光源承载座上固定设置了一个部分包围光源的反射罩，使全角度发光光源发出的光限制在所选择的滤光区的单一区域内，避免灯的其他滤光区出现不需要的光。显然，第三种光源布置结构就是技术交底材料中给出的本发明将光源射出的光线集中到一个滤光区的技术方案，而第一种光源布置结构虽然不同于技术交底材料中给出的技术方案，但同样也能达到本发明技术方案中将光源发出的光线集中到一个滤光区的效果，因而也应当对技术交底材料中给出的光源布置结构进行扩展，使其能将涉案专利说明书第九段前半部分给出的第一种光源布置结构也概括进去。按照这一考虑，则应当将前面列出的技术特征③"光源，光源为全角度发光的线性白光灯，安装在光源承载座上"、技术特征④"反射罩，反射罩部分包围光源"和技术特征⑨"反射罩使光线发射角集中到光源下方的一个滤光区的范围中"扩展成下述两个特征："光源，安装在光源承载座上"和"光源发出的光线被集中到一个滤光区的范围"。

通过上述扩展，将前面针对本发明多功能灯前两方面改进的具体结构列出的11个技术特征调整为如下10个技术特征，同时对各技术特征的编号作出相应调整：

① 灯座；

② 支撑杆；

③ 光源承载座

④ 光源，安装在光源承载座上；

⑤ 滤光部，套设在光源之外，可旋转地连接在支撑杆顶端；

⑥ 遮光片，盖在滤光部远离光源承载座的顶端，随滤光部旋转；

⑦ 滤光部具有多个滤光区，多个滤光区的分界线位于虚拟圆柱体的圆柱面上，与滤光部旋转轴平行，其中透光量最少的一个滤光区形成在该虚拟圆柱体的扇形圆柱面上，其他滤光区形成在该虚拟圆柱体的内接多棱柱的其他侧平面上；

⑧ 光源发出的光线被集中到一个滤光区的范围中；

⑨ 滤光部的旋转轴、光源的轴线均与该虚拟圆柱体的中心轴重合；

⑩ 虚拟圆柱体的扇形圆柱面上的滤光区与光源的间距大于其他滤光区与光源的间距。

2. 确定最接近的现有技术及要解决的技术问题

根据试题，对于这件发明专利申请，撰写前所了解到的现有技术共有三份对比文件，即无效实务部分试题中的涉案专利以及两份证据（对比文件1和对比文件2）。现从这三份对比文件中确定最接近的现有技术。

按照《专利审查指南2010》第二部分第四章第3.2.1.1节规定的确定最接近的现有技术的原则，首先，选出那些与要求保护的发明创造技术领域相同或相近的现有技术，而在撰写专利申请文件的独立权利要求时，应当选择相同技术领域的现有技术；其次，从这些现有技术中选取出所要解决的技术问题、技术效果或者用途最接近和/或公开了发明创造技术特征最多的那一项现有技术作为最接近的现有技术。

就要求保护的发明多功能灯的改进来说，涉案专利、对比文件1和对比文件2三项现有技术与本发明属于相同的技术领域"灯"。而就要解决的技术问题、技术效果或者用途来看，涉案专利中的多用途灯和对比文件1中的变光灯比对比文件2中的调光灯更接近本发明；而就其技术方案来看，本发明的多功能灯通过旋转由多个滤光区构成的滤光部来调节不同光照模式，对比文件1变光灯的滤光套从上到下地由三个滤光层和一个基底排列而成，通过上下移动变光套相对于支撑柱的位置以调节不同光照亮度，而在涉案专利多用途灯中，由多个滤光区构成的滤光部旋转套接在光源承载座外部，通过旋转滤光部来调节不同光照亮度，与本发明多功能灯中的滤光部调节不同光照模式基本相同，由此可知从技术方案的接近程度或者公开技术特征的数量来看，涉案专利比对比文件1更接近本发明，因此涉案专利是本发明最接近的现有技术。

在技术交底材料第一段中，写明本发明解决的技术问题是提供一种能同时兼具多种光照模式的灯。但现有技术中，尤其是涉案专利已公开了能同时兼具多种光照模式的灯，也就是本发明要解决的基本问题已经被涉案专利解决了，并且是通过专利权人在应对无效宣告请求时修改后的权利要求1所限定技术方案解决的。显然，本发明第一方面改进的技术方案已经被公开了，因此应当相对于涉案专利进一步确定本发明要解决的技术问题。

本发明与涉案专利的一个重要区别在于两者旋转调节不同光照模式的滤光部结构不同。通过对两者结构的进一步比较可知，本发明的滤光部结构中光源至滤光区的间距在不同光照模式不一样，更适用于不同光照模式透光率相差较大的情况，因而其能够抑制透光率最小模式的滤光区升温过高，也就是本发明第二方面改进要解决的技术问题。本发明与涉案专利的另一个区别是在黑暗环境下定位小夜灯模式，也就是本发明第三方面的改进要解决的技术问题。

通过上面分析，可以确定相对于涉案专利，本发明要解决两个并列的基本问题：（1）抑制透光率最小的滤光区升温；（2）在黑暗环境下定位小夜灯模式。

由客户提供的技术交底材料内容来看，抑制透光率最小的滤光区升温这一技术问题与第一方面改进更为密切，正由于此，技术交底材料对第一方面改进作出说明后，紧接着说明如何实现抑制透光率最小的滤光区升温；而对于如何解决黑暗环境下定位小夜灯模式的技术方案，不仅可以适用于本发明滤光部的结构，还可适用于其他滤光部结构。从这两点考虑，不妨把抑制透光率最小的滤光区升温确定为本申请所要解决的技术问题。

3. 确定解决技术问题的必要技术特征，完成独立权利要求的撰写

现对前面第1点中针对多功能灯列出的10个技术特征进行分析，以确定其中哪些技术特征是解决上述技术问题的必要技术特征。

在上述10个技术特征中，技术特征①至⑤是本发明多功能灯的5个常规组成部件，虽然其中有些部件并不与本发明改进之处密切相关，按照《专利审查指南2010》第二部分第二章第3.3.1节的规定，可以不写入独立权利要求的前序部分之中，但这五个组成部件是多功能灯必定包括的组成部件，写入独立权利要求之中不会影响独立权利要求的保护范围，因而仍可将其写入独立权利要求中。这五个技术特征均是与最接近现有技术（涉案专利说明书第七段至第十段）共有的技术特征，应当写入独立权利要求的前序部分。

至于有关遮光片的技术特征⑥，尽管涉案专利说明书的多用途灯也包含有这个组成部件，能起到阻止光线从滤光部远离光源承载座的顶端射出，但对于通过反射罩或定向发射光源将光源发射光线集中到一个滤光区范围的多功能灯来说，其只是起到进一步防止少数光线外漏，是一种进一步改进手段，并不是防止滤光区升温过高的必要技术手段。如果将其写入独立权利要求，则竞争对手就可能会生产不设置遮光片、而其他结构相同的多用途灯来避开侵权，正因为如此，涉案专利也未将遮光片作为必要技术特征写入独立权利要求中。因而本发明的独立权利要求中也不应当将遮光片写入独立权利要求的前序部分。

技术特征⑦是本发明相对于最接近的现有技术作出的改进之处，且是解决本发明抑制透光率最小的滤光区升温这一技术问题的必要技术特征，应当写入独立权利要求中去。同样，技术特征⑧确保光源射出的光线集中在一个滤光区范围是实现提供不同照模式和确保滤光区不会升温过高的技术手段，也是本发明解决上述技术问题的必要技术特征，因而也应当写入独立权利要求之中。

至于技术特征⑨"滤光部的旋转轴、光源的轴线均与虚拟圆柱体的中心轴重合"与技术特征⑦前半部分的"滤光区的分界线与滤光部的旋转轴平行"的含义实质上是一样的，是后一结构特征的必然结果，因而为满足权利要求简要限定保护范围这一要求，不必将其写入独立权利要求。当然写入独立权利要求中也不影响其保护范围。❶ 同样，技术特征⑩"虚拟圆柱体的扇形圆柱面上的滤光区与光源的间距大于其他滤光区与光源的间距"这一技术特征是由技术特征⑦后半部分有关滤光部形状决定的必然结果，因此独立权利要求中也无须写入这一技术特征。当然，写入这个技术特征也不影响独立权利要求的保护范围，但从满足权利要求简要限定保护范围这一要求来看还是不写入为好。

通过上述分析，可知技术特征①至⑤、技术特征⑦和技术特征⑧是本发明解决"抑制透光率最小的滤光区升温"这一技术问题的必要技术特征，应当将这七个技术特征写入独立权利要求。

首先，技术交底材料中写明本发明要保护的主题名称为"多功能灯"，但其中的"多功能"含义不清楚，并未具体写明是何功能和用途，且带有商业宣传成分，因而将独立权利要求的主题名称确定为"灯"。其次，将上述七个必要技术特征与最接近的现有技术涉案专利进行对比分析，将其中与涉案专利共有的技术特征写入独立权利要求的前序部分，其余的技术特征写入特征部分，以完成独立权利要求的撰写。在进行对比时，注意到技术特征①至⑤和技术特征⑧均在涉案专利中的多用途灯中有记载，是本发明与最接近现有技术涉案专利共有的必要技术特征；对于技术特征⑦来说，前半部分"滤光部具有多个滤光区，多个滤光区的分界线位于虚拟圆柱体的圆柱面上，与滤光部旋转轴平行"也已体现在涉案专利多用途灯中同一个技术方案中，也是本发明与最接近现有技术涉案专利共有的必要技术特征，而其余部分是本发明要求保护的发明相对于涉案专利多用途灯作出的改进之处，是本发明与最接近现有技术涉案专利的区别技术特征。根据上述分析，将技术特征①至⑤、技术特征⑧以及技术特征⑦的前半部分写入独立权利要求的前序部分，将技术特征⑦的后半部分"其中透光量最少的一个滤光区形成在该虚拟圆柱体的扇形圆柱面上，其他滤光区形成在该虚拟圆柱体的内接多棱柱的其他侧平面上"写入独立权利要求的特征部分。在将这些技术特征写入独立权利要求时，对文字内容和顺序进行适当调整。

最后完成的独立权利要求如下：

---

❶ 该技术特征⑨"滤光部的旋转轴、光源的轴线均与虚拟圆柱体的中心轴重合"已反映在涉案专利说明书所描述的多用途灯中，因而若写入独立权利要求，也应当写入独立权利要求的前序部分。

1. 一种灯，包括灯座、支撑杆、光源、滤光部和光源承载座，该光源安装在该光源承载座上，该滤光部套设在该光源之外，并可旋转地连接在该支撑杆顶端上，该滤光部具有多个滤光区，其分界线位于一个虚拟圆柱体的圆柱面上，与该滤光部旋转轴平行，该光源发出的光线被集中到一个滤光区范围中，其特征在于：所述多个滤光区中透光量最少的一个滤光区形成在所述虚拟圆柱体的扇形圆柱面上，其他滤光区形成在所述虚拟圆柱体的内接多棱柱的其他侧平面上。❶

（三）针对该最重要的发明撰写从属权利要求

由于在撰写独立权利要求时已对其给出的实施方式结构进行了扩展，由"三个滤光区"扩展到"多个滤光区"，由"通过反射罩将光源发射光线集中到光源下方的一个滤光区范围中"扩展到将定向发射光源概括在内的"光源发射光线被集中到一个滤光区范围中"，因而先针对这两方面的优选结构撰写从属权利要求。

前一方面扩展只有一种优选结构，针对其撰写一项从属权利要求2：

2. 如权利要求1所述的灯，其特征在于：所述滤光部的滤光区为三个，其中形成在所述虚拟圆柱体的扇形圆柱面上的滤光区为具有120度圆心角的扇形圆柱面，其他两个滤光区形成在所述虚拟圆柱体的内接三棱柱的两个侧平面上。

后一种扩展包括两种并列的优选结构，分别针对这两种优选结构撰写两项从属权利要求，其

---

❶ 国家知识产权局在2018年专利代理实务科目的试题解析中对独立权利要求给出了如下两个参考答案：

1. 一种灯，包括灯座、支撑杆、光源、反射罩、滤光部、遮光片和光源承载座，所述光源安装在所述光源承载座上，所述反射罩部分包围所述光源，所述滤光部套设在所述光源之外，并可旋转地连接在所述支撑杆顶端上，所述滤光部具有多个滤光区，其特征在于：所述多个滤光区的分界线位于一个虚拟圆柱体的圆柱面，其中所述一个滤光区形成在所述虚拟圆柱体的扇形圆柱面上，其他滤光区形成在所述虚拟圆柱体的内接多棱柱的其他侧平面上，所述滤光部的旋转轴、所述光源的轴线均与所述虚拟圆柱体的中心轴重合。

1. 一种灯，包括灯座、支撑杆、光源、反射罩、滤光部、遮光片和光源承载座，所述光源安装在所述光源承载座上，所述反射罩部分包围所述光源，所述滤光部套设在所述光源之外，并可旋转地连接在所述支撑杆顶端上，所述滤光部具有多个滤光区，其特征在于：所述多个滤光区的分界线位于一个虚拟圆柱体的圆柱面，其中所述一个滤光区形成在所述虚拟圆柱体的扇形圆柱面上，其他滤光区形成在所述虚拟圆柱体的内接多棱柱的其他侧平面上，所述虚拟圆柱体的扇形圆柱面上的所述滤光区与所述光源的间距大于其他所述滤光区与所述光源的间距。

首先，在上述参考答案中，对技术交底材料中的滤光部形状参照涉案专利公开的内容进行了扩展，这是十分必要的，对此应当予以肯定。但对于光源光线集中到一个滤光区范围的结构未根据涉案专利中给出的结构进行扩展，可能考虑到有不同领域考生。编者考虑到涉案专利中这方面的扩展内容也十分清楚，其扩展后的文字也在技术交底材料中有所体现，因而在给出的参考答案中也同时进行扩展。另外，国家知识产权局在写入反射罩这一技术特征时，只写明其部分包围光源，这还是不够的，因为部分包围光源并不能确保将光线反射到一个滤光区范围，应当在其后补上技术交底材料第七段中写明的"反射罩使光线发射角集中到光源下方的一个滤光区的范围中"，否则会导致独立权利要求缺少必要技术特征或者未清楚地限定权利要求保护范围。

其次，国家知识产权局给出的参考答案中，前序部分还写入了"遮光片"，编者认为这样会导致专利申请得不到充分保护。这点也体现在涉案专利的独立权利要求前序部分未写入这一技术特征，因而在本章给出的参考答案中也未写入"遮光片"这一技术特征。

此外，国家知识产权局给出的两个参考答案中的最后一个技术特征（即上面列出的技术特征⑧或技术特征⑨）实际上是前面已写入独立权利要求的技术特征必然的结果，因而从权利要求简要限定保护范围的要求考虑，在本章给出的参考答案中未将这两者之一写入独立权利要求。由于考生专业不同，在应试时写入独立权利要求也是允许的。

引用权利要求1或2❶：

3. 如权利要求1或2所述的灯，其特征在于：所述光源发出的光线被集中到光源下方的一个滤光区范围是通过设置一个部分包围光源的反射罩来实现的。

4. 如权利要求1或2所述的灯，其特征在于：所述光源发出的光线被集中到光源下方的一个滤光区范围是通过采用定向发射光线的光源来实现的。

此外，从前面撰写独立权利要求之前针对本发明前两方面改进列出全部技术特征时作出的说明可知，出于更清楚地表明其与另两个滤光区的区别以及为独立权利要求争取更宽保护范围的考虑，对于形成在虚拟圆柱体的扇形圆柱面上滤光区写明为"透光量最少"；但也注意到技术交底材料中给出的优选实施例中明确指出该滤光区仅透过少部分黄光以实现小夜灯光照模式，因此还应当撰写一项反映这一优选结构的从属权利要求。虽然这一优选结构对前面四项权利要求均可适用，但为了避免出现多项从属权利要求引用另一项多项从属权利要求的情况，该从属权利要求仅引用权利要求1或2。下面为针对这一优选结构撰写的从属权利要求5：

5. 如权利要求1或2所述的灯，其特征在于：所述位于扇形圆柱面上的滤光区仅通过少部分黄光，构成小夜灯光照模式。

然后针对本发明第三方面改进撰写相应的从属权利要求。在技术交底材料第九段中记载了在不同的区域分别设置了荧光凸点、条形荧光凸起、数字型荧光凸起，以便解决在黑暗环境下定位小夜灯模式的技术问题。所采取的荧光凸点、条形荧光凸起、数字型荧光凸起分别具有不同的形状，但是它们具有相同的显示荧光的性能，用来"定位"或"识别"小夜灯模式，因此可以在撰写的从属权利要求中，先将其概括成"荧光定位标记"或"荧光识别标记"，在此后作进一步限定的从属权利要求中限定其具体形状，这样一来，针对第三方面的改进可以分层次地撰写从属权利要求。此外，在撰写概括的那项权利要求时，技术交底材料第九段中对设置荧光定位标记的不同区域，采用了"以及"的表述方式，似乎这几种荧光定位标记是同时采用的，但实际上仅采用其中一种荧光定位标记就能达到所需要的识别定位功能，当然也可以在多个区域同时采用，因此需要在文字上作出调整。最简单的文字调整方式是将"以及"改为"和/或"结构，即表述成"在所述各个滤光区之间的交界区域、在所述滤光部靠近或远离所述光源承载座的边界区域，和/或在所述滤光部远离所述光源承载座的顶端上靠近各个滤光区的区域设置荧光定位标记"。采用"和/或"结构表示的从属权利要求实际上包括了多个不同的技术方案。如果不需要再对该从属权

---

❶　在平时实务中，为了使撰写的权利要求书中能包含一项反映本发明最佳方案的权利要求，且客户未要求将权利要求的数量限制在十个以下时，可以针对第二方面扩展的两种优选结构各撰写两项从属权利要求，分别引用权利要求1和引用权利要求2：

3. 如权利要求1所述的灯，其特征在于：所述光源发出的光线被集中到光源下方的一个滤光区范围是通过设置一个部分包围光源的反射罩来实现的。

4. 如权利要求1所述的灯，其特征在于：所述光源发出的光线被集中到光源下方的一个滤光区范围是通过采用定向发射光线的光源来实现的。

5. 如权利要求2所述的灯，其特征在于：所述光源发出的光线被集中到光源下方的一个滤光区范围是通过设置一个部分包围光源的反射罩来实现的。

6. 如权利要求2所述的灯，其特征在于：所述光源发出的光线被集中到光源下方的一个滤光区范围是通过采用定向发射光线的光源来实现的。

这样撰写从属权利要求3至6时，在此后的各项从属权利要求中，可以将引用权利要求1或2的从属权利要求均改为引用权利要求1至6中任一项。

利要求进一步限定其中不同区域荧光定位标记的具体形状，那么按照《专利审查指南 2010》第二部分第二章的有关规定，所撰写从属权利要求的各个技术方案均清楚地限定了其要求专利保护的范围，满足《专利法》第 26 条第 4 款的要求，这是允许的；但正如前面所述，在本申请中还需要撰写下一层级的从属权利要求，进一步限定不同区域荧光定位标记的具体形状。下一层级从属权利要求由于引用这一项作了概括的从属权利要求，也就包括同样数量的并列的技术方案，这样一来，在下一层级从属权利要求作出进一步限定的技术特征未记载在其引用的那项作了概括的从属权利要求的一部分技术方案中，导致下一层级从属权利要求引用作了概括的从属权利要求这一部分技术方案的相应技术方案缺乏引用基础，造成保护范围不清楚。为了避免这一情况，且考虑到实践中通常仅在各滤光区交界区域、各滤光区靠近光源承载座一端或远离光源承载座另一端的边界区域、盖在滤光部远离光源承载座一端的遮光片靠近各滤光区的区域三者之一设置荧光定位标记，不妨直接针对这三种情况分别撰写从属权利要求，然后再针对这三种情况下荧光定位标记的具体形状撰写各自下一层级的从属权利要求。❶

对于荧光定位标记设置在各滤光区交界线区域的情况，可能会有两种不同的设置方式：一种是仅在扇形圆柱面滤光区和与其相邻的两个滤光区的交界区域上设置荧光定位标记；另一种除了在该滤光区和与其相邻的两个滤光区的交界区域上设置荧光定位标记外，还在其他滤光区之间的交界区域设置了另一种不同的荧光定位标记。因而对于这种情况，又可将其分成两种不同设置方式来处理。这样一来，对于这种情况撰写成如下四项从属权利要求 6 至 9。

6. 如权利要求 1 或 2 所述的灯，其特征在于：在位于所述扇形圆柱面上的滤光区和与其相邻的两个滤光区的交界区域设置有荧光定位标记。

7. 如权利要求 6 所述的灯，其特征在于：所述荧光定位标记为一列间隔的荧光凸点。

8. 如权利要求 6 所述的灯，其特征在于：在其他位于所述多棱柱侧平面上滤光区之间的交界区域设置有另一种不同的荧光定位标记。

9. 如权利要求 8 所述的灯，其特征在于：在所述扇形圆柱面上滤光区和与其相邻的两个滤光区的交界区域设置的荧光定位标记为一列间隔的荧光凸点，在所述其他位于多棱柱侧平面上滤光区之间的交界区域设置的荧光定位标记为条形荧光凸起。

在针对滤光部靠近所述光源承载座或靠近所述遮光片的边界区域设置荧光定位标记撰写从属权利要求时，由于目前撰写的独立权利要求的前序部分中未写入遮光片，因此在文字上需作调整，可以将"靠近所述遮光片"表述成"远离所述光源承载座"。这样一来，对于这种情况，可撰写成如下两项从属权利要求 10 和 11。

10. 如权利要求 1 或 2 所述的灯，其特征在于：在所述滤光部各滤光区靠近所述光源承载座或远离所述光源承载座的边界区域设置有荧光定位标记。

11. 如权利要求 10 所述的灯，其特征在于：所述荧光定位标记为表示滤光区编号的数字型

❶ 当然，此处也可以像下面"（四）针对其他发明撰写独立权利要求，并确定申请策略"中给出的第二种方式那样，考虑到具有这些不同荧光定位标记的所在区域均在滤光部上，可以在此处先撰写一项将多种设置荧光定位标记情况进行概括的从属权利要求："6. 如权利要求 1 或 2 所述的灯，其特征在于：在所述滤光部上设置有用于识别滤光区光照模式的荧光定位标记。"然后，再针对各种不同情况撰写引用权利要求 6 的下一层级从属权利要求，但其限定部分的文字应当略作调整，使其表述成对权利要求 6 中的技术特征"荧光定位标记"作出进一步限定。

104

荧光凸起。❶

在针对遮光片靠近各滤光区的区域设置荧光定位标记撰写从属权利要求时，由于目前撰写的独立权利要求的前序部分中未写入遮光片，因此应当先在限定部分说明在滤光部远离光源承载座的一端设置盖住该端部的遮光片，然后再进一步说明滤光片靠近各滤光区的边界区域设置荧光定位标记。对于这种情况，最后撰写成如下两项从属权利要求12和13。

12. 如权利要求1或2所述的灯，其特征在于：所述滤光部还包括盖住其远离所述光源承载座一端的遮光片，在该遮光片靠近各个滤光区的区域上设置有荧光定位标记。

13. 如权利要求12所述的灯，其特征在于：所述荧光定位标记为表示滤光区编号的数字型荧光凸起。❷

（四）针对其他发明撰写独立权利要求，并确定申请策略

在针对本发明专利申请第一和第二方面改进撰写了独立权利要求和从属权利要求之后，就着手针对第三方面改进撰写独立权利要求，其步骤大体相同。

在针对本发明第三方面改进撰写独立权利要求时，需要在前面列出的本发明各个技术特征的基础上，根据技术交底材料列出能用于在黑暗环境下定位小夜灯模式的技术特征。在技术交底材料第九段中写明："为便于在黑暗环境下，定位小夜灯模式，在滤光区44a与其他两个滤光区44b、44c交界区域各设置一列间隔的荧光凸点，而在其他两个滤光区44b、44c的交界区域设置条形荧光凸起，同时在滤光部44的靠近光源承载座421和靠近遮光片46的边界区域，以及遮光片46的靠近各滤光区的区域上，分别设置表示滤光区编号的数字型荧光凸起。当然，这些荧光凸点和荧光凸起等亮度极弱并不能用于照明，但可在触感和视觉上被识别。"由上述内容可知，为识别定位小夜灯模式所采用的荧光凸点、条形荧光凸起、数字型荧光凸起分别具有不同的形状，但是它们具有相同的性能"荧光"，并且都是用来"定位"或"识别"小夜灯模式的，因此可以将其概括为"荧光定位标记"或"荧光识别标记"。此外，注意到技术交底材料第九段中对设置荧光定位标记的三个区域，采用了"以及"的表述方式，对第二个区域的两个位置采用了"和"的表述方式，似乎这三个区域和第二个区域的两个位置同时设置了荧光定位标记，而实际上仅在其中一个区域或在第二个区域的一个位置设置荧光定位标记就能达到所需的识别定位功能，当然也可以在三个区域同时采用，因此还需要在文字上作出调整。前面初步分析中已注意到，针对第三方面改进撰写的独立权利要求与针对前两方面撰写的独立权利要求之间不具有单一性，因而针对第三方面撰写的独立权利要求需要另行提出申请。应试时，按照试题要求，针对第三方面的改进只需要给出独立权利要求，不再需要撰写从属权利要求。这样的话，不妨可以采用最简单的文字调整方式，针对三个区域将"以及"改为"以及/或者"，针对第二个区域的两个位置将"和"改为"或"；此外，注意到各滤光区形状相同的滤光部（如圆柱体状或多棱柱体状的滤光部）更需要设置用于在黑暗环境下定位小夜灯模式的荧光定位标记，因而在该独立权利要求

---

❶　平时实务中，对于荧光定位标记，应当不局限于数字型荧光凸起，只要位于扇形圆柱面上的滤光区边界区域与位于多棱柱侧平面上的滤光区边界区域采用不同的荧光定位标记即可，因而至少可以再撰写一项与权利要求11并列的从属权利要求，其限定部分为"在位于所述扇形圆柱面上的滤光区边界区域设置的荧光定位标记为一列间隔的荧光凸点，在位于所述多棱柱侧平面上的滤光区边界区域设置的荧光定位标记为条形荧光凸起"。

❷　平时实务中，对于荧光定位标记，应当不局限于数字型荧光凸起，只要其靠近扇形圆柱面上滤光区的区域处与靠近多棱柱侧平面上滤光区的区域采用不同的荧光定位标记，因而至少可以再撰写一项与权利要求13并列的从属权利要求，其限定部分为"所述遮光片上靠近所述扇形圆柱面上滤光区的区域设置的荧光定位标记为一列间隔的荧光凸点，靠近所述多棱柱侧平面上滤光区的区域设置的荧光定位标记为条形荧光凸起"。

中不应限定滤光部的具体形状。这样一来，用于在黑暗环境下定位小夜灯模式的技术特征可以表述成"在所述多个滤光区之间的交界区域、在所述滤光部靠近所述光源承载座或靠近所述遮光片的边界区域，以及/或者在所述遮光片的靠近所述多个滤光区的区域上设置荧光定位标记"。

在针对第三方面改进撰写独立权利要求时，在列出全部技术特征后，就需要确定本发明第三方面改进相对于最接近的现有技术涉案专利所解决技术问题的必要技术特征，并将这些与涉案专利共同的技术特征写入前序部分，与涉案专利不同的区别技术特征写入特征部分即可。

在确定为解决在黑暗环境下定位小夜灯模式这一技术问题的必要技术特征时，为争取较宽的保护范围，应当像针对前两方面改进撰写独立权利要求那样，在前序部分不写入"遮光片"这一技术特征，对于滤光部写明其"具有多个滤光区"，对于通过设置部分包围光源的反射罩将光源发出的光线集中到一个滤光区的范围扩展到将定向发射光线的光源也包括在内的技术特征"光源发出的光线被集中到光源下方的一个滤光区范围中"。此外，考虑到对于各滤光区形状相同的滤光部，更需要设置用于在黑暗环境下定位小夜灯模式的荧光定位标记，因而在该独立权利要求中不应限定滤光部的具体形状，加上该独立权利要求的前序部分未写入"遮光片"。这样一来，上述用于在黑暗环境下定位小夜灯模式的技术特征的文字需要进一步调整为"在所述多个滤光区之间的交界区域、在所述滤光部靠近所述光源承载座或远离所述光源承载座的边界区域，或者/以及在所述滤光部远离光源承载座的顶端面上靠近所述多个滤光区的区域设置荧光定位标记"。

按照上述考虑，针对本发明第三方面改进撰写的独立权利要求如下：

1. 一种灯，包括灯座、支撑杆、光源、滤光部和光源承载座，该滤光部具有多个滤光区，套设在所述光源之外，并可旋转地连接在所述支撑杆顶端上，该光源发出的光线被集中到一个滤光区范围中，其特征在于：在所述多个滤光区之间的交界区域、在所述滤光部靠近所述光源承载座或远离所述光源承载座的边界区域，或者/以及在所述滤光部远离所述光源承载座的顶端面上靠近所述多个滤光区的区域设置荧光定位标记。❶

在平时实务中，在另行提出申请的权利要求书中，还应当针对各种可能采用的具体技术方案撰写从属权利要求。如撰写成上述独立权利要求，则如前面所分析的那样，由于独立权利要求包括并列的几项技术方案，而对其作进一步限定的从属权利要求的附加技术特征仅在独立权利要求中的一部分技术方案中出现过，而未记载在其他技术方案中。这样一来，该从属权利要求引用该独立权利要求的部分技术方案时就缺乏引用基础，导致其未清楚地限定权利要求的保护范围。为避免出现这种情况，需要考虑可否采用另一种对设置不同荧光定位标记的所在区域进行概括的表述方式。考虑到具有这些不同荧光定位标记的所在区域均在滤光部上，不妨将其概括成：在滤光

---

❶ 在应试时，由于时间很紧，来不及如此细致考虑。这样的话，就可以直接按照技术交底材料第九段的内容写出特征部分的区别技术特征，当然在这种情况下，前序部分就需要写入遮光片："1. 一种灯，包括灯座、支撑杆、光源、滤光部、遮光片和光源承载座，该滤光部具有多个滤光区，套设在所述光源之外，并可旋转地连接在所述支撑杆顶端上，该光源发出的光线被集中到一个滤光区范围中，其特征在于：在所述多个滤光区之间的交界区域、在所述滤光部靠近所述光源承载座和靠近所述遮光片的边界区域，以及在所述遮光片的靠近所述多个滤光区的区域上设置荧光定位标记。"国家知识产权局当年给出的参考答案中还未对通过部分包围光源的反射罩将光源光线集中到一个滤光区范围的结构加以扩展，且仅写明反射罩部分包围光源，也未明确写明反射罩将光源发出的光线集中到一个滤光区范围，其参考答案为："1. 一种灯，包括灯座、支撑杆、光源、反射罩、滤光部、遮光片和光源承载座，所述滤光部套设在所述光源之外，并可旋转地连接在所述支撑杆顶端上，所述滤光部具有多个滤光区，其特征在于：在所述多个滤光区之间的交界区域、在所述滤光部靠近所述光源承载座和靠近所述遮光片的边界区域，以及在所述遮光片的靠近所述多个滤光区的区域上设置荧光定位部。"

部上设置有用于识别滤光区光照模式的荧光定位标记。在这种考虑下，可以这样撰写分案申请的独立权利要求：

1. 一种灯，包括灯座、支撑杆、光源、滤光部和光源承载座，该滤光部具有多个滤光区，套设在所述光源之外，并可旋转地连接在所述支撑杆顶端上，该光源发出的光线被集中到一个滤光区范围中，其特征在于：在所述滤光部上设置有用于识别滤光区光照模式的荧光定位标记。

对于这样的独立权利要求，针对实践中可能采用的各种不同荧光定位标记的情况，至少可以撰写如下八项从属权利要求❶：

2. 如权利要求1所述的灯，其特征在于：所述荧光定位标记设置在透光量最少的滤光区和与其相邻的两个滤光区的交界区域。

3. 如权利要求2所述的灯，其特征在于：所述荧光定位标记为一列间隔的荧光凸点。

4. 如权利要求2所述的灯，其特征在于：在其他滤光区彼此之间的交界区域设置有另一种不同的荧光定位标记。

5. 如权利要求4所述的灯，其特征在于：在透光量最少的滤光区和与其相邻的两个滤光区的交界区域设置的荧光定位标记为一列间隔的荧光凸点，在其他滤光区彼此之间的交界区域设置的荧光定位标记为条形荧光凸起。

6. 如权利要求1所述的灯，其特征在于：所述荧光定位标记设置在所述滤光部各滤光区靠近光源承载座或远离光源承载座的边界区域。

7. 如权利要求6所述的灯，其特征在于：所述荧光定位标记为表示滤光区编号的数字型荧光凸起。❷

8. 如权利要求1所述的灯，其特征在于：所述滤光部还包括盖住其远离光源承载座一端的遮光片，所述荧光定位标记设置在该遮光片靠近各个滤光区的区域。

9. 如权利要求8所述的灯，其特征在于：所述荧光定位标记为表示滤光区编号的数字型荧光凸起。❸

为给出第四题后半部分的答案，在针对前两方面改进和针对第三方面改进分别撰写了独立权利要求之后，就需要进一步分析这两项独立权利要求之间是否属于一个总的发明构思，以确定专利申请策略，即确定这两项独立权利要求是合案申请还是分案申请。

显然，针对本发明前两方面改进撰写的独立权利要求相对于现有技术的特定技术特征为："所述多个滤光区中透光量最少的一个滤光区形成在所述虚拟圆柱体的扇形圆柱面上，其他滤光区形成在所述虚拟圆柱体的内接多棱柱的其他侧平面上"。

针对第三方面改进撰写的独立权利要求相对于现有技术的特定技术特征为"在所述多个滤光

---

❶　在应试中无须撰写这些从属权利要求。下面给出的从属权利要求是为了使应试者掌握在平时实务中如何撰写这件分案申请的从属权利要求。

❷　平时实务中，对于荧光定位标记，应当不局限于数字型荧光凸起，只要透光量最少的滤光区边界区域与其他滤光区边界区域采用不同的荧光定位标记即可，因而至少可以再撰写一项与权利要求7并列的从属权利要求，其限定部分为"在透光量最少的滤光区边界区域设置的荧光定位标记为一列间隔的荧光凸点，在其他滤光区边界区域设置的荧光定位标记为条形荧光凸起"。

❸　平时实务中，对于荧光定位标记，应当不局限于数字型荧光凸起，只要其靠近透光量最少滤光区的区域处与靠近多棱柱侧平面上滤光区的区域采用不同的荧光定位标记，因而至少可以再撰写一项与权利要求9并列的从属权利要求，其限定部分为"所述遮光片上靠近所述透光量最少滤光区的区域设置的荧光定位标记为一列间隔的荧光凸点，靠近其他滤光区的区域设置的荧光定位标记为条形荧光凸起"。

区之间的交界区域、在所述滤光部靠近所述光源承载座或远离所述光源承载座的边界区域，或者/以及在所述滤光部远离光源承载座的顶端面上靠近所述多个滤光区的区域上设置荧光定位标记"，或者为"在所述滤光部上设置有用于识别滤光区光照模式的荧光定位标记"。

这两项独立权利要求的特定技术特征既不相同又不相应，说明两者在技术上并不相互关联，不属于一个总的发明构思，不符合《专利法》第31条有关单一性的规定，应当作为两件专利申请提出。

根据试题要求，就不需要再针对第三方面改进的发明创造撰写从属权利要求了。

（五）给出推荐的发明专利申请的权利要求书答案

在前面分析本发明前两方面改进和第三方面改进之间的关系时，已初步确定针对前两方面改进和针对第三方面改进撰写的两项独立权利要求之间不具有单一性，针对第二方面改进撰写的独立权利要求需另行提出申请，在此处集中给出第四题的推荐答案。

为客户撰写的一份发明专利申请的权利要求书如下：

1. 一种灯，包括灯座、支撑杆、光源、滤光部和光源承载座，该光源安装在该光源承载座上，该滤光部套设在所述光源之外，并可旋转地连接在该支撑杆顶端上，该滤光部具有多个滤光区，其分界线位于一个虚拟圆柱体的圆柱面上，与该滤光部旋转轴平行，该光源发出的光线被集中到一个滤光区范围中，其特征在于：所述多个滤光区中透光量最少的一个滤光区形成在所述虚拟圆柱体的扇形圆柱面上，其他滤光区形成在所述虚拟圆柱体的内接多棱柱的其他侧平面上。

2. 如权利要求1所述的灯，其特征在于：所述滤光部的滤光区为三个，其中形成在所述虚拟圆柱体的扇形圆柱面上的滤光区为具有120度圆心角的扇形圆柱面，其他两个滤光区形成在所述虚拟圆柱体的内接三棱柱的两个侧平面上。

3. 如权利要求1或2所述的灯，其特征在于：所述光源发出的光线被集中到光源下方的一个滤光区范围是通过设置一个部分包围光源的反射罩来实现的。

4. 如权利要求1或2所述的灯，其特征在于：所述光源发出的光线被集中到光源下方的一个滤光区范围是通过采用定向发射光线的光源来实现的。

5. 如权利要求1或2所述的灯，其特征在于：所述位于扇形圆柱面上的滤光区仅通过少部分黄光，构成小夜灯光照模式。

6. 如权利要求1或2所述的灯，其特征在于，在位于所述扇形圆柱面上的滤光区和与其相邻的两个滤光区的交界区域设置有荧光定位标记。

7. 如权利要求6所述的灯，其特征在于：所述荧光定位标记为一列间隔的荧光凸点。

8. 如权利要求6所述的灯，其特征在于：在其他位于所述多棱柱侧平面上的滤光区之间的交界区域设置有另一种不同的荧光定位标记。

9. 如权利要求8所述的灯，其特征在于：所述扇形圆柱面上的滤光区和与其相邻滤光区的两个交界区域设置的荧光定位标记为一列间隔的荧光凸点，在所述其他位于多棱柱侧平面上的滤光区之间的交界区域设置的荧光定位标记为条形荧光凸起。

10. 如权利要求1或2所述的灯，其特征在于：在所述滤光部各滤光区靠近所述光源承载座或者远离所述光源承载座的边界区域设置有荧光定位标记。

11. 如权利要求10所述的灯，其特征在于：所述荧光定位标记为表示滤光区编号的数字型荧光凸起。

12. 如权利要求1或2所述的灯，其特征在于：所述滤光部还包括盖住其远离所述光源承载座一端的遮光片，在该遮光片靠近各个滤光区的区域上设置有荧光定位标记。

13. 如权利要求12所述的灯，其特征在于：所述荧光定位标记为表示滤光区编号的数字型荧光凸起。

另行提出申请的独立权利要求为：

1. 一种灯，包括灯座、支撑杆、光源、滤光部和光源承载座，该滤光部具有多个滤光区，套设在所述光源之外，并可旋转地连接在所述支撑杆顶端上，该光源发出的光线被集中到一个滤光区范围中，其特征在于：在所述多个滤光区之间的交界区域、在所述滤光部靠近所述光源承载座或远离所述光源承载座的边界区域，或者/以及在所述滤光部远离光源承载座的顶端面上靠近所述多个滤光区的区域设置荧光定位标记。

（或者为：1. 一种灯，包括灯座、支撑杆、光源、滤光部和光源承载座，该滤光部具有多个滤光区，套设在所述光源之外，并可旋转地连接在所述支撑杆顶端上，该光源发出的光线被集中到一个滤光区范围中，其特征在于：在所述滤光部上设置有用于识别滤光区光照模式的荧光定位标记。）

写入本申请的独立权利要求相对于现有技术的特定技术特征为："所述多个滤光区中透光量最少的一个滤光区形成在所述虚拟圆柱体的扇形圆柱面上，其他滤光区形成在所述虚拟圆柱体的内接多棱柱的其他侧平面上"，从而防止滤光部中透光量最少的滤光区升温过高。

另一项独立权利要求相对于现有技术的特定技术特征为："在所述多个滤光区之间的交界区域、在所述滤光部靠近所述光源承载座或远离所述光源承载座的边界区域，或者/以及在所述滤光部远离光源承载座的顶端面上靠近所述多个滤光区的区域上设置荧光定位标记"（或者为"在所述滤光部上设置有用于识别滤光区光照模式的荧光定位标记"），从而能够在黑暗环境中识别和定位不同的光照模式。

这两项独立权利要求的特定技术特征并不相同，且各自采用彼此无关的技术手段以解决不同的技术问题，说明两者在技术上并不相互关联，也不是相应的特定技术特征，因此这两项独立权利要求不属于一个总的发明构思，不符合《专利法》第31条第1款有关单一性的规定，应当作为两件专利申请提出。

（六）简答题，论述你撰写的独立权利要求相对于本涉案专利所解决的技术问题和取得的技术效果以及所采用的技术手段

在完成第四题的解答后，就可以着手完成第五题的解答，即分别说明所撰写本发明专利申请的独立权利要求和另行提出申请的独立权利要求相对于本涉案专利所解决的技术问题和取得的技术效果以及所采用的技术手段。此相当于要求应试者撰写说明书发明内容这一部分的有关内容，即针对独立权利要求，写明其所要解决的技术问题、解决该技术问题采用的技术方案以及该技术方案相对于现有技术取得的技术效果。

第五题的答题内容实际上在前面撰写两项独立权利要求的过程中就已经得知：在前面的分析过程中已经清楚地指出两项独立权利要求相对于涉案专利所要解决的技术问题，两项独立权利要求相对于涉案专利取得的技术效果可以通过对独立权利要求区别技术特征的分析得出，而两项独立权利要求相对于涉案专利所采用的技术手段分别是两项独立权利要求特征部分的区别技术特征。

下面给出推荐的第五题参考答案。

本申请的独立权利要求相对于该涉案专利所解决的技术问题是：涉案专利的滤光部中各滤光区形状相同，即各滤光区到光源的间距相同，导致透光量最少的滤光区温升过高的问题。采用的

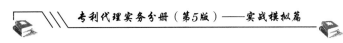

技术手段是：多个滤光区中透光量最少的一个滤光区形成在所述虚拟圆柱体的扇形圆柱面上，其他滤光区形成在所述虚拟圆柱体的内接多棱柱的其他侧平面上。取得的技术效果是：由于将透光量最少的一个滤光区形成在扇形圆柱面上，使得该滤光区与光源的间距大于其他滤光区与光源的距离，从而能抑制该透光量最少的滤光区的升温。

　　另行提出申请的独立权利要求相对于涉案专利所解决的技术问题是：在黑暗环境下难以定位小夜灯模式。所采用的技术手段是：在所述多个滤光区之间的交界区域、在所述滤光部靠近所述光源承载座或远离所述光源承载座的边界区域，或者/以及在所述滤光部远离光源承载座的顶端面上靠近所述多个滤光区的区域上设置荧光定位标记（或者所采用的技术手段是：在所述滤光部上设置有用于识别滤光区光照模式的荧光定位标记）。取得的技术效果是：由于在滤光部上的相应区域上设置了荧光定位标记，这样一来，即使在黑暗环境下，也能准确得知各滤光区的位置，从而将滤光部方便地调整到小夜灯模式。

第三章

第四章　根据 2019 年专利代理实务科目试题改编的模拟试题

本章在对 2019 年专利代理师资格考试"专利代理实务"科目试题略作改编的基础上，给出该模拟试题并作出解析。在本章中首先给出模拟试题内容，其次在"对试题内容的理解"部分说明该试题内容包括无效宣告请求实务和专利申请文件撰写两个部分，最后再针对这两部分试题内容分别具体说明应试思路和给出参考答案。建议考生，在阅读模拟试题内容之后，先自行解答此模拟试题，然后再阅读两部分试题内容的应试思路和参考答案，比较一下自己的答题思路和答案与给出的应试思路和参考答案有哪些不同之处，从而更好地掌握专利代理实务科目的应试技巧。

一、模拟试题内容

试题说明

客户 A 公司正在研发一项产品。在研发过程中，A 公司发现该产品存在侵犯 B 公司的实用新型专利的风险。为此，A 公司进行了检索并得到对比文件 1、2，拟对 B 公司的实用新型专利（下称"涉案专利"，即附件 1）提出无效宣告请求，在此基础上，A 公司向你所在代理机构提供了涉案专利、对比文件 1～2 和 A 公司技术人员撰写的无效宣告请求书（附件 2），以及 A 公司所研发产品的技术交底材料（附件 3）。

1. 请你具体分析客户所撰写的无效宣告请求书中的各项无效宣告理由是否成立，并将结论和具体理由以信函的形式提交给客户。

2. 请你根据客户提供的材料为客户撰写一份无效宣告请求书，在无效宣告请求书中要明确无效宣告请求的范围、理由和证据，要求以《专利法》及其实施细则中的有关条、款、项作为独立的无效宣告理由提出，并结合给出的材料具体说明。

3. 请你根据 A 公司所研发产品的技术交底材料（附件 3），综合考虑附件 1 和对比文件 1～2 作为现有技术，为客户撰写一份发明专利申请的权利要求书。

4. 简述你撰写的独立权利要求相对于现有技术具备新颖性和创造性的理由。

5. 如果所撰写的权利要求书中包含两项或者两项以上的独立权利要求，请简述这些独立权利要求能够合案申请的理由；如果客户提供的技术内容涉及多项发明，应当以多份申请的方式提出，则请说明理由，并撰写另案申请的独立权利要求。

附件1（涉案专利）：

（19）中华人民共和国国家知识产权局

（12）实用新型专利

（45）授权公告日 2018.06.11

（21）申请号 201721443567.X

（22）申请日 2017.12.12

（73）专利权人 B公司

（其余著录项目略）

第四章

权 利 要 求 书

1. 一种压蒜器，主要由上压杆（1）和下压杆（2）构成，其特征在于，上压杆（1）和下压杆（2）活动连接，上压杆（1）靠近前端的位置设有压蒜部件（3），下压杆（2）上设有与压蒜部件（3）相对应的压筒（4），压筒（4）上端开口，压筒（4）底部设有多个出蒜孔（5）。

2. 根据权利要求1所述的压蒜器，其特征在于：上压杆（1）前端与下压杆（2）前端活动连接。

3. 根据权利要求2所述的压蒜部件，其特征在于：所述压蒜部件（3）包括压臂（31）和固定连接在压臂（31）下端的压盘（32），所述压臂（31）的上端与上压杆（1）活动连接。

4. 根据权利要求2或3所述的压蒜部件，其特征在于：所述压盘（32）上设有多个压蒜齿（33）。

第四章

说 明 书

压蒜器

[0001] 本实用新型涉及一种用于将蒜瓣压制成蒜泥的压蒜器。

[0002] 大蒜是一种常用的调味食材，在将蒜瓣制成蒜泥时，传统的方法是采用捣杆与瓦罐配合将蒜瓣捣成蒜泥。目前市面上有一种压蒜器，可较传统方法更为方便省力地获得蒜泥。该压蒜器包括上压杆 1' 和下压杆 2'，下压杆 2' 的端部设有压头 3'，上压杆 1' 的端部设有与上述压头 3' 相配合的压筒 4'，上压杆 1' 和下压杆 2' 在中间铰接起来形成钳子的形状。使用时，将蒜瓣放在压筒 4' 内，用手握住压杆，便可利用杠杆原理将蒜瓣压碎。

[0003] 但是，该压蒜器用于挤压配合的压头 3' 和压筒 4' 分开的角度有限，蒜瓣较大时不易放入，而且压杆长度有限，挤压较大的蒜瓣时仍然比较费劲。

[0004] 本实用新型的目的在于提供一种压蒜器，该压蒜器具有操作方便、节省力气的特点。

[0005] 图 1 是现有技术的压蒜器的示意图。

[0006] 图 2 是本实用新型的压蒜器实施例的示意图。

[0007] 图 3 是本实用新型的压蒜器改进实施例的示意图。

[0008] 如图 2 所示，本实用新型的压蒜器主要由上压杆 1 和下压杆 2 组成，上压杆 1 的前端与下压杆 2 的前端活动连接。上压杆 1 靠近前端的位置设有压蒜部件 3，所述压蒜部件 3 包括压臂 31 和固定连接在压臂 31 下端的压盘 32。下压杆 2 靠近前端的位置设有与压蒜部件 3 相对应的压筒 4，压筒 4 与下压杆 2 一体成型，其形状为上端开口的筒状体，压筒 4 底部具有多个圆形的出蒜孔 5，这些出蒜孔 5 间隔均匀地分布在压筒 4 的底面上。压蒜部件 3 与上压杆 1 之间最好采用活动连接的方式，例如，上压杆 1 底部靠近前端的位置设有一固定支座 6，压蒜部件 3 的压臂 31 通过销轴 7 与所述固定支座 6 连接。压臂 31 与固定支座 6 也可以通过其他方式活动连接，例如铆钉连接、螺栓连接等。

[0009] 上述实施例中压蒜器的压盘 32 的下表面为平面，在使用时，压蒜器将蒜瓣压扁后，仍有部分蒜瓣被压成饼状残留在压筒 4 内，即便反复施力挤压仍无法将残留的蒜瓣挤碎并排出压筒 4。为进一步解决蒜瓣残留的问题，如图 3 所示，在压盘 32 的下表面上设置多个与出蒜孔 5 对应的压蒜齿 33，所述多个压蒜齿 33 间隔均匀地分布在压盘 32 的下表面上，其横截面直径小于出蒜孔 5 的内径。当压盘 32 置入压筒 4 内时，压蒜齿 33 与出蒜孔 5 一一对应，从而使得挤压更加充分，提高了蒜泥的挤出效率。

[0010] 具体的操作过程如下：首先一手握持下压杆 2，将上压杆 1 向上抬起，使得压盘 32 离开压筒 4；之后将蒜瓣放入压筒 4 内，将上压杆 1 下压，在上压杆 1 向下运动的过程中，压盘 32 进入压筒 4，对蒜瓣进行挤压，压蒜齿 33 将蒜泥从出蒜孔 5 挤出。

[0011] 虽然本实用新型的压蒜器同样是利用杠杆原理将蒜瓣压碎，但由于将支点的位置调整到上、下压杆的前端，相比于现有的压蒜器操作更为省力，不需施加很大的握压力即可将蒜瓣压碎成蒜泥；而且，压盘 32 上设置多个压蒜齿 33 也可以进一步提高蒜泥的挤出效率。

说　明　书　附　图

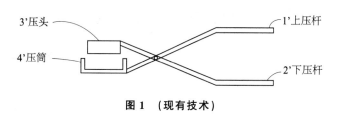

图 1　（现有技术）

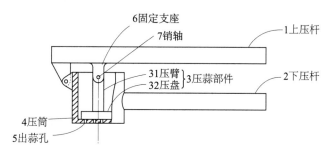

图 2

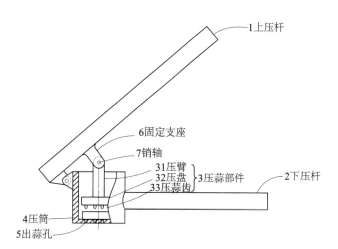

图 3

第四章

对比文件1：

（19）中华人民共和国国家知识产权局

（12）实用新型专利

（45）授权公告日　2018.06.30

（21）申请号　201721433456.5

（22）申请日　2017.11.22

（73）专利权人　赵××

　　（其余著录项目略）

第四章

说　明　书

家用压蒜器

[0001]　本实用新型涉及一种压蒜器，特别涉及一种简易家用压蒜器。

[0002]　大蒜是我们常用的一种食材，但是在使用大蒜的时候，剥蒜后将蒜瓣捣碎是一件很麻烦的事情，很浪费时间。

[0003]　本实用新型的目的在于提供一种简易又方便省事的家用压蒜器。

[0004]　图1为本实用新型的结构示意图。

[0005]　如图1所示，家用压蒜器由压头1、压槽2及两个手柄3组成。压头1和压槽2分别设置在两个手柄3的前端，手柄3中部设有连接孔，把两个手柄3通过连接孔用铆钉4连接起来，形成一个钳子形状。压槽2顶部开口，底部均布有多个漏孔5，压头1上有多个相对应的压蒜齿6。把蒜瓣放在压槽2里，用手握住手柄3用力挤压，由于杠杆的作用，蒜瓣就被压成泥状，然后在压蒜齿6的挤压下，蒜泥从漏孔5中被挤出，方便又快捷。

第四章

说 明 书 附 图

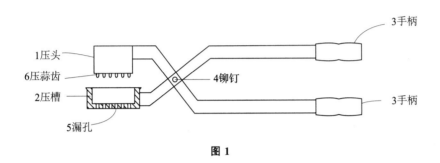

图 1

对比文件2:

(19) 中华人民共和国国家知识产权局

(12) 实用新型专利

(45) 授权公告日 2013.03.23

(21) 申请号 201220789117.7

(22) 申请日 2012.09.04

(73) 专利权人 孙××

（其余著录项目略）

说　明　书

一种防堵孔压蒜装置

[0001] 本实用新型涉及一种压蒜装置，特别涉及一种防堵孔压蒜装置。

[0002] 现有的压蒜装置在使用时压料筒的漏孔容易被细碎蒜粒堵塞，进而阻碍蒜泥出料，影响压蒜效率。

[0003] 本实用新型的目的是提供一种防堵孔压蒜装置，以解决现有技术中压蒜装置在使用过程中其漏孔容易堵塞，进而阻碍蒜泥出料的问题。

[0004] 图1为本实用新型的压蒜装置的结构示意图。

[0005] 如图1所示，一种防堵孔压蒜装置，包括有上压杆1、下压杆2、第一压臂3、第一压板4和压料筒5，上压杆1和下压杆2的前端部通过销轴连接在一起。下压杆2上设有压料筒5，压料筒5为顶部敞口的筒体，其底部设有供蒜泥通过的多个漏孔（图中未示出）；第一压臂3与上压杆1在与压料筒5相对应的位置（图1所示上压杆1的下侧位置）活动连接，第一压板4与第一压臂3焊接在一起。在上压杆1上还活动安装有第二压臂6，所述第二压臂6的位置与第一压臂3相对应设置（图1所示上压杆1的上侧位置），第二压臂6上焊接第二压板7，第二压板7上设有若干凸起8，凸起8的横截面直径略小于漏孔的内径，其位置与压料筒5底部的漏孔一一对应。

[0006] 在压蒜时若出现细碎蒜粒堵塞漏孔的现象，可反向（即图1中逆时针方向）转动上压杆1，使另一侧的第二压板7向压料筒5底面运动，第二压板7上的若干凸起8穿透压料筒5底部的对应漏孔，从而将堵塞的漏孔疏通，保证压蒜装置的正常使用。

第四章

说 明 书 附 图

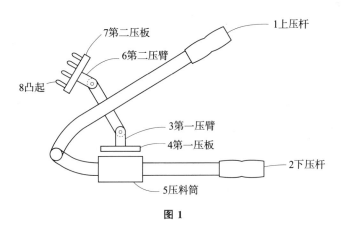

图 1

第四章

附件2（A公司技术人员撰写的无效宣告请求书）：

（一）关于新颖性和创造性

1. 对比文件1作为现有技术，公开了一种家用压蒜器，由压头1、压槽2及两个手柄3组成，压头1和压槽2分别设置在两个手柄3的前端，手柄3中部设有连接孔，把两个手柄3通过连接孔用铆钉4连接起来（即上压杆和下压杆活动连接），压槽2顶部开口，底部有多个漏孔5。由此可见，对比文件1公开了权利要求1的全部技术特征，权利要求1相对于对比文件1不具备《专利法》规定的新颖性。

2. 对比文件2作为现有技术，公开了一种防堵孔压蒜装置，包括有上压杆1、下压杆2、第一压臂3、第一压板4和压料筒5。上压杆1和下压杆2的前端部通过销轴连接在一起（即上压杆和下压杆活动连接），上压杆靠近前端的位置活动安装有第一压臂3，第一压板4与第一压臂3焊接在一起（第一压臂和第一压板一起构成压蒜部件）；下压杆2上对应设有压料筒5，压料筒5为顶部敞口的筒体。因此，对比文件2公开了权利要求1的全部技术特征，权利要求1相对于对比文件2也不具备《专利法》规定的新颖性。

3. 对比文件2还公开了从属权利要求2～3的附加技术特征，在其引用的权利要求不具备新颖性的前提下，从属权利要求2～3也不具备《专利法》规定的新颖性。

4. 对比文件1公开了压头1上设有多个压蒜齿6，因此，本领域的技术人员容易想到将上述特征用于对比文件2的压蒜装置中从而得到权利要求4所要求保护的技术方案，因此，权利要求4相对于对比文件2和对比文件1的结合不具备《专利法》规定的创造性。

5. 对比文件2公开了第二压板7上设有若干凸起8且与漏孔一一对应，因此本领域的技术人员容易想到在第一压板4上也设置若干凸起（即压蒜齿），因此，权利要求4相对于对比文件2不具备《专利法》规定的创造性。

（二）其他无效宣告理由

6. 权利要求3和4的主题名称与所引用的权利要求的主题名称不一致，不符合《专利法实施细则》第22条第1款的规定。

7. 权利要求4没有限定压蒜齿的大小，因此得不到说明书支持，不符合《专利法》的有关规定。

因此请求宣告涉案专利全部无效。

附件3（技术交底材料）：

现有技术中披露了一种压蒜器，包括上手柄、下手柄、压头和压料筒，采用压头和带有漏孔的压料筒相配合来压制蒜泥。然而这种压蒜器的压料筒与下手柄是一体的，不容易对压料筒内残留的蒜末进行清理，有时会有蒜末残余，导致不够卫生。

在上述现有技术的基础上，我公司提出一种改进的压蒜器。

图1为我公司改进的压蒜器的结构示意图。我公司提供的压蒜器，包括上压杆1和下压杆2，上压杆1与下压杆2在两者的前端部活动连接。在上压杆1靠近前端部的位置设有压蒜部件3，压蒜部件3包括压臂31和压盘32。在下压杆2上相应设有压筒4，压筒4包括壳体41和可拆卸的内筒42。壳体41为上下两端开口的筒状结构，其位置靠近下压杆2前端，壳体41与下压杆2连为一体。内筒42上端开口，内筒42底部开设有多个出蒜孔5，内筒42的上端边缘设有外翻的折边42a。在使用时，将内筒42放置于壳体41内，通过所述折边42a抵靠在壳体41的上端面，把蒜瓣放入内筒42内，随后合拢上、下压杆，使得压蒜部件3进入内筒42，从而进行压蒜操作。清洗的时候，只需分开上、下压杆，取出内筒42，即可对内筒42中的残留物进行清洗，非常方便。

图2为我公司改进的另一结构的压蒜器的结构示意图。相同部件不再赘述，所述压蒜器的压筒4包括壳体41和可拆卸的插片42，壳体41为上下两端开口的筒状结构，它与下压杆2连为一体，位置靠近下压杆2前端，在壳体41下端沿垂直于壳体41轴线的方向开设有插槽41a，在插槽41a下方、壳体41内壁面上设有一圈环形的凸起41b，所述凸起41b从壳体41的内壁面沿径向向内延伸。插片42的形状大小与壳体41内部横截面基本一致，插片42上设置有多个出蒜孔5，插片42的一侧边缘设置有便于插拔插片42的把手42b。使用时，将插片42从插槽41a插入壳体41内，插片42到位后其下侧周边区域抵靠在凸起41b上，通过凸起41b实现支撑定位。由于插片42是可拆卸的，在清洗时，仅需拉住把手42b将插片42抽出，壳体41和插片42可以分开清理，方便快捷。

图3为我公司改进的又一结构的压蒜器的结构示意图。相同部件不再赘述，所述压蒜器的压筒4包括壳体41和可拆卸的出蒜筒42，壳体41为上下两端开口的筒状结构，它与下压杆2连为一体，位置靠近下压杆2前端。在壳体41靠近下端的外壁面设有外螺纹。出蒜筒42为上端开口的筒体结构，出蒜筒42的底板上设置多个出蒜孔5，出蒜筒42的内壁设有与壳体41上外螺纹相配合的内螺纹，出蒜筒42通过螺纹连接在壳体41的下端。由于出蒜筒42是可拆卸的，清洗时，仅需将出蒜筒42从壳体41上拧下即可，后续的清理工作方便快捷。

现有技术以及前述实施方式中的上、下压杆均为直杆，当压筒4内装满蒜瓣时，压蒜部件3的压盘32处于压筒4的端口，此时上压杆1与下压杆2中后段之间的距离太大，无法一只手同时将上、下压杆握住，而必须双手分别握住上、下压杆才能进行操作，从而使得压蒜操作不太方便。为解决上述问题，我公司还对压蒜器的压杆进行了改进设计，图4为对压杆改进后的压蒜器的结构示意图。如图4所示，上压杆1的中后段设置有圆弧状的下凹部1a，与上压杆1为直杆的压蒜器相比，上、下压杆间的距离得以减小，在压制蒜泥时，能够一只手将上、下压杆同时握住进行操作，操作更为便利。需要注意的是，下凹部1a的尺寸应当满足如下条件，即当压蒜部件3的压盘32处于压筒4底部时，下凹部1a的最低点略高于下压杆2的上表面，从而防止上、下压杆在压蒜操作时发生干涉，导致压盘32不能充分挤压蒜瓣。

上述实施方式仅为本发明的优选实施方式，不能以此来限定本发明保护的范围，本领域的技术人员在本发明的基础上所作的任何非实质性的变化及替换均属于本发明所要求保护的范围。比如还可以配置多个出蒜孔尺寸不同的出蒜部件，根据需要更换不同的出蒜部件，从而获得粗细不同的蒜泥。

第四章

技术交底材料附图

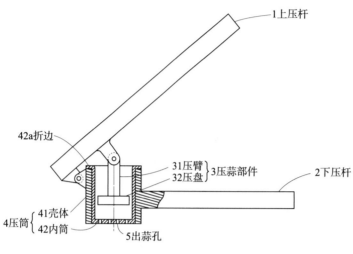

图 1

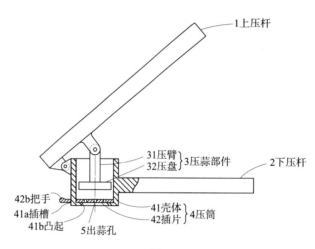

图 2

第四章

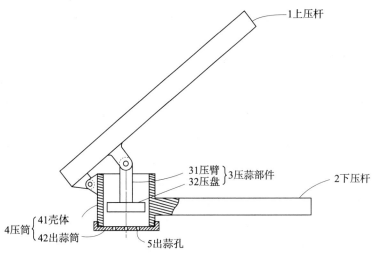

图 3

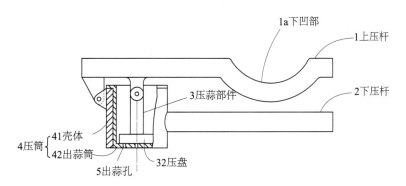

图 4

第四章

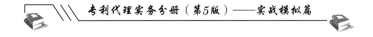
二、对试题内容的理解

由试题说明可知，本试题包括两部分内容：前两题涉及无效宣告请求的实务，后三题涉及专利申请文件撰写的实务。

在该无效宣告请求实务的两道试题中，第一题是向客户（无效宣告请求人 A 公司）给出咨询意见，第二题是为客户撰写无效宣告请求书。需要说明的是，第一题看上去是向请求人撰写咨询意见，但是若将请求人自行撰写的无效宣告请求书作为一份已提交给国家知识产权局并已转给专利权人的无效宣告请求书，则在一定程度上相当于专利代理师向专利权人方给出咨询意见，分析无效宣告请求书中各项无效宣告理由是否成立。但是，该咨询意见还包括了更多的内容，按照国家知识产权局给出的试题答案来看，除说明请求书中的各项无效宣告理由是否成立外，还需要指明其具体分析论述中存在哪些不符合《专利审查指南 2010》中有关（如新颖性、创造性）审查原则或审查基准规定之处，以及无效宣告请求书的撰写存在哪些不规范之处。第二题是常规的为请求人撰写一份无效宣告请求书的试题。

后三道有关专利申请文件撰写部分的试题是典型的专利申请文件撰写部分试题。第三题要求考生针对客户所提供的有关改进压蒜器的技术交底材料，并以前一部分试题中拟提出无效宣告请求的实用新型专利和两份对比文件作为现有技术，为客户撰写一份发明专利申请的权利要求书。第四题和第五题考核考生有关专利代理基本知识的掌握、分析和应用能力；第四题涉及两个最重要的专利代理实务基本知识——新颖性和创造性，要求考生针对第三题撰写的权利要求书中独立权利要求（即针对最重要的发明创造撰写的独立权利要求，若所撰写的权利要求书中还包括可合案申请的其他发明创造，则还包括该合案申请的其他独立权利要求）说明其相对于现有技术具备新颖性和创造性的理由，该题的答案能反映考生在答复审查意见通知书时，论述权利要求具备新颖性和创造性的争辩能力；第五题要求考生针对第三题撰写权利要求书时涉及的多项发明创造说明是采用合案申请还是分案申请，并具体说明理由，考核考生对单一性这一基本概念的掌握程度。

鉴于上面对试题内容的理解，下面先针对第一部分内容的试题即无效宣告请求实务试题给出应试思路，并通过具体分析给出参考答案，然后针对第二部分内容的试题即发明专利申请文件撰写实务试题给出应试思路，并通过具体分析给出参考答案。

三、无效实务部分试题的应试思路、解析和参考答案

根据前面对无效宣告请求实务部分试题内容的理解，这部分试题的应试思路按下述五步进行：阅读理解拟提出无效宣告请求的实用新型专利文件；分析客户 A 公司提供的两件证据，即对比文件 1 和对比文件 2 的相关性；分析客户 A 公司技术人员自行撰写的无效宣告请求书中各项无效宣告理由是否成立，以及撰写存在的问题；根据分析结果向客户 A 公司给出上述分析结果的信函；为客户 A 公司撰写提交给国家知识产权局的无效宣告请求书。

（一）阅读理解拟提出无效宣告请求的实用新型专利文件

在阅读理解该实用新型专利文件时需要进行下述两方面的工作：理解该实用新型专利各项权利要求的技术方案；分析专利文件本身是否存在可作为无效宣告理由的缺陷。

1. 理解该实用新型各项权利要求的技术方案

由权利要求书中涉及的四项权利要求和说明书［0008］段至［0011］段的内容可知，本实用新型专利包括一项发明创造：独立要求要求 1 及从属权利要求 2 至 4 要求保护一种压蒜器。

由独立权利要求1的技术方案以及说明书［0008］段结合附图2作出的具体说明内容可知，权利要求1要求保护一种压蒜器，其由上下两根压杆构成，两压杆活动连接，上压杆靠近前端的位置设有压蒜部件，下压杆设有与压蒜部件相对应的压筒，压筒上端开口，底部设有多个出蒜孔。

权利要求2对权利要求1作了进一步限定，限定上下压杆两者在其前端活动连接。其相应于说明书［0008］段结合附图2说明的具体实施例，从而使压蒜器操作更为省力，不需施加很大的握压力即可将蒜瓣压碎成蒜泥。

权利要求3进一步限定权利要求2中的压蒜部件，该压蒜部件包括压臂和固定连接在压臂下端的压盘，压臂的上端与上压杆活动连接。其相应于说明书［0008］段结合附图2说明的具体实施例。

权利要求4进一步限定权利要求2或3中的压蒜部件，在其压盘上设有多个压蒜齿。其相应于说明书［0009］段结合附图3说明的具体实施例，从而使得挤压更加充分，提高了蒜泥的挤出效率。

2. 分析专利文件本身是否存在可作为无效宣告理由的缺陷

前面有关理解该实用新型各项权利要求技术方案的内容，对于解答无效宣告请求实务部分的两道试题都是需要完成的。而对专利文件本身是否存在可作为无效宣告理由的实质缺陷的判断分析，虽然对解答第一题时分析客户A公司技术人员自行撰写的无效宣告请求书中那些无须证据支持的无效宣告理由是否成立有所帮助，但这方面的有关分析内容完全可以放在应试思路的第三步"分析客户A公司技术人员自行撰写的无效宣告请求书中各项无效宣告理由是否成立以及撰写存在的问题"时再进行。在阅读理解实用新型专利文件时分析专利文件本身是否存在可作为无效宣告理由的缺陷，主要是考虑到无效宣告请求实务部分第二题要为客户A公司撰写无效宣告请求书，那时需要分析专利文件本身是否存在可作为无效宣告理由的实质缺陷，而这部分工作在阅读实用新型专利文件时就应当加以关注，因此仍将这一部分分析内容放在"阅读理解拟提出无效宣告请求的实用新型专利文件"这一步中。

在阅读该实用新型专利文件时，发现三个可以作为无效宣告理由的缺陷：独立权利要求1缺少解决技术问题的必要技术特征；权利要求3和4未清楚限定要求专利保护的范围；权利要求4未以说明书为依据。

由说明书［0002］和［0003］段的文字描述可知，现有技术中由上下压杆构成的压蒜器，用于挤压配合的压头和压筒分开的角度有限，且压杆长度有限，挤压较大的蒜瓣时仍然比较费劲。因而说明书［0004］段中明确写明本实用新型的目的（即本实用新型要解决的技术问题）是提供一种压蒜器，该压蒜器具有操作方便、节省力气的特点。说明书［0011］段又明确写明，"虽然本实用新型的压蒜器同样是利用杠杆原理将蒜瓣压碎，但由于将支点位置调整到上、下压杆的前端"，因此"相比于现有的压蒜器操作更为省力，不需施加很大的握压力即可将蒜瓣压碎成蒜泥"。

由此可知，本实用新型通过将上下压杆的活动连接点调整到上下压杆的前端来解决现有技术中的压蒜器挤压仍然比较费劲的技术问题。但目前授权公告的独立权利要求1中仅写明上下压杆活动连接，未写入本实用新型为解决现有技术压蒜器所存在的挤压仍然比较费力这一技术问题所采用的技术手段"上下压杆在其前端活动连接"，可知该独立权利要求1未记载本实用新型解决技术问题的必要技术特征，不符合《专利法实施细则》第20条第2款的规定。

权利要求3和权利要求4的引用部分的主题名称与其所引用的权利要求的主题名称不一致，明显不符合《专利法实施细则》第22条第1款的规定。但是，这一缺陷不属于《专利法实施细则》第65条第2款规定的无效宣告理由，不能作为无效宣告理由提出。不过，其引用的权利要求 2 要求保护的是压蒜器，而在该两项从属权利要求中写明要求保护压蒜部件，因此不清楚所要求保护的主题到底是压蒜器还是压蒜部件，可认为这两项权利要求未清楚限定要求专利保护的范围，不符合《专利法》第 26 条第 4 款的规定。

权利要求 4 对权利要求 2 或 3 作进一步限定，其限定部分作的压盘仅出现在权利要求 3 中，在权利要求 2 中并未出现，因此权利要求 4 引用权利要求 2 的技术方案缺乏引用基础，未清楚限定要求专利保护的范围，不符合《专利法》第 26 条第 4 款规定。

此外，权利要求 4 限定部分对压蒜部件作进一步限定时仅写明压盘上设有多个压蒜齿，未写明进一步解决技术问题的技术手段：压蒜齿设置在压盘的下表面上与出蒜孔相对应的位置，且其横截面直径小于出蒜孔内径，因而权利要求 4 未清楚限定要求专利保护范围，不符合《专利法》第 26 条第 4 款有关权利要求书应当清楚限定要求专利保护范围的规定。❶

此外，说明书在结合图 3 描述实施例时明确写明，为进一步解决蒜瓣残留的问题，"在压盘 32 的下表面上设置多个与出蒜孔 5 对应的压蒜齿 33""其横截面直径小于出蒜孔 5 的内径，当压盘 32 压入压筒 4 内时，压蒜齿 33 与出蒜孔 5 一一对应，从而对蒜泥挤压更充分"，权利要求 4 未写明压蒜器的上述技术手段就无法进一步解决蒜瓣残留的问题，也就是说目前所撰写的从属权利要求 4 涵盖了其不能进一步解决技术问题的方案，得不到说明书的支持，不符合《专利法》第 26 条第 4 款有关权利要求书应当以说明书为依据的规定。

（二）分析客户 A 公司提供的两件证据的相关性

由试题内容可知，客户 A 公司向你所在的代理机构提供了两份对比文件（对比文件 1 和对比文件 2）作为提出无效宣告请求的证据。在这一步中，先对这两件证据的相关性作出分析（确定客户所提供的两件证据可适用的无效宣告理由、判断两份对比文件公开的内容与涉案实用新型专利的相关程度），然后在下一步中再针对 A 公司技术人员自行撰写的无效宣告请求书具体分析这两件证据是否支持其中所主张的无效宣告理由，以及在最后一步撰写无效宣告请求书前再分析这两件证据是否能使该实用新型专利各项权利要求不具备新颖性或创造性。

1. 确定客户所提供的两件证据可适用的无效宣告理由

涉案实用新型专利的申请日为 2017 年 12 月 12 日。

对比文件 1 中国实用新型专利的申请日为 2017 年 11 月 22 日，授权公告日为 2018 年 6 月 30 日，是一件他人在涉案专利申请日前提出申请、申请日后授权公告的中国实用新型专利文件，可以用于评价涉案专利各项权利要求是否具备新颖性，但由于其未构成涉案专利的现有技术，不能用于评价涉案专利各项权利要求是否具备创造性。

对比文件 2 中国实用新型专利的授权公告日为 2013 年 3 月 23 日，早于涉案专利的申请日，因此这份对比文件构成涉案专利的现有技术，可以用作评价涉案专利各项权利要求是否具备新颖性和创造性的对比文件。

---

❶ 对于从属权利要求技术方案不完整的缺陷，在平时无效宣告请求实务中，既可主张其未清楚限定要求专利保护的范围为无效宣告理由，也可主张其未以说明书为依据为无效宣告理由，当然也可以同时指出其未清楚限定专利保护范围和未以说明书为依据而不符合《专利法》第 26 条第 4 款的有关规定。在应试时，可以根据情况以其中一个理由主张其不符合《专利法》第 26 条第 4 款的规定。就 2019 年这部分试题来看，原权利要求 3、4 已出现多种未清楚限定要求专利保护范围的情况，为体现更多的考点，国家知识产权局在《2019 年专利代理师资格考试试题解析》一书对专利代理实务科目第二题给出的参考答案中，对于这一缺陷仅以其得不到说明书的支持主张该权利要求 4 不符合《专利法》第 26 条第 4 款有关权利要求应当以说明书为依据的规定。

2. 判断两份对比文件公开的内容与涉案实用新型专利的相关程度

对比文件1公开了一种简易又方便省事的家用压蒜器，由压头、压槽及两个手柄组成，压头和压槽分别设置在两个手柄前端，两个手柄通过铆钉连接起来，压槽顶部开口，底部分布有多个漏孔，压头上有多个相对应的压蒜齿。由其公开内容来看，比涉案专利背景技术部分描述的现有技术更接近涉案专利。

对比文件2公开了一种防堵孔压蒜装置，包括上压杆、下压杆、第一压臂、第二压臂和压料筒，上下压杆的前端部通过销轴连接在一起，下压杆设有顶部敞口、底部有多个漏孔的压料筒，上压杆下侧在与压料筒相对应位置活动连接有与第一压板相焊接的第一压臂，上压杆上侧对应位置还活动连接有与第二压板相焊接的第二压臂，第二压板上设有若干凸起，凸起的横截面直径略小于漏孔的直径。可知，对比文件2公开的内容与涉案专利的内容也十分相关。

由此可知，两份对比文件公开的内容与涉案专利的内容十分相关，需要具体分析两份对比文件公开的内容是否影响涉案专利各项权利要求的新颖性和创造性。

（三）分析A公司技术人员撰写的无效宣告请求书中各项无效理由是否成立以及撰写存在的问题

在阅读理解该实用新型专利文件和分析客户提供两件证据的相关性之后，针对客户A公司技术人员自行撰写的无效宣告请求书分析其提出的各项无效宣告理由是否成立。

首先，分析无效宣告请求书中的各项无效宣告理由是否属于《专利法实施细则》第65条第2款规定的无效宣告理由，其次，分析无效宣告请求书中有关各项权利要求不具备新颖性或创造性的无效宣告理由是否成立，最后，分析无效宣告请求书中的其他无效宣告理由是否成立。

1. 分析无效宣告请求书中的各项无效宣告理由是否属于法定的无效宣告理由

通过阅读客户A公司技术人员自行撰写的无效宣告请求书可知，共提出四项无效宣告理由：①权利要求1至3不具备《专利法》规定的新颖性；②权利要求4不具备《专利法》规定的创造性；③权利要求3和4不符合《专利法实施细则》第22条第1款的规定；④权利要求4得不到说明书的支持，不符合《专利法》的有关规定。

第一项、第二项和第四项无效宣告理由属于《专利法实施细则》第65条第2款规定的无效宣告理由，可以作为无效宣告理由提出，而第三项不符合《专利法实施细则》第22条第1款规定的无效宣告理由不属于《专利法实施细则》第65条第2款规定的无效宣告理由，不应当作为无效宣告理由提出。

2. 分析无效宣告请求书中有关各项权利要求不具备新颖性或创造性的无效宣告理由是否成立

在无效宣告请求书中，有关权利要求不具备新颖性或创造性的无效宣告理由涉及四项权利要求和两份对比文件：①权利要求1相对于对比文件1不具备新颖性；②权利要求1～3相对于对比文件2不具备新颖性；③权利要求4相对于对比文件2和对比文件1的结合不具备创造性；④权利要求4相对于对比文件2不具备创造性。

（1）关于权利要求1相对于对比文件1不具备新颖性的无效宣告理由

请求书中认为：对比文件1作为现有技术，公开了一种家用压蒜器，由压头1、压槽2及两个手柄3组成，压头1和压槽2分别设置在两个手柄3的前端，手柄3中部设有连接孔，把两个手柄3通过连接孔用铆钉4连接起来（即上压杆和下压杆活动连接），压槽2顶部开口，底部有多个漏孔5。由此可见，对比文件1公开了权利要求1的全部技术特征，权利要求1相对于对比文件1不具备《专利法》规定的新颖性。

正如前面分析指出的，对比文件1是一件他人在涉案专利的申请日前提出申请、申请日后授权公告的中国实用新型专利文件，未构成涉案专利的现有技术，因而请求书中将对比文件1作为现有技术是不正确的。

但是，对比文件1仍可用于评价涉案专利各项权利要求的新颖性，且请求书中有关对比文件1公开的内容认定正确，其的确公开了权利要求1的全部技术特征，而且两者的技术领域、解决的技术问题、预期效果实质相同，构成权利要求1的抵触申请，因此权利要求1相对于对比文件1不具备新颖性的无效宣告理由能够成立。需要说明的是，请求书中在分析权利要求1不具备新颖性时至少还存在三处撰写不规范：仅指出对比文件1公开了权利要求1的全部技术特征，未明确写明"四个实质相同"；未指出对比文件公开内容的出处；最后结论未写明有关新颖性的法律条款。

（2）关于权利要求1相对于对比文件2不具备新颖性

请求书中认为：对比文件2作为现有技术，公开了一种防堵孔压蒜装置，包括有上压杆1、下压杆2、第一压臂3、第一压板4和压料筒5。上压杆1和下压杆2的前端部通过销轴连接在一起（即上压杆和下压杆活动连接），上压杆靠近前端的位置活动安装有第一压臂3，第一压板4与第一压臂3焊接在一起（第一压臂和第一压板一起构成压蒜部件）；下压杆2上对应设有压料筒5，压料筒5为顶部敞口的筒体。因此，对比文件2公开了权利要求1的全部技术特征，权利要求1相对于对比文件2也不具备《专利法》规定的新颖性。

请求书中将对比文件2作为现有技术以及有关对比文件2公开内容的认定基本正确，对比文件2的确公开了权利要求1的全部技术特征；此外，两者的技术领域、要解决的技术问题、技术方案和预期效果实质相同，因此权利要求1相对于对比文件2不具备《专利法》规定的新颖性这一无效宣告理由能够成立。

但是，请求书所作分析存在四方面撰写不规范之处：其一，未进一步指出对比文件2还公开了压料筒的筒体底部设有供蒜泥通过的多个漏孔，即未指出对比文件2还公开了权利要求1中的最后一个技术特征"压筒底部设有多个出蒜孔"，分析还不到位；其二，仅指出对比文件2公开了权利要求1的全部技术特征，还应当指出两者在技术领域、解决的技术问题、预期效果实质相同，在此基础上再认定两者为同样的实用新型，这样的分析才更为完整；其三，未指出对比文件2公开内容的出处；其四，在分析结论处未写明有关新颖性的法律条款。

（3）关于权利要求2和3相对于对比文件2不具备新颖性

请求书中指出：对比文件2还公开了从属权利要求2～3的附加技术特征，在其引用的权利要求不具备新颖性的前提下，从属权利要求2～3也不具备《专利法》规定的新颖性。

正如前面所指出的，对比文件2中防堵孔压蒜装置的上下压杆在其前端部活动连接，对比文件2公开了权利要求2中的附加技术特征；且上压杆靠近前端的位置活动安装有第一压臂（相当于压臂的上端与上压杆活动连接），第一压臂和第一压板焊接在一起（相当于压蒜部件包括压臂和固定连接在压臂下端的压盘），其也公开了权利要求3中的附加技术特征。因此请求书中有关从属权利要求2和3相对于对比文件2不具备新颖性的无效宣告理由能够成立。

但是，请求书中未结合对比文件公开的内容作具体分析，也未指出对比文件公开内容的出处，且在分析结论处未写明有关新颖性的法律条款，撰写也不规范。

（4）关于权利要求4相对于对比文件2和对比文件1的结合不具备创造性

请求书中指出：对比文件1公开了压头1上设有多个压蒜齿6，因此，本领域的技术人员容易想到将上述特征用于对比文件2的压蒜装置中从而得到权利要求4所要求保护的技术方案，因此，权利要求4相对于对比文件2和对比文件1的结合不具备《专利法》规定的创造性。

正如前面分析对比文件相关性所指出的，对比文件1是一件他人在涉案专利的申请日前提出

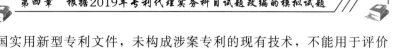

申请、申请日后授权公告的中国实用新型专利文件，未构成涉案专利的现有技术，不能用于评价涉案专利各项权利要求是否具备创造性，因而请求书中将对比文件1与对比文件2结合起来否定权利要求4的创造性明显是错误的。由此可知，请求书中有关权利要求4相对于对比文件2和对比文件1的结合不具备创造性的无效宣告理由不能成立。此外，请求书中对该无效宣告理由的分析存在着类似的撰写不规范问题。

（5）关于权利要求4相对于对比文件2不具备创造性

请求书中指出：对比文件2公开了第二压板7上设有若干凸起8且与漏孔一一对应，因此本领域的技术人员容易想到在第一压板4上也设置若干凸起（即压蒜齿），因此，权利要求4相对于对比文件2不具备《专利法》规定的创造性。

在对比文件2公开的压蒜装置中，其中第二压板上设有若干凸起且与漏孔一一对应，但其作用是疏通漏孔，防止压料筒的漏孔被压制的细碎蒜粒堵塞，第二压板通过反向运动且若干凸起不参与碎蒜操作。而在权利要求4中，所述压盘上设有多个压蒜齿的作用是使得挤压更加充分，从而将残留的蒜瓣挤碎，提高蒜泥的挤出效率，与对比文件2中若干凸起要解决的技术问题和/或所起的功能作用均不相同，因而本领域技术人员没有得到将第二压板上的凸起应用到第一压板上以将压成饼状的蒜瓣进一步挤碎的技术启示，因此，权利要求4相对于对比文件2不具备创造性的无效宣告理由不成立。此外，该无效宣告理由在给出结论时未体现创造性的结合对比原则，且没有写明涉及创造性的具体法律条款，存在撰写不规范的问题。

3. 分析无效宣告请求书中其他无效宣告理由是否成立

无效宣告请求书中涉及的其他无效宣告理由共有两个：①权利要求3和4不符合《专利法实施细则》第22条第1款的规定；②权利要求4得不到说明书的支持，不符合《专利法》的有关规定。下面对这两个无效宣告理由逐一进行分析。

（1）关于权利要求3和权利要求4不符合《专利法实施细则》第22条第1款的规定

请求书中指出：权利要求3和4的主题名称与所引用的权利要求的主题名称不一致，不符合《专利法实施细则》第22条第1款的规定。

虽然权利要求3和权利要求4的确存在主题名称与其所引用的权利要求的主题名称不一致的缺陷，但是不符合《专利法实施细则》第22条第1款规定不属于《专利法实施细则》第65条第2款规定的可以提出无效宣告的理由，因此请求书中不应当将此作为无效宣告理由提出。

但是，由于这两项权利要求的主题名称与其引用权利要求的主题名称不一致，就不清楚到底要求保护压蒜器还是要求保护压蒜部件，可以主张这两项权利要求未清楚限定要求专利保护范围而不符合《专利法》第26条第4款规定的无效宣告理由。不过，这一缺陷专利权人可以通过修改权利要求3和权利要求4的主题名称加以克服，作为无效宣告理由提出的意义不大。

（2）关于权利要求4得不到说明书支持的无效宣告理由

请求书中指出：权利要求4没有限定压蒜齿的大小，因此得不到说明书支持，不符合《专利法》的有关规定。

正如前面分析所指出的，说明书在结合附图3描述实施例时明确写明，为进一步解决蒜瓣残留的问题，"在压盘32的下表面上设置多个与出蒜孔5对应的压蒜齿33""其横截面直径小于出蒜孔5的内径，当压盘32压入压筒4内时，压蒜齿33与出蒜孔5一一对应，从而使得挤压更加充分"，权利要求4未写明压蒜器的上述技术手段就无法实现其进一步解决蒜瓣残留的问题，也就是说目前所撰写的从属权利要求4涵盖了其不能进一步解决技术问题的方案，得不到说明书的支持，不符合《专利法》第26条第4款有关权利要求书应当以说明书为依据的规定。

但是，在请求书中，仅指出权利要求没有限定压蒜齿的大小，还应指出权利要求4也没有限定压蒜齿的位置与出蒜孔的位置一一对应，所作分析尚不到位。此外，在分析时，未具体给出所依据的事实在说明书的位置，分析结论处也未给出相关法律条款，因此论述该无效宣告理由的撰写不规范。

（四）根据分析结果向客户A公司给出上述分析结果的信函

根据前面的分析结果，撰写给客户A公司的信函。根据试题要求，在此信函中除起始部分和结尾部分外，只需要逐个分析客户A公司技术人员撰写的无效宣告请求书中各项无效宣告请求理由是否成立，给出结论和具体理由。但是，从国家知识产权局给出的2019年实务试题的解析答案来看，还需要指明此无效宣告请求书的具体分析论述中存在哪些不符合《专利审查指南2010》中有关（如新颖性、创造性）审查原则或审查基准规定之处以及撰写存在哪些不规范之处。

下面给出推荐的向客户A公司说明分析结果的信函。

尊敬的A公司：

很高兴贵方委托我代理机构代为办理有关请求宣告专利号为ZL201721443567.X、名称为"压蒜器"的实用新型专利无效宣告请求的有关事宜。经仔细阅读贵方提供的附件1和2以及对比文件1和2，现对附件2无效宣告请求书中各项无效宣告理由是否成立以及请求书的撰写所存在的问题给出如下分析意见。

1. 权利要求1相对于对比文件1不具备新颖性的无效宣告理由成立，但请求书中将对比文件1作为现有技术的说法不正确

对比文件1是一件他人在涉案专利的申请日前提出申请、申请日后授权公告的中国实用新型专利文件，未构成涉案专利的现有技术，因而请求书在论述权利要求1不具备新颖性时将"对比文件1作为现有技术"是不正确的。

但是，该对比文件1仍可用于评价涉案专利各项权利要求的新颖性。对比文件1公开了一种家用压蒜器（参见对比文件1的说明书第［0005］段和附图1），由压头1（相当于权利要求1中的压蒜部件）、压槽2（相当于权利要求1中的压筒）及两个手柄3（相当于权利要求1中的上下压杆）组成。压头1和压槽2分别设置在两个手柄3的前端（即上压杆靠近前端的位置设有压蒜部件，下压杆上设有与压蒜部件相对应的压筒），手柄3中部设有连接孔，把两个手柄3通过连接孔用铆钉4连接起来（即上压杆和下压杆活动连接），形成一个钳子形状。压槽2顶部开口，底部分布有多个漏孔5（即权利要求1中的出蒜孔）。由此可见，对比文件1公开了权利要求1的全部技术特征，也就是说其公开了权利要求1的技术方案，且两者的技术领域、解决的技术问题和预期效果实质相同，因而，对比文件1公开的家用压蒜器与权利要求1要求保护的压蒜器为同样的实用新型，构成了权利要求1的抵触申请，因此权利要求1相对于对比文件1不具备《专利法》第22条第2款规定的新颖性。❶

需要说明的是，请求书中在分析权利要求1相对于对比文件1不具备新颖性时至少存在三处

---

❶ 考虑到在第二题撰写无效宣告请求书时，对于客户自行撰写的无效宣告请求书中能成立的无效宣告理由将会在第二题中给出完整的说明。在解答第一题时可以像国家知识产权局在《2019年专利代理师资格考试试题解析》一书对专利代理实务科目第一题给出的参考答案那样，对于那些能成立的无效宣告理由，只作出简要的说明，因为这部分的分值主要体现在第二题中；但是，其具体论述存在的不当之处应当在第一题作出说明，以确保取得相应的分值。当然，由于使用计算机考试，也可以在第一题中作出详细说明，然后在解答第二题时将有关内容拷贝过去即可。

撰写不规范：仅指出对比文件1公开了权利要求1的全部技术特征，未明确写明四个实质相同；未指出对比文件1公开内容的出处；最后结论未写明有关新颖性的法律条款。

2. 权利要求1相对于对比文件2不具备新颖性的无效宣告理由成立，但所作分析欠完整

请求书中将对比文件2作为现有技术以及有关对比文件2公开内容的认定基本正确。对比文件2（参见其说明书第［0005］段及附图1）公开的防堵孔压蒜装置包括有上压杆1、下压杆2、第一压臂3、第一压板4和压料筒5，上压杆1和下压杆2的前端部通过销轴连接在一起（即上压杆和下压杆活动连接），下压杆2上设有压料筒5，压料筒5为顶部敞口的筒体，其底部设有供蒜泥通过的多个漏孔（即出蒜孔）；第一压臂3与上压杆1在与压料筒5相对应的位置活动连接，第一压板4与第一压臂3焊接在一起（相当于压蒜部件），结合附图1可知，上述下压杆与压料筒的连接和第一压臂与上压杆的连接就相当于权利要求1中"上压杆（1）靠近前端的位置设有压蒜部件（3），下压杆（2）上设有与压蒜部件（3）相对应的压筒（4）"。由此可知，对比文件2公开了权利要求1的全部技术特征，两者的技术领域、要解决的技术问题、技术方案和预期效果实质相同，因而，对比文件2公开的防堵孔压蒜装置与权利要求2要求保护的压蒜器为同样的实用新型，因此权利要求1相对于对比文件2不具备《专利法》第22条第2款规定的新颖性的无效宣告理由能够成立。

但是，请求书所作分析存在四方面撰写不规范之处：其一，未进一步具体指出对比文件2还公开了压料筒底部设有供蒜泥通过的多个漏孔（相当于权利要求1中的"压筒（4）底部设有多个出蒜孔（5）"），未体现有关同样的发明或者实用新型新颖性审查原则中与权利要求整个技术方案进行对比的要求；❶ 其二，仅指出对比文件2公开了权利要求1的全部技术特征，还应当指出两者在技术领域、所解决的技术问题、预期效果实质相同，在此基础上再认定两者为同样的实用新型，这样的分析才更完整；其三，未指出对比文件2公开内容的出处；其四，在分析结论处未写明有关新颖性的法律条款。

3. 权利要求2和3相对于对比文件2不具备新颖性的无效宣告理由成立，但请求书中所作分析论述仍存在撰写不规范之处

对比文件2中（见说明书第［0005］段）防堵孔压蒜装置的上压杆1和下压杆2的前端部通过销轴连接在一起，对比文件2公开了权利要求2限定部分的附加技术特征，因此在引用的权利要求1相对于对比文件2不具备新颖性时，从属权利要求2相对于对比文件2也不具备《专利法》第22条第2款规定的新颖性。

对比文件2中（见说明书第［0005］段）的防堵孔压蒜装置的第一压臂3与上压杆1在与压料筒5相应的位置活动连接（相当于压臂的上端与上压杆活动连接），第一压板3和第一压臂4焊接在一起（相当于压蒜部件包括压臂和固定连接在压臂下端的压盘），对比文件2公开了权利要求3限定部分的附加技术特征。因此，在引用的权利要求2相对于对比文件2不具备新颖性的前提下，从属权利要求3相对于对比文件2也不具备《专利法》第22条第2款规定的新颖性。

需要提请注意的是，请求书中未结合对比文件2公开的内容作具体分析对比，另在分析结论处未写明与哪一份对比文件相比不具备新颖性，且未写明有关新颖性的法律条款。

---

❶ 国家知识产权局在《2019年专利代理师资格考试试题解析》一书对专利代理实务科目第一题给出的参考答案中指出这一撰写不当之处是"评述中没有遵循新颖性评价的技术特征单独对比原则"是不够准确的。当年与国家知识产权局有关人员进行了沟通，以后会将此类问题归结为未体现"与整个权利要求技术方案进行对比"的要求。

4. 权利要求 4 相对于对比文件 2 和对比文件 1 的结合不具备创造性的无效宣告理由不能成立

对比文件 1 是一件他人在涉案专利的申请日前提出申请、申请日后授权公告的中国实用新型专利文件，未构成涉案专利的现有技术，不能用于评价涉案专利各项权利要求是否具备创造性，因而请求书中将对比文件 1 与对比文件 2 结合起来否定权利要求 4 的创造性明显是错误的。由此可知，权利要求 4 相对于对比文件 2 和对比文件 1 的结合不具备创造性的无效宣告理由不能成立。

此外，请求书中在该无效宣告理由的分析中未指出对比文件公开内容的出处，结论处未写明有关创造性的法律条款，撰写不规范。

5. 关于权利要求 4 相对于对比文件 2 不具备创造性的无效宣告理由不能成立

在对比文件 2 公开的压蒜装置中，第二压板上设有若干凸起且与漏孔一一对应，这些凸起通过第二压板的反向运动起到疏通漏孔的作用，防止压料筒的漏孔被压制的细碎蒜粒堵塞，但这些凸起并不参与碎蒜操作。而在权利要求 4 中，所述压盘上设有多个压蒜齿的作用是使得挤压更加充分，从而将残留的蒜瓣挤碎，提高蒜泥的挤出效率，与对比文件 2 中若干凸起要解决的技术问题和/或所起的功能作用均不相同，因而本领域技术人员没有得到将第二压板上的凸起应用到第一压板上以将压成饼状的蒜瓣进一步挤碎的技术启示。因此，权利要求 4 相对于对比文件 2 不具备创造性的无效宣告理由不成立。

此外，请求书中在给出结论时未体现创造性的结合对比原则，也未给出有关创造性的法律条款，撰写不规范。

6. 关于权利要求 3 和权利要求 4 不符合《专利法实施细则》第 22 条第 1 款规定的无效宣告理由

权利要求 3 和权利要求 4 的确存在主题名称与所引用权利要求的主题名称不一致的缺陷，但是不符合《专利法实施细则》第 22 条第 1 款规定不属于《专利法实施细则》第 65 条第 2 款规定的可以提出无效宣告的理由，因此请求书中不应当将此作为无效宣告理由提出。

但是，由于两者主题名称不一致，就不清楚这两项权利要求到底要求保护压蒜器还是要求保护压蒜部件，可以主张这两项权利要求未清楚限定要求专利保护的范围而不符合《专利法》第 26 条第 4 款规定的无效宣告理由。不过，这一缺陷专利权人可以通过修改权利要求 3 和权利要求 4 的主题名称加以克服，以此作为无效宣告理由提出的意义不大。

7. 权利要求 4 得不到说明书支持的无效宣告理由能够成立，但分析尚不到位

说明书第［0009］段在结合附图 3 描述实施例时明确写明，为进一步解决蒜瓣残留问题，"在压盘 32 的下表面上设置多个与出蒜孔 5 对应的压蒜齿 33""其横截面直径小于出蒜孔 5 的内径，当压盘 32 压入压筒 4 内时，压蒜齿 33 与出蒜孔 5 一一对应，从而使得挤压更加充分"，权利要求 4 限定部分仅写明压盘上设有多个压蒜齿，而未进一步写明压蒜齿设置在压盘下表面上与多个出蒜孔相对应的位置，也未写明其横截面直径小于出蒜孔内径，若两者位置不相对应，或者压蒜齿直径大于出蒜孔，就无法实现其进一步解决挤压充分、提高蒜泥挤出效率的技术问题。也就是说目前所撰写的从属权利要求 4 涵盖了其不能进一步解决技术问题的方案，得不到说明书的支持，不符合《专利法》第 26 条第 4 款有关权利要求书应当以说明书为依据的规定。

但是，需要说明的是，请求书中在论述上述无效宣告理由时仅指出权利要求 4 没有限定压蒜齿的大小，而未同时指出其没有限定压蒜齿与漏孔的位置相对应，分析不到位。此外，分析结论处未给出相关法律条款。

以上是对贵公司技术人员所撰写的无效宣告请求书的分析意见，供贵公司参考。为此，又针

对贵公司所提供的对比文件撰写了一份无效宣告请求书。

××专利代理机构×××

××××年××月××日

（五）为客户A公司撰写提交给国家知识产权局的无效宣告请求书

在前面阅读理解专利文件部分仅分析了该实用新型专利本身是否存在无需证据就可以作为无效宣告理由提出的实质性缺陷，在分析客户A公司技术人员自行撰写的无效宣告请求书中各项无效宣告理由能否成立时仅针对客户所考虑的内容进行分析，在此基础上直接撰写无效宣告请求书还是不够的。需要分析客户所提供的两件证据能否使各项权利要求不具备新颖性或创造性，从而确定无效宣告请求所使用的证据以及这些证据所支持的无效宣告理由，再撰写提交给国家知识产权局的无效宣告请求书。

1. 分析两件证据能否使各项权利要求不具备新颖性或创造性

该实用新型专利权利要求书中包括4项权利要求：独立权利要求1及从属权利要求2～4。前面分析已指出，对比文件1仅可用于判断涉案专利各项权利要求的新颖性，对比文件2构成涉案专利的现有技术，可用作判断涉案专利是否具备新颖性和创造性的对比文件。

前面分析也已指出，权利要求1相对于对比文件1不具备新颖性，权利要求1至3相对于对比文件2不具备新颖性。下面仅仅需要分析对比文件1能否使权利要求2至4不具备新颖性，以及对比文件2与公知常识结合能否使权利要求4不具备创造性。

由于对比文件1公开的家用压蒜器中两个手柄通过铆钉连接起来，形成一个钳子形状，即其连接处位于两个手柄的中间位置，而权利要求2限定部分写明上下杆在前端活动连接，因此对比文件1未公开权利要求2的技术方案，不能否定权利要求2的新颖性。

权利要求3、权利要求4分别对权利要求2和对权利要求2或3保护的压蒜器从结构上作进一步限定，因而当其引用的权利要求相对于对比文件1具备新颖性时，权利要求3和权利要求4相对于对比文件1也具备新颖性。

由于对比文件2公开了第二压板上设置有与压料筒上漏孔位置相对应的凸起，该凸起用于疏通堵塞漏孔的细碎蒜粒，因而本领域技术人员看到对比文件2中第二压板上的凸起能疏通堵塞漏孔的细碎蒜粒，就会联想到若将其用于第一压板上后，就能从上方将漏孔中的蒜泥挤出压筒外，同时还可将压成饼状的蒜瓣进一步挤碎，即本领域的技术人员看到对比文件2中防堵孔压蒜装置的第二压板上设置的凸起，有动机将其应用到该防堵孔压蒜装置的第一压板上来解决蒜泥容易堵塞造成的蒜泥挤出效率不高的技术问题。也就是说，权利要求4相对于对比文件2和本领域公知常识的结合不具备创造性。❶

2. 无效宣告证据的选择和无效宣告理由的确定

根据上述分析，在对该实用新型专利提出无效宣告请求时，可以用对比文件1和对比文件2作为证据，以权利要求1相对于对比文件1不具备《专利法》第22条第2款规定的新颖性、权利要求1～3相对于对比文件2不具备《专利法》第22条第2款规定的新颖性以及权利要求4相对于对比文件2和本领域公知常识的结合不具备《专利法》第22条第3款规定的创造性作为无

---

❶ 国家知识产权局给出的参考答案中未包括权利要求4相对于对比文件2和本领域公知常识的结合不具备创造性这一无效宣告理由，因为考生涉及不同专业，不能要求非机械专业的考生也能看出机械领域方面的公知常识。应试时，非机械专业考生，可以不写入这一无效宣告理由；机械专业考生写入这一无效宣告理由时，务必分析论述准确。但是，在平时无效宣告请求的实务中，最好在请求书中将此作为无效宣告理由提出。

· 135 ·

效宣告理由。

此外，根据前面阅读专利文件时对专利文件本身缺陷所作分析，还可以提出如下三项无效宣告理由：独立权利要求1缺少解决技术问题的必要技术特征，不符合《专利法实施细则》第20条第2款规定；权利要求3和4未清楚限定要求专利保护的范围，不符合《专利法》第26条第4款有关规定；权利要求4未以说明书为依据，不符合《专利法》第26条第4款有关规定。

无效宣告请求范围为全部无效。

3. 撰写无效宣告请求书

无效宣告请求书中应当在起始段对无效宣告请求的法律依据、所针对的涉案专利情况、无效宣告理由和无效宣告请求的范围作出说明。

在列出两件证据（对比文件1和对比文件2）后，先具体说明权利要求1相对于对比文件1不具备新颖性的无效宣告理由；再具体说明权利要求1至3相对于对比文件2不具备新颖性的无效宣告理由；然后具体说明权利要求4相对于对比文件2和公知常识的结合不具备创造性的无效宣告理由。此后，分析说明独立权利要求1缺少解决技术问题必要技术特征的无效宣告理由；再分析说明权利要求3和4以及权利要求4引用权利要求2的技术方案未清楚限定要求专利保护范围的无效宣告理由；接着分析说明权利要求4未以说明书为依据的无效宣告理由；最后给出结尾段。

下面给出推荐的无效宣告请求书。

无效宣告请求书

国家知识产权局：

根据《专利法》第45条和《专利法实施细则》第65条的规定，请求人针对专利号为ZL201721443567.X、申请日为2017年12月12日、名称为"压蒜器"的实用新型专利（下称"该专利"），以该专利不具备《专利法》第22条第2款规定的新颖性、不符合《专利法实施细则》第20条第2款有关独立权利要求应当记载解决技术问题必要技术特征的规定、不符合《专利法》第26条第4款有关权利要求书应当以说明书为依据及清楚限定专利保护范围的规定为无效宣告理由，请求国家知识产权局宣告该专利全部无效。

一、关于证据

请求人提交如下对比文件作为证据使用：

对比文件1：专利号为ZL201721433456.5的中国实用新型专利，申请日为2017年11月22日，授权公告日为2018年6月30日；

对比文件2：专利号为ZL201220789117.7的中国实用新型专利，授权公告日为2013年3月23日。

二、关于不具备新颖性、创造性的无效宣告理由

1. 权利要求1相对于对比文件1不具备《专利法》第22条第2款规定的新颖性

权利要求1请求保护一种压蒜器，对比文件1是该专利申请日前申请、申请日后授权公告的中国实用新型专利文件，公开（参见其说明书第［0005］段和附图1）了一种家用压蒜器，由压头1（相当于权利要求1中的压蒜部件）、压槽2（相当于权利要求1中的压筒）及两个手柄3（相当于权利要求1中的上下压杆）组成。压头1和压槽2分别设置在两个手柄3的前端（即上压杆靠近前端的位置设有压蒜部件，下压杆上设有与压蒜部件相对应的压筒），手柄3中部设有连接孔，把两个手柄3通过连接孔用铆钉4连接起来（即上压杆和下压杆活动连接），形成一个钳子形状。压槽2顶部开口，底部均布有多个漏孔5（即权利要求1中的出蒜孔）。由此可见，对比文件1公开了权利要求1的全部技术特征，也就是说其公开了权利要求1的技术方案，且两

者均属于家用压蒜器这一相同的技术领域，都解决了挤压蒜瓣时比较费力的技术问题，并能达到相同的省力的预期技术效果。因而，对比文件1公开的家用压蒜器与权利要求1要求保护的压蒜器为同样的实用新型，构成了权利要求1的抵触申请，因此权利要求1相对于对比文件1不具备《专利法》第22条第2款规定的新颖性。

2. 权利要求1相对于对比文件2不具备《专利法》第22条第2款规定的新颖性

权利要求1请求保护一种压蒜器。对比文件2的授权公告日在该专利的申请日之前，构成该专利的现有技术，其中（参见其说明书第［0005］段及附图1）公开的防堵孔压蒜装置包括有上压杆1、下压杆2、第一压臂3、第一压板4和压料筒5，上压杆1和下压杆2的前端部通过销轴连接在一起（即上压杆和下压杆活动连接），下压杆2上设有压料筒5，压料筒5为顶部敞口的筒体，其底部设有供蒜泥通过的多个漏孔（即出蒜孔）；第一压臂3与上压杆1在与压料筒5相对应的位置活动连接，第一压板4与第一压臂3焊接在一起（相当于压蒜部件），结合附图1可知，上述下压杆与压料筒的连接和第一压臂与上压杆的连接就相当于权利要求1中"上压杆（1）靠近前端的位置设有压蒜部件（3），下压杆（2）上设有与压蒜部件（3）相对应的压筒"。可知，对比文件2公开了权利要求1的全部技术特征，即两者的技术方案相同，且两者均属于家用压蒜器这一相同的技术领域，都解决了挤压蒜瓣时比较费力的技术问题，并能达到相同的省力的预期技术效果，因而两者为同样的实用新型，因此权利要求1相对于对比文件2不具备《专利法》第22条第2款规定的新颖性。

3. 权利要求2和3相对于对比文件2不具备《专利法》第22条第2款规定的新颖性

从属权利要求2引用了权利要求1，进一步限定权利要求1中的"上压杆（1）前端与下压杆（2）前端活动连接"，对比文件2中（参见其说明书第［0005］段）防堵孔压蒜装置的上压杆1和下压杆2的前端端部通过销轴连接在一起，可知对比文件2公开了权利要求2限定部分的附加技术特征，因此在其引用的权利要求1相对于对比文件2不具备新颖性时，权利要求2相对于对比文件2也不具备《专利法》第22条第2款规定的新颖性。

从属权利要求3引用了权利要求2，进一步限定权利要求2中的"压蒜部件（3）包括压臂（31）和固定连接在压臂（31）下端的压盘（32），压臂（31）的上端与上压杆（1）活动连接"，对比文件2中（参见其说明书第［0005］段和附图1）防堵孔压蒜装置的第一压臂3与上压杆1在与压料筒5相对应的位置活动连接（结合附图1可知相当于压臂的上端与上压杆活动连接），第一压臂4和第一压板3焊接在一起（相当于压蒜部件包括压臂和固定连接在压臂下端的压盘），可知对比文件2也公开了权利要求3限定部分的附加技术特征。因此，在其引用的权利要求2相对于对比文件2不具备新颖性的前提下，从属权利要求3相对于对比文件2也不具备《专利法》第22条第2款规定的新颖性。

4. 权利要求4相对于对比文件2和本领域公知常识的结合不具备《专利法》第22条第3款规定的创造性❶

从属权利要求4引用了权利要求2或3，进一步限定权利要求2或3中压蒜部件的压盘上设有多个压蒜齿，前面已指出对比文件2已公开权利要求2和权利要求3的全部技术特征，则对比

---

❶　国家知识产权局给出的参考答案中未包括权利要求4相对于对比文件2和本领域公知常识的结合不具备创造性这一无效宣告理由，因为考生涉及不同专业，不能要求非机械专业的考生也能看出机械领域方面的公知常识。应试时，非机械专业考生，可以不写入这一无效宣告理由；机械专业考生写入这一无效宣告理由时，务必分析论述准确。但是，在平时无效宣告请求的实务中，最好在请求书中将此作为无效宣告理由提出。

文件 2 公开的防堵孔压蒜装置与权利要求 4 的区别仅仅是其第一压板（相当于权利要求 4 中的压盘）上未设有压蒜齿，即其未公开权利要求 4 限定部分的附加技术特征。由该专利说明书第 [0009] 段记载的该附加技术特征在该专利中所能达到的技术效果可知，权利要求 4 相对于对比文件 2 中由上压杆、下压杆、第一压臂、第一压板和压料筒构成的技术方案来说所解决的技术问题是无法将残留的蒜瓣挤碎并排出压筒，从而降低了蒜泥的挤出效率。

对比文件 2（见其说明书第 [0005] 和 [0006] 段和附图 1）公开的防堵孔压蒜装置的上压杆上与第一压臂相对应位置处活动安装的第二压臂上焊接有第二压板，第二压板上设置有与压料筒上漏孔位置相对应的凸起，该凸起用于疏通堵塞漏孔的细碎蒜粒。虽然按照该专利说明书中所写明的权利要求 4 中的压蒜齿是用于将压成饼状的蒜瓣挤碎，以提高蒜泥挤出效率，但本领域技术人员在看到对比文件 2 中的第二压板上的凸起得知其能疏通堵塞漏孔的细碎蒜粒，就会联想到若将其用于第一压板上后能从上方将漏孔中的蒜泥挤出压筒外，同时还可将压成饼状的蒜瓣进一步挤碎，即本领域的技术人员看到对比文件 2 中防堵孔压蒜装置的第二压板上设置的凸起，有动机将其应用到该防堵孔压蒜装置的第一压板上来解决蒜泥容易堵塞造成的蒜泥挤出效率不高的技术问题。也就是说，对本领域技术人员来说，由对比文件 2 公开的防堵孔压蒜装置将其两个压板上的结构结合起来得到权利要求 4 的技术方案是显而易见的，因而权利要求 4 相对于对比文件 2 和本领域公知常识的结合不具有实质性特点和进步，不具备《专利法》第 22 条第 3 款规定的创造性。

三、其他无效宣告理由

1. 独立权利要求 1 不符合《专利法实施细则》第 20 条第 2 款的规定

由该专利说明书第 [0002] 段和 [0003] 段的文字描述可知，现有技术中由上下压杆构成的压蒜器，用于挤压配合的压头和压筒分开的角度有限，且压杆长度有限，挤压较大的蒜瓣时仍然比较费劲。因而在该专利说明书第 [0004] 段中明确写明本实用新型的目的（即本实用新型要解决的技术问题）是提供一种压蒜器，该压蒜器具有操作方便、节省力气的特点。在该专利说明书第 [0011] 段又明确写明，"虽然本实用新型的压蒜器同样是利用杠杆原理将蒜瓣压碎，但由于将支点的位置调整到上下压杆的前端"，因此"相比于现有的压蒜器操作更为省力，不需施加很大的握压力即可将蒜瓣压碎成蒜泥"。由此可知，该专利是通过将上下压杆的活动连接点调整到上下压杆的前端来解决现有技术中的压蒜器挤压仍然比较费劲的技术问题。但目前授权公告的独立权利要求 1 中仅写明上下压杆活动连接，未写入该专利为解决现有技术压蒜器所存在的挤压仍然比较费力这一技术问题所采用的技术手段——上下压杆在其前端活动连接，可知该独立权利要求 1 未记载该专利解决技术问题的必要技术特征，不符合《专利法实施细则》第 20 条第 2 款有关独立权利要求应当记载解决技术问题的必要技术特征的规定。

2. 权利要求 3 和权利要求 4 不符合《专利法》第 26 条第 4 款有关权利要求书应当清楚限定要求专利保护范围的规定

权利要求 3 和权利要求 4 引用部分写明的主题名称为压蒜部件，其直接引用或间接引用的权利要求 2 引用部分的主题名称为压蒜器，两者不一致，因而不知这两项从属权利要求究竟是请求保护压蒜器还是请求保护压蒜部件，未清楚限定要求专利保护的范围，不符合《专利法》第 26 条第 4 款的规定。

3. 权利要求 4 引用权利要求 2 的技术方案不符合《专利法》第 26 条第 4 款有关权利要求书应当清楚限定要求专利保护范围的规定

权利要求 4 对权利要求 2 或 3 作进一步限定，其限定部分作进一步限定的压盘仅出现在权利要求 3 中，在权利要求 2 中并未出现，因此权利要求 4 引用权利要求 2 的技术方案缺乏引用基础，未清楚限定要求专利保护的范围，不符合《专利法》第26条第4款的规定。

3. 权利要求4未以说明书为依据，不符合《专利法》第26条第4款规定

该专利说明书第［0009］段结合附图3描述实施例时明确写明，为进一步解决蒜瓣残留的问题，"在压盘32的下表面上设置多个与出蒜孔5对应的压蒜齿33""其横截面直径小于出蒜孔5的内径，当压盘32压入压筒4内时，压蒜齿33与出蒜孔5一一对应，从而使得挤压更加充分"，权利要求4限定部分仅写明压盘上设有多个压蒜齿，而未进一步写明压蒜齿设置在压盘下表面上与多个出蒜孔相对应的位置，也未写明其横截面直径小于出蒜孔内径，若两者位置不相对应，或者压蒜齿直径大于或等于出蒜孔，就无法进一步解决挤压充分、提高蒜泥挤出效率的技术问题。也就是说目前所撰写的从属权利要求4涵盖了其不能进一步解决技术问题的方案，得不到说明书的支持，不符合《专利法》第26条第4款有关权利要求书应当以说明书为依据的规定。

综上所述，该专利的权利要求1至3不具备《专利法》第22条第2款规定的新颖性，权利要求4不具备《专利法》第22条第3款规定的创造性，权利要求1不符合《专利法实施细则》第20条第2款有关独立权利要求应当记载解决技术问题的必要技术特征的规定，权利要求3和权利要求4以及权利要求4引用权利要求2的技术方案不符合《专利法》第26条第4款有关权利要求书应当清楚限定专利保护范围的规定，权利要求4不符合《专利法》第26条第4款有关权利要求书应当以说明书为依据的规定，故请求国家知识产权局宣告专利号为ZL201721443567.X、名称为"压蒜器"的实用新型专利全部无效。

无效宣告请求人：A公司

××××年××月××日

四、发明专利申请文件撰写部分试题的应试思路、解析和参考答案

对于发明专利申请文件撰写部分的试题，可按照下述思路进行答题：阅读理解技术交底材料，确定专利申请要求保护的主题；针对该专利申请要求保护的最重要的发明创造撰写独立权利要求；针对该最重要的发明创造撰写从属权利要求；针对其他发明创造撰写独立权利要求，并确定申请策略；在上述工作基础上针对第三题、第四题和第五题分别作出解答，对于第三题，给出为本发明专利申请撰写的权利要求书，对于第四题，针对为本发明专利申请撰写的独立权利要求简述其相对于现有技术具备新颖性和创造性的理由，对于第五题，对前面撰写权利要求书时涉及的多项发明创造说明采用合案申请或分案申请的理由，并给出另案申请的独立权利要求。

（一）阅读理解技术交底材料，确定专利申请要求保护的主题

通过阅读技术交底材料可知，本发明涉及一项要求保护的主题"压蒜器"。

由技术交底材料第一段可知，现有技术中公开的压蒜器，由于压料筒与下手柄是一体的，不容易对压料筒内残留的蒜末进行清理，导致不够卫生。针对此现有技术存在的技术问题，该公司提出一种改进的压蒜器。紧接着，在技术交底材料第三至五段分别给出三种压蒜器的改进结构。这三种结构压蒜器都采用由壳体和可拆卸的出蒜部件构成的压料筒实现方便清理蒜末。

由技术交底材料第六段可知，现有技术中的压蒜器和上述三种结构压蒜器，单手压蒜操作不太方便。针对这一缺陷给出一种对压杆结构作出改进（上压杆的中后段设置有圆弧状下凹部）的压蒜器。

由此可知，本发明压蒜器主要作出两方面改进：方便快捷地清理压料筒内残留的蒜末；便于单手进行压蒜操作。

这两方面改进为彼此可以单独进行的并列改进。从技术交底材料所写情况来看，这两方面改

进中以第一方面改进为主，可以针对这一方面改进撰写本申请的独立权利要求；针对第二方面改进除了可以撰写一项独立权利要求，还可以将其作为第一方面改进的进一步改进，撰写成本申请第一方面改进独立权利要求的从属权利要求。初步判断，针对这两方面改进撰写的两项独立权利要求之间不具有单一性，因而针对第二方面改进撰写的独立权利要求需另行提出申请。

（二）针对该专利申请要求保护的最重要的发明创造撰写独立权利要求

技术交底材料中针对第一方面改进结合附图给出三种不同结构的压蒜器，这三种结构是并列的技术方案。对于这三种并列结构的压蒜器，在撰写独立权利要求时，通常按照下述步骤来进行：分析并列出三种结构的压蒜器的全部技术特征，其中哪些是共有的或相同的技术特征，哪些是不同的技术特征，对于三者不同的技术特征需考虑采用什么样的技术术语进行概括；确定最接近的现有技术及要解决的技术问题；确定解决技术问题的必要技术特征，完成独立权利要求的撰写。

1. 分析并列出三种结构的压蒜器的全部技术特征

下面，依据技术交底材料结合附图给出的三种结构压蒜器的具体结构，列出该要求保护主题所涉及的全部技术特征。

通过阅读技术交底材料第三段、第四段和第五段，可以得知这三种结构压蒜器都包括上压杆和下压杆，上压杆和下压杆在两者的前端部活动连接；在上压杆靠近前端部的位置设有压蒜部件，压蒜部件包括压臂和压盘；在下压杆上相应设有压筒。这些结构与现有技术中压蒜器的结构是一样的。

在技术交底材料第三段给出的第一种结构压蒜器中，压筒包括壳体和可拆卸的内筒。壳体为上下两端开口的筒状结构，其位置靠近下压杆前端，壳体与下压杆连为一体。内筒上端开口，内筒底部开设有多个出蒜孔，内筒的上端边缘设有外翻的折边。

在技术交底材料第四段给出的第二种结构压蒜器中，压筒包括壳体和可拆卸的插片。壳体为上下两端开口的筒状结构，它与下压杆连为一体，位置靠近下压杆前端，在壳体下端沿垂直于壳体轴线的方向开设有插槽，在插槽下方、壳体内壁面上设有一圈环形的凸起，所述凸起从壳体的内壁面沿径向向内延伸。插片的形状大小与壳体内部横截面基本一致，插片上设置有多个出蒜孔，插片的一侧边缘设置有便于插拔插片的把手。

在技术交底材料第五段给出的第三种结构压蒜器中，压筒包括壳体和可拆卸的出蒜筒。壳体为上下两端开口的筒状结构，它与下压杆连为一体，位置靠近下压杆前端。在壳体靠近下端的外壁面设有外螺纹。出蒜筒为上端开口的筒体结构，出蒜筒的底板上设置多个出蒜孔，出蒜筒的内壁设有与壳体上外螺纹相配合的内螺纹，出蒜筒通过螺纹连接在壳体的下端。

可知，这三种结构对现有技术中压筒分别作出了进一步限定：压筒包括壳体和可拆卸的内筒，压筒包括壳体和可拆卸的插片，压筒包括壳体和可拆卸的出蒜筒，内筒、插片和出蒜筒具有相同的功能可拆卸。在技术交底材料最后一段还指出，上述实施方式仅为本发明的优选实施方式，不能以此来限定本发明保护的范围，本领域的技术人员在本发明的基础上所作的任何非实质性的变化及替换均属于本发明所要求保护的范围，比如还可以配置多个出蒜孔尺寸不同的出蒜部件，根据需要更换不同的出蒜部件，从而获得粗细不同的蒜泥。很明显，在技术交底材料的最后这段中将三种结构的内筒、插片和出蒜筒概括为出蒜部件。考虑到通过上面分析得到内筒、插片和出蒜筒具有的相同功能可拆卸，因而可以将压筒的结构概括为：压筒包括壳体和可拆卸的出蒜部件。此外，三种结构中的壳体均为上下两端开口的筒状结构，与下压杆连为一体；三者结构中的出蒜部件上均设有多个出蒜孔，可拆卸地安装在壳体上。这样一来，对于上述三种结构的压筒可概括为如下三个技术特征："压筒包括壳体和可拆卸的出蒜部件""壳体为上下两端开口的筒状结构，与下压杆连为一体"和"出蒜部件上设有多个出蒜孔，可拆卸地安装在壳体上"。

至于第二方面对压杆结构作出的改进，对三种结构压蒜器都适用，因而压杆的改进结构"上压杆的中后段设置有圆弧状的下凹部"也是三种结构压蒜器共有的特征。

通过上述分析，针对本发明第一方面改进先列出三种结构压蒜器的相同技术特征，对其中不同的技术特征采用概括方式加以表征：

① 上压杆；

② 下压杆；

③ 上下压杆两者在前端部活动连接；

④ 压蒜部件，设置在上压杆靠近前端部位置；

⑤ 压蒜部件包括压臂和压盘；

⑥ 压筒，设置在下压杆相应位置上；

⑦ 压筒包括壳体和可拆卸的出蒜部件；

⑧ 壳体为上下两端开口的筒状结构，与下压杆连为一体；

⑨ 出蒜部件上设有多个出蒜孔，可拆卸地安装在壳体上；

⑩ 上压杆的中后段设置有下凹部，该下凹部的尺寸应当使所述压蒜部件的下表面处于所述压筒底部时，该下凹部最低点略高于所述下压杆的上表面。

2. 确定最接近的现有技术及要解决的技术问题

根据试题可知，对于这件发明专利申请，撰写前所了解到的现有技术共有三份对比文件，即无效宣告实务部分试题中的涉案专利以及两份证据（对比文件1和对比文件2）。现从这三份对比文件反映的现有技术中确定这件发明专利申请的最接近的现有技术。

按照《专利审查指南2010》第二部分第四章第3.2.1.1节规定的确定最接近的现有技术原则，首先，选出那些与要求保护的发明创造技术领域相同或相近的现有技术，而在撰写专利申请文件的独立权利要求时，应当选择相同技术领域的现有技术；其次，从这些现有技术中选取出所要解决的技术问题、技术效果或者用途最接近和/或公开了发明创造的技术特征最多的那一项现有技术作为最接近的现有技术。

就该要求保护的发明压蒜器的改进来说，涉案专利、对比文件1和对比文件2都涉及压蒜器，都属于相同技术领域，而从所要解决的技术问题、技术效果或者用途最接近和/或公开了发明创造的技术特征最多来看，显然涉案专利解决的技术问题、技术方案和技术效果与本发明更接近，因此涉案专利是本发明最接近的现有技术。

在技术交底材料第一段中，写明本发明压蒜器可以解决现有技术中压蒜器所存在的不容易对压料筒内残留蒜末进行清理的技术问题。

3. 确定解决技术问题的必要技术特征，完成独立权利要求的撰写

现对前面第1点中针对三种结构压蒜器所列出的10个技术特征进行分析，以确定其中哪些技术特征是解决上述技术问题的必要技术特征。

技术特征①、技术特征②、技术特征④和技术特征⑥是本发明压蒜器4个必不可少的组成部件，应当写入独立权利要求中，且这四个技术特征均是与最接近现有技术（涉案专利）共有的技术特征，应当写入独立权利要求的前序部分。

至于技术特征③，虽然也是与最接近的现有技术涉案专利共有的技术特征，但考虑到本发明中解决蒜末容易清理的三种压筒结构同样能用于涉案专利背景技术部分提到的压蒜器和对比文件1中的压蒜器，因而如果将该技术特征写入独立权利要求的前序部分，则竞争对手将本发明中由壳体和可拆卸出蒜部件构成的压筒应用于目前市场上见到的如涉案专利背景技术部分提到的压蒜器或者对比文件1公开的压蒜器中，就能避开侵权，本发明专利申请就得不到充分的保护。因此对技术特征③应当进行适当地扩展，只需要写明上下压杆活动连接即可，而不必写明在前端部活动连接。考虑到这是与涉案专利共有的技术特征，因而应当将改写后的技术特征③"上下压杆活动连接"作为必要技术特征写入独立权利要求的前序部分。与此同时，应当对技术特征④中压蒜部件的设置位置和技术特征⑥中压筒的设置位置作相应的扩充调整，写明两者的设置位置相对应即可，将技术特征④和技术特征⑥两者写成"压蒜部件和压筒分别设置在上压杆或下压杆上相对应的位置"。

至于技术特征⑤，虽然也是与最接近的现有技术涉案专利共有的技术特征，但其与本发明的改进点并不密切相关，按照《专利审查指南2010》第二部分第二章第3.3.1节的规定，可以不写入独立权利要求的前序部分。尤其是考虑到本发明中解决蒜末容易清理的三种压筒结构同样能用作涉案专利背景技术部分提到的压蒜器和对比文件1中公开压蒜器的改进，而由其中相应的附图可知，其压蒜部件只有一个压头，并不包括压臂和压盘，如将此写入独立权利要求的前序部分，必定使本发明专利申请得不到充分的保护，因此不应当将此作为必要技术特征写入独立权利要求中。

本发明为解决不容易对压料筒内残留蒜末进行清理的技术问题，压筒除了包括与下压杆连为一体的壳体外，还包括可拆卸的出蒜部件，出蒜部件上设有多个出蒜孔，出蒜部件能够可拆卸地从壳体为上下两端开口的筒状结构上取出，以便方便快捷地进行清理。因而上述技术特征⑦、技术特征⑧和技术特征⑨均是解决本发明技术问题的必要技术特征，应当写入独立权利要求。这三个技术特征是本发明与最接近现有技术的区别技术特征。

至于技术特征⑩"上压杆的中后段设置有下凹部，该下凹部的尺寸应当使所述压蒜部件的下表面处于所述压筒底部时，该下凹部最低点略高于所述下压杆的上表面"是本发明第二方面改进方便单手压蒜操作所采取的措施，显然不是本发明第一方面改进解决"不容易对压料筒内残留蒜末进行清理"这一技术问题的必要技术特征，不应写入独立权利要求。但是，可将其作为对本发明第一方面改进作出进一步改进的附加技术特征写入从属权利要求。

通过上述分析，可知技术特征①、技术特征②、技术特征⑦至⑨、改写后的技术特征⑤"上下压杆活动连接"以及将技术特征④和技术特征⑥两者作相应调整且合并改写成的技术特征"压蒜部件和压筒分别设置在上压杆或下压杆上相对应的位置"是本发明解决"不容易对压料筒内残留蒜末进行清理"技术问题的必要技术特征；其中技术特征⑦至⑨是本发明相对于最接近的现有技术涉案专利的区别技术特征，写入独立权利要求的特征部分，而其他几个与涉案专利共有的必要技术特征写入前序部分，从而完成独立权利要求的撰写。

最后完成的独立权利要求如下：

1. 一种压蒜器，包括上压杆、下压杆、压蒜部件和压筒，上压杆与下压杆活动连接，压蒜部件和压筒分别设置在上压杆或下压杆上相对应的位置，其特征在于，所述压筒包括与所述下压杆连为一体的壳体和可拆卸的出蒜部件，该壳体为上下两端开口的筒状结构，该出蒜部件上设有多个出蒜孔，可拆卸地安装在该壳体上。❶

国家知识产权局在《2019年专利代理师资格考试试题解析》一书对于专利代理实务科目撰

---

❶ 国家知识产权局考虑到有不少非机械专业的考生，因而给出的参考答案中并未将本发明的三种改进结构扩展到包括对比文件1中的压蒜器，为此本章还在此后给出国家知识产权局的参考答案。应试时，考生可以对本发明创造不进行扩展，将独立权利要求写成下面给出的国家知识产权局的参考答案；而在平时实务中，应当对本发明创造进行合理的扩展，以使发明创造得到更充分的保护。

写部分给出的参考答案中，考虑到有不少非机械专业的考生，不能要求他们像前面那样作出合理的扩展，因而其给出的答案将前面列出的前九个技术特征均写入独立权利要求中，其中前六个写入前序部分，后三个写入特征部分。下面为国家知识产权局给出的独立权利要求参考答案：

1. 一种压蒜器，包括上压杆和下压杆，上压杆与下压杆在两者的前端部活动连接，在上压杆靠近前端部的位置设有压蒜部件，压蒜部件包括压臂和压盘，在下压杆上相应设有压筒，其特征在于，所述压筒包括与下压杆连为一体的壳体和可拆卸的出蒜部件，壳体为上下两端开口的筒状结构，出蒜部件上具有多个出蒜孔，所述出蒜部件可拆卸地安装在所述壳体上。

（三）针对该最重要的发明创造撰写从属权利要求

在完成独立权利要求的撰写之后，为了形成较好的保护梯度，应当根据技术交底材料披露的技术内容，对从属权利要求进行合理布局，撰写适当数量的从属权利要求。

由于在撰写独立权利要求时已将本发明创造扩展到不限于上下压杆在前端连接的情况，因此首先针对上下压杆在前端连接的优选情况撰写从属权利要求2。

考虑到撰写独立权利要求1时对三种结构压蒜器压筒中的内筒、插片和出蒜筒采用了功能限定的技术特征，即技术交底材料中给出的功能限定部件"可拆卸的出蒜部件"，因此在撰写了从属权利要求2之后，应当针对这三种不同出蒜部件具体结构撰写从属权利要求。考虑到这三种结构中无法再针对其中任两种结构再撰写一项概括的下一层级从属权利要求，则直接针对这三种结构分别撰写从属权利要求。由于第一种和第三种结构中的技术手段都是密不可分的，而第二种结构的多个技术手段并不是密不可分的，因而针对第一种结构撰写了一项从属权利要求3，针对第二种结构撰写了两项从属权利要求4和5，针对第三种结构撰写一项从属权利要求6。

此后，可针对技术交底材料最后一段写明的"配置有多个出蒜孔尺寸不同的可拆卸出蒜部件"再撰写一项从属权利要求7。

此时，针对第一方面改进撰写的从属权利要求仅7项，即使针对后一方面改进撰写从属权利要求，最多可能会有两项。由涉案专利和对比文件2公开的内容可知，为了及时将堵塞的出蒜孔疏通，可以在压蒜部件下表面设置与出蒜孔位置和尺寸相适配的压蒜齿。不妨再针对压蒜部件下表面设置有压蒜齿撰写一项从属权利要求8。❶

最后，以第二方面改进作为第一方面改进的进一步改进，撰写从属权利要求9和10。

下面，进一步具体说明如何完成从属权利要求的撰写。

首先，针对上下压杆在前端连接的优选情况撰写从属权利要求2：

2. 按照权利要求1所述的压蒜器，其特征在于：所述上压杆和下压杆活动连接的位置位于两者的前端，所述压蒜部件设置在上压杆靠近前端部的位置。

其次，针对压蒜器中压筒的三种结构分别撰写下一层级的从属权利要求3至6。由于第一种结构的技术手段是密不可分的，因而针对第一种结构仅撰写一项从属权利要求3；虽然这种结构对权利要求1和权利要求2限定的技术方案都适用，可以引用权利要求1或2，但为了避免在撰写更下一层级的多项从属权利要求时出现引用在前多项从属权利要求的情况，尤其考虑到独立权利要求1扩展后包括的上下压杆在中间部位活动连接的技术方案并不存在不便单手操作的技术问题，本发明第二方面的改进主要针对上下压杆在前端部活动连接的技术方案作出的，因此所撰写

---

❶　由于技术交底材料中未明确写明这一技术内容，应试时可以不再针对这一内容撰写一项从属权利要求。正由于此，国家知识产权局在《2019年专利代理师资格考试试题解析》一书对专利代理实务科目撰写申请文件部分给出的参考答案中，未包含这项从属权利要求。在平时实务中不妨可针对这一内容撰写一项从属权利要求。

的权利要求 3 仅引用权利要求 2：

3. 按照权利要求 2 所述的压蒜器，其特征在于：所述出蒜部件为上端开口的内筒，其上端边缘设有外翻且可抵靠在所述壳体上端面的折边，所述出蒜孔设置在该内筒的底部。❶

由于第二种结构的技术手段并非密不可分，其中可拆卸插片边缘设有便于插拔的把手是一种优选结构，因而针对第二种结构可撰写两项从属权利要求 4 和 5。其中权利要求 4 与权利要求 3 是并列的技术方案，因而也引用权利要求 2；而权利要求 5 是对权利要求 4 的进一步限定，因而仅引用权利要求 4：

4. 按照权利要求 2 所述的压蒜器，其特征在于：所述壳体下端沿垂直于该壳体轴线的方向开设有插槽，该壳体在该插槽下方的内壁面上设有一圈向内延伸的环形凸起，所述可拆卸的出蒜部件为可从该插槽插入、其上设置有所述多个出蒜孔的插片，该插片的形状大小与该壳体内部横截面基本一致。❷

5. 按照权利要求 4 所述的压蒜器，其特征在于：所述插片一侧边缘设置有便于插拔插片的把手。❸

由于第三种结构的技术手段是密不可分的，因而针对第三种结构仅撰写一项从属权利要求 6，其与权利要求 3 和权利要求 4 是并列的技术方案，因而也引用权利要求 2。

6. 按照权利要求 2 所述的压蒜器，其特征在于：所述壳体靠近下端的外壁面上设有外螺纹，所述可拆卸的出蒜部件为上端开口筒体结构的出蒜筒，其内壁设有与该壳体上外螺纹相配合的内螺纹，所述出蒜孔设置在该出蒜筒的底板上。

由于技术交底材料最后一段写明具有多个不同出蒜孔尺寸的可拆卸出蒜部件对三种结构均适用，因此针对这一技术特征撰写的从属权利要求 7 对所有在前的权利要求均适用，而且在前各项权利要求都不是多项从属权利要求，因而该权利要求引用在前各项权利要求中的任一项。

7. 按照权利要求 1 至 6 中任一项所述的压蒜器，其特征在于：所述压蒜器配置有多个出蒜孔尺寸不同的可拆卸的出蒜部件。

此后，针对"压蒜部件下表面上设有多个与出蒜孔位置对应的压蒜齿"撰写一项从属权利要求 8。虽然其对在前的权利要求 1 至 7 中任何一项均适用，但对有不同出蒜孔尺寸的出蒜部件的权利要求 7 需要作出不同的文字限定，且为了避免出现多项从属权利要求 8 引用在前的多项从属权利要求 7，因此该权利要求 8 仅引用在前的权利要求 1 至 6 中任一项。

8. 按照权利要求 1 至 6 中任一项所述的压蒜器，其特征在于：所述压蒜部件下表面设有与

---

❶ 在国家知识产权局《2019 年专利代理师资格考试试题解析》一书对专利代理实务科目撰写申请文件部分给出的参考答案中，该从属权利要求只写明内筒上端设有外翻的折边，未写明内筒与壳体之间的位置关系，严格说来，这一做法并未清楚限定该权利要求。推荐的答案中根据技术交底材料中第三段第六行记载的内容，补充写明该折边直接抵靠在壳体的上端面。

❷ 在国家知识产权局《2019 年专利代理师资格考试试题解析》一书对专利代理实务科目撰写申请文件部分给出的参考答案中，该从属权利要求被拆分成两项从属权利要求，在前一项从属权利要求限定部分只写明"出蒜部件为形状大小与壳体内部横截成基本一致的插片，插片上设置有多个出蒜孔"，而在下一项从属权利要求再进一步限定壳体上开设有供插片插入的插槽，显然前一项从属权利要求未写明插片与壳体如何实现可拆卸的结构，未清楚限定要求专利保护的范围。因而本章建议的参考答案中将这两项从属权利要求合并为一项从属权利要求。

❸ 此项从属权利要求限定部分技术特征是按照技术交底材料给出的文字表述方式撰写而成。在平时实务中，建议写成"所述插片靠近壳体上插槽一侧的边缘设置有便于插拔插片的把手"。

可拆卸出蒜部件上的出蒜孔位置相应，且和出蒜孔尺寸相适配的压蒜齿。❶

最后，针对第二方面改进撰写从属权利要求9。虽然第二方面改进对以上八项权利要求都适用，但为了防止出现多项从属权利要求引用另一项在前的多项从属权利要求，该项从属权利要求9不再引用权利要求7和权利要求8。此外，正如前面所指出的，考虑到独立权利要求1所扩展包括的上下压杆在中间活动连接的技术方案并不存在单手操作不便的技术问题，不需要采用本发明第二方面改进所采取的技术措施，故从属权利要求9也不再引用权利要求1。因而，针对这一技术特征撰写的从属权利要求9只引用在前权利要求2至6中任一项。在撰写权利要求9时，不必限定下凹部的具体形状，然后再针对下凹部的优选形状再撰写一项从属权利要求10。

9. 按照权利要求2至6中任一项所述的压蒜器，其特征在于：所述上压杆的中后段设置有下凹部，该下凹部的尺寸应当使所述压蒜部件的压盘处于所述压筒底部时，该下凹部最低点略高于所述下压杆的上表面。

10. 按照权利要求9所述的压蒜器，其特征在于：所述下凹部为圆弧形。

（四）针对其他发明创造撰写独立权利要求，并确定申请策略

针对本发明专利申请第一方面改进撰写了独立权利要求和从属权利要求之后，就着手针对第二方面改进撰写独立权利要求，步骤大体相同。由于在技术交底材料中仅在第六段中描述了本发明第二方面改进，该独立权利要求的撰写比较简单，只需要从上面列出的本发明技术特征中，确定本发明第二方面改进相对于最接近的现有技术涉案专利所解决技术问题的必要技术特征，并将两者共同的技术特征写入前序部分，其余必要技术特征写入特征部分即可。

在撰写此独立权利要求时，需要注意两点。其一，对于第二方面改进而言，技术交底材料第六段中指出"现有技术以及前述实施方式中的上、下压杆均为直杆，当压筒4内装满蒜瓣时，压蒜部件3的压盘32处于压筒4的端口，此时上压杆1与下压杆2中后段之间的距离太大，无法一只手同时将上、下压杆握住，而必须双手分别握住上、下压杆才能进行操作，从而使得压蒜器操作不太方便。为解决上述问题，我公司还对压蒜器的压杆进行了改进设计"，因而需要考虑对本发明第二方面改进应当扩展到现有技术中哪些压蒜器。显然，第二方面的改进不局限于前述实施方式中压筒包括与下压杆连为一体壳体和可拆卸的出蒜部件的压蒜器，还应包括如涉案专利中压筒是一整体件的压蒜器。至于还需要进一步扩展到什么程度，就需要考虑现有技术中有多少种压蒜器，分析本发明第二方面改进适用于其中哪几种压蒜器，在应试时可以仅就涉案专利和两份对比文件涉及的现有技术作出分析。在这三份现有技术中，可得知现有技术已有两大类压蒜器，即上下压杆在中间部位活动连接和上下压杆在前端部活动连接，对比文件1公开的压蒜器和涉案专利描述现有技术的部分均给出上下压杆在中间部位活动连接的压蒜器，而涉案专利自身的改进和对比文件2均给出了上下压杆在前端活动连接的压蒜器。

根据前面给出的技术交底材料第六段的文字描述可知，本发明第二方面改进主要针对上下压杆均为直杆，且当压筒内装满蒜瓣时，压蒜部件的压盘处于压筒的端口，上压杆与下压杆中后段之间的距离太大，无法一只手同时将上、下压杆握住，而必须双手分别握住上、下压杆才能进行操作，从而使得压蒜器操作不太方便，而造成上下压杆中后段之间距离太大正是由于上下压杆均为直杆，且上下压杆活动连接的部位设置在前端部造成的。而对于前一种上下压杆在中间部位活

---

❶　正如前面所说，由于技术交底材料中未明确写明这一技术内容，在国家知识产权局《2019年专利代理师资格考试试题解析》一书对专利代理实务科目撰写申请文件部分给出的参考答案中，未包含这项从属权利要求。在平时实务中不妨可针对这一内容撰写一项从属权利要求。

动连接的压蒜器，由涉案专利描述背景技术部分的附图和对比文件1的附图可知，上下压杆均不是直杆，且由于两者在中间部位活动连接，因而当压头（即压蒜部件）下表面处于压筒的端口时，上下压杆的中后段之间距离仍在可单手进行操作的范围，因而无须采取本发明第二方面改进的技术手段。由上述分析可知，本发明第二方面改进主要针对上下压杆在前端部活动连接的压蒜器，即在独立权利要求中应当明确写明上压杆与下压杆在前端部活动连接；与此相应，还应当写明压筒设置在下压杆靠近前端的位置，不应当将独立权利要求保护的客体扩展到还包括上下压杆在中间部位活动连接的压蒜器。

其二，由于第二方面改进与第一方面改进是两个并列的改进，也就是相对于现有技术分别解决了两个基本问题，因而针对第二方面改进撰写独立权利要求时，第一方面改进中采用的压筒具体结构不是解决单手压蒜操作不太方便的技术问题的必要技术特征，不应当写入第二方面改进的独立权利要求中。

在独立权利要求的前序部分中，除要求保护的发明或者实用新型技术方案的主题名称外，仅需写明那些与发明或实用新型技术方案密切相关、共有的必要技术特征。考虑到本发明第二方面改进主要涉及压蒜器的上下压杆，因而在前序部分无须对压蒜部件和压筒的结构作进一步具体说明，即在前序部分写明要求保护的主题名称之后，只需写明其"包括上压杆、下压杆、压蒜部件和压筒，上压杆与下压杆在两者的前端部活动连接，压蒜部件设置在上压杆靠近前端部的位置，压筒设置在下压杆上与压蒜部件相对应的位置"写入该独立权利要求的前序部分，而将"上压杆的中后段设置有下凹部，该下凹部的尺寸应当使压蒜部件的压盘处于压筒底部时，下凹部的最低点略高于下压杆的上表面"作为区别特征写入特征部分。

按照上述考虑，针对第二方面改进撰写的独立权利要求如下：

1. 一种压蒜器，包括上压杆、下压杆、压蒜部件和压筒，上压杆与下压杆在两者的前端部活动连接，压蒜部件设置在上压杆靠近前端部的位置，压筒设置在下压杆上与压蒜部件相对应的位置，其特征在于：所述上压杆的中后段设置有下凹部，该下凹部的尺寸应当使所述压蒜部件的压盘处于所述压筒底部时，下凹部的最低点略高于所述下压杆的上表面。❶

下面进一步分析针对两方面改进撰写的两项独立权利要求之间是否属于一个总的发明构思，

---

❶ 在国家知识产权局《2019年专利代理师资格考试试题解析》一书对专利代理实务科目撰写申请文件部分给出的参考答案中，对于另行提出申请的独立权利要求，注意到了技术交底材料第六段中对本发明第二方面改进不应局限于"前述实施方式"的暗示，应当扩大到现有技术中的其他结构的压蒜器，这一点应当予以肯定。但是，由于对现有技术的分析不到位，其答案由"上下压杆在两者前端部活动连接"扩展到"上下压杆活动连接"，从而包括了上下压杆在中间部位活动连接的情况，显然上下压杆在中间部位连接的压蒜器中上下压杆并不是直杆，且此时上下压杆的中后段之间距离仍在可单手进行操作的范围，无须采取本发明第二方面改进的技术手段，因此这样的扩展是不合适的，因而本章给出的推荐答案仍将本发明第二方面的改进局限在上下压杆在前端部活动连接的压蒜器。国家知识产权局对另行提出申请的独立权利要求给出的参考答案为："一种压蒜器，包括上压杆和下压杆，上压杆与下压杆活动连接，在上压杆靠近前端部的位置设有压蒜部件，所述压蒜部件包括压臂和压盘，在下压杆上相应设有压筒，所述压筒上端开口、底部设有多个出蒜孔，其特征在于，所述上压杆的中后段设置有下凹部，当压蒜部件的压盘处于压筒底部时，下凹部的最低点略高于下压杆的上表面。"该独立权利要求除了存在前面所指出的将"上压杆与下压杆在前端部活动连接"不合适地扩展到"上压杆与下压杆活动连接"这一缺陷外，还存在如下两方面缺陷：其一，对于压蒜部件设置位置未作相应文字调整；其二，前序部分写入过多与本发明第二方面改进并不密切相关的技术特征，其中写明"压蒜部件包括压臂和压盘"有可能导致独立权利要求得不到充分的保护，而写明的另一技术特征"压筒上端开口、底部设有多个出蒜孔"虽然不会影响该独立权利要求的保护范围，但该技术特征并未出现在技术交底材料中，仅出现在涉案专利的独立权利要求中，且不写入也不会导致独立权利要求出现不清楚或其他缺陷，因而这一技术特征还是不写入推荐的独立权利要求的前序部分为好。

以确定这两项独立权利要求是合案申请还是分案申请。

针对最重要的发明创造撰写的独立权利要求相对于现有技术的特定技术特征为："所述压筒包括与所述下压杆连成一体的壳体和可拆卸的出蒜部件，该壳体为上下两端开口的筒状结构，该出蒜部件上设有多个出蒜孔，可拆卸地安装在该壳体上"。

针对第二方面改进撰写的独立权利要求相对于现有技术的特定技术特征为："所述上压杆的中后段设置有下凹部，该下凹部的尺寸应当使所述压蒜部件的压盘处于所述压筒底部时，该下凹部的最低点略高于所述下压杆的上表面"。

这两项独立权利要求的特定技术特征既不相同又不相应，说明两者在技术上并不相互关联，不属于一个总的发明构思，不符合《专利法》第31条有关单一性的规定，应当作为两件专利申请提出。

根据试题要求，就不再针对第二方面改进的发明创造撰写从属权利要求了。

（五）解答第三题，给出推荐的发明专利申请的权利要求书答案

通过前面分析可知，针对本发明两方面改进撰写的两项独立权利要求之间不具有单一性，针对第二方面改进撰写的独立权利要求需另行提出申请，因而可以将前面针对第一方面改进撰写的独立权利要求和从属权利要求作为第三题的解答内容。下面给出推荐的本发明专利申请的权利要求书的答案。

1. 一种压蒜器，包括上压杆、下压杆、压蒜部件和压筒，上压杆与下压杆活动连接，压蒜部件和压筒分别设置在上压杆或下压杆上相对应的位置，其特征在于，所述压筒包括与所述下压杆连为一体的壳体和可拆卸的出蒜部件，该壳体为上下两端开口的筒状结构，该出蒜部件上设有多个出蒜孔，可拆卸地安装在该壳体上。

2. 按照权利要求1所述的压蒜器，其特征在于：所述上压杆和下压杆活动连接的位置位于两者的前端，所述压蒜部件设置在上压杆靠近前端部的位置。

3. 按照权利要求2所述的压蒜器，其特征在于：所述出蒜部件为上端开口的内筒，其上端边缘设有外翻且可抵靠在所述壳体上端面的折边，所述出蒜孔设置在该内筒的底部。

4. 按照权利要求2所述的压蒜器，其特征在于：所述壳体下端沿垂直于该壳体轴线的方向开设有插槽，该壳体在该插槽下方的内壁面上设有一圈向内延伸的环形凸起，所述可拆卸的出蒜部件为可从该插槽插入、其上设置有所述多个出蒜孔的插片，该插片的形状大小与该壳体内部横截面基本一致。

5. 按照权利要求4所述的压蒜器，其特征在于：所述插片一侧边缘设置有便于插拔插片的把手。

6. 按照权利要求2所述的压蒜器，其特征在于：所述壳体靠近下端的外壁面上设有外螺纹，所述可拆卸的出蒜部件为上端开口筒体结构的出蒜筒，其内壁设有与该壳体上外螺纹相配合的内螺纹，所述出蒜孔设置在该出蒜筒的底板上。

7. 按照权利要求1至6中任一项所述的压蒜器，其特征在于：所述压蒜器配置有多个出蒜孔尺寸不同的可拆卸的出蒜部件。

8. 按照权利要求1至6中任一项所述的压蒜器，其特征在于：所述压蒜部件下表面设有与可拆卸出蒜部件上的出蒜孔位置相应，且和出蒜孔尺寸相适配的压蒜齿。

9. 按照权利要求2至6中任一项所述的压蒜器，其特征在于：所述上压杆的中后段设置有下凹部，该下凹部的尺寸应当使所述压蒜部件的压盘处于所述压筒底部时，该下凹部最低点略高于所述下压杆的上表面。

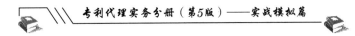

10. 按照权利要求9所述的压蒜器，其特征在于：所述下凹部为圆弧形。

（六）解答第四题，简述所撰写的独立权利要求具备新颖性和创造性的理由

完成第三题的解答后，就可以着手完成第四题的解答，即说明所撰写的本发明专利申请权利要求书中的独立权利要求相对于现有技术具备新颖性和创造性的理由。此题的解答类似于答复审查意见通知书中针对修改后的独立权利要求或者原独立权利要求论述其具备新颖性和创造性的理由。在具备新颖性的论述中应当体现新颖性判断的单独对比原则，并且体现同样的发明或实用新型原则中的技术方案整体对比。在具备创造性的论述中应当体现结合对比原则，在分析论述中既要按照"三步法"说明其相对于现有技术的结合具有突出的实质性特点，又要论述其相对于现有技术具有显著的进步。此外，在上述两部分的分析论述过程中，既要结合具体案情（例如指出对比文件公开内容的位置、公开了什么具体技术内容）作出说明，又要包括必要的格式句（如创造性"三步法"），而且在结论处应当体现相应法条依据。

下面给出推荐的第四题参考答案。

在涉案专利公开的压蒜器（参见其说明书第［0008］段至［0011］段，附图1至3）中，与下压杆一体成型的压筒不是由壳体和可拆卸的出蒜部件构成的，由此可知，涉案专利未公开所撰写的独立权利要求1特征部分的技术特征："所述压筒包括与下压杆连为一体的壳体和可拆卸的出蒜部件，该壳体为上下两端开口的筒状结构，该出蒜部件上设有多个出蒜孔，可拆卸地安装在该壳体上"，因而，涉案专利未公开该独立权利要求1的技术方案，与该独立权利要求1的技术方案不是同样的发明创造，因此独立权利要求1相对于涉案专利具备《专利法》第22条第2款规定的新颖性。

对比文件1公开（参见其说明书第［0005］段和附图1）的家用压蒜器中，压槽（即独立权利要求1中的压筒）设置在手柄的前端，未公开该压槽包括壳体和可拆卸的出蒜部件，可知对比文件1也未公开独立权利要求1的技术方案，因而对比文件1与该独立权利要求1的技术方案不是同样的发明创造，因此独立权利要求1相对于对比文件1也具备《专利法》第22条第2款规定的新颖性。

对比文件2公开（参见其说明书第［0005］段和［0006］段，附图1）的防堵孔压蒜装置的压料筒（即独立权利要求1中的压筒）也不包括壳体和可拆卸的出蒜部件，可知对比文件2也未公开独立权利要求1的技术方案，因而对比文件2与该独立权利要求1的技术方案不是同样的发明创造，因此独立权利要求1相对于对比文件2也具备《专利法》第22条第2款规定的新颖性。

三项现有技术与本发明的技术领域相同。在三项现有技术中，涉案专利相对于另两项现有技术来说，公开本发明的技术特征更多，因此涉案专利是本发明最接近的现有技术。

所撰写的独立权利要求1与涉案专利相比，其区别特征为：压筒包括与下压杆连为一体的壳体和可拆卸的出蒜部件，该壳体为上下两端开口的筒状结构，可拆卸的出蒜部件上设有多个出蒜孔，可拆卸地安装在该壳体上。由此区别特征在本发明所能达到技术效果（压蒜后可将出蒜部件取出清洗）可知，本发明独立权利要求1相对涉案专利实际解决的技术问题是涉案专利公开的压蒜器不容易对压筒内残留蒜末进行清理。

对比文件1和对比文件2中均未披露上述区别技术特征，且上述区别技术特征也不是本领域技术人员用于解决上述技术问题的惯用手段。也就是说，对比文件1和对比文件2以及本领域的公知常识未给出将上述区别技术特征应用到涉案专利的压蒜器中来解决上述技术问题的技术启示，对本领域的技术人员来说，所撰写的独立权利要求1相对于涉案专利、对比文件1和对比文件2以及本领域公知常识的结合是非显而易见的，因而具有突出的实质性特点。

由于在独立权利要求1的技术方案中，压筒包括壳体和可拆卸的出蒜部件，在压蒜后可以方便地将可拆卸的出蒜部件取出，及时清洗，相对于现有技术具有有益的技术效果，即具有显著的进步。

由此可知，所撰写的独立权利要求1相对于涉案专利、对比文件1和对比文件2以及本领域公知常识的结合具有突出的实质性特点和显著的进步，具备《专利法》第22条第3款规定的创造性。

（七）解答第五题，简述合案申请和/或分案申请理由，并撰写另案申请的独立权利要求

解答完第四题后，就可按照前面（四）中所作分析，着手解答第五题。下面给出第五题的推荐答案。

另行提出申请的独立权利要求为：

1. 一种压蒜器，包括上压杆、下压杆、压蒜部件和压筒，上压杆与下压杆在两者的前端部活动连接，压蒜部件设置在上压杆靠近前端部的位置，压筒设置在下压杆上与压蒜部件相对应的位置，其特征在于：所述上压杆的中后段设置有下凹部，该下凹部的尺寸应当使所述压蒜部件的压盘处于所述压筒底部时，下凹部的最低点略高于所述下压杆的上表面。

针对第一方面改进撰写的独立权利要求相对于现有技术的特定技术特征为"所述压筒包括与所述下压杆连为一体的壳体和可拆卸的出蒜部件，所述壳体为上下两端开口的筒状结构，所述出蒜部件设有多个出蒜孔，可拆卸地安装在该壳体上"，从而可方便地对压筒内残留的蒜末进行清洗。

针对第二方面改进撰写的独立权利要求相对于现有技术的特定技术特征为"所述上压杆的中后段设置有下凹部，该下凹部的尺寸应当使所述压蒜部件的压盘处于所述压筒底部时，该下凹部的最低点略高于所述下压杆的上表面"，从而可方便地用单手进行压蒜操作。

这两项独立权利要求的特定技术特征（相对现有技术作出贡献的技术特征）既不相同，且各自采用彼此无关的技术手段解决不同的技术问题，两者在技术上并不相互关联，因而两者的特定技术特征也不相应。即这两项独立权利要求之间并不包含相同或相应的特定技术特征，不属于一个总的发明构思，不符合《专利法》第31条第1款有关单一性的规定，应当作为两件专利申请提出。

第四章

第五章　2020年专利代理实务科目仿真模拟试题

鉴于国家知识产权局从2020年起不再公布当年专利代理师资格考试试题和答案，且在三五年内不会出版有关试题解析内容的考前辅导教材，根据考生对2020年专利代理实务科目试题的回忆内容编写了本章内容。由于本章是根据考生回忆试题内容编写的，与原试题内容难免会有出入，编写组力求将原试题的所有考点都包括在内，以供考生参考。

在本章中，首先，给出根据考生回忆编写的模拟试题内容；其次，在"对试题内容的理解"部分说明该试题内容包括无效宣告请求实务和申请文件撰写两个部分；最后，针对这两部分试题内容分别具体说明应试思路并给出参考答案。建议考生在阅读模拟试题内容之后，先自行解答此模拟试题，然后再看两部分试题内容的应试思路和参考答案，比较一下自己的答题思路和答案与给出的应试思路和参考答案有哪些不同之处，从而更好地掌握专利代理实务科目的应试技巧。

一、模拟试题内容

试题说明

客户A公司委托你所在的代理机构提出涉案专利无效请求，提供了涉案专利（附件1）、对比文件1～2、A公司技术人员撰写的无效宣告请求书（附件2），以及A公司所研发产品的技术交底材料（附件3）。

1. 请你具体分析客户所撰写的无效宣告请求书中的各项无效宣告理由是否成立，并将结论和具体理由以信函的形式提交给客户。

2. 请你根据客户提供的材料为客户撰写一份无效宣告请求书，在无效宣告请求书中要明确无效宣告请求的范围、理由和证据，要求以《专利法》及其实施细则中的有关条、款、项作为独立的无效宣告理由提出，并结合给出的材料具体说明。

3. 请你根据技术交底材料，综合考虑客户提供的涉案专利和两份对比文件所反映的现有技术，为客户撰写一份发明专利申请的权利要求书。

4. 如果认为应当提出一份专利申请，则应撰写独立权利要求和适当数量的从属权利更求；如果在一份专利申请中包含两项或两项以上的独立权利要求，则应说明这些独立权利要求能够合案申请的理由；如果认为应当提出多份专利申请，则应说明不能合案申请的理由，并针对其中的一份专利申请撰写独立权利要求和适当数量的从属权利要求，对于其他专利申请，仅需撰写独立权利要求。

5. 请说明你所撰写的独立权利要求具有新颖性和创造性的理由，如果你撰写了多件申请，只需陈述第一独立权利要求具有新颖性和创造性的理由。

附件1（涉案专利）：

（19）中华人民共和国国家知识产权局

（12）实用新型专利

（45）授权公告日　2018.09.12

（21）申请号　201721234567.X

（22）申请日　2017.12.04

（73）专利权人　B公司

（其余著录项目略）

权 利 要 求 书

1. 一种手机支架，包括底座（1）、支撑杆（2）、支撑板（3）以及设置在支撑板（3）上的挡板（4），支撑杆（2）固定在底座（1）上，其特征在于，支撑杆（2）通过角度调节机构与支撑板（3）连接。

2. 根据权利要求1所述的手机支架，所述角度调节机构为阻尼转轴结构（5）。

3. 根据权利要求1或2所述的手机支架，所述支撑板（3）的上表面设置有防滑层（6），最好是硅胶层。

4. 一种手机支架，包括底座（1）、支撑杆（2）、支撑板（3）以及设置在支撑板（3）上的挡板（4），支撑杆（2）固定在底座上，其特征在于，支撑杆（2）包括内管（21）和外管（22），用于调节支撑杆（2）的高度。

说　明　书

手机支架

［0001］ 本实用新型涉及一种用于在观看手机时放置手机的手机支架。

［0002］ 目前手机已成为一种人们日常生活中的必需品。人们在不同条件下观看手机会对手机所处角度有不同的要求。现有技术中已经有一种可改变手机观看角度的手机支架。该手机支架的底座有四个凹槽，左边一个便于卡接支撑板的一角，右侧三个凹槽用作支撑杆的定位槽，通过变换支撑杆的位置，来改变手机的观看角度。由于该手机底座上只有三个定位槽，因而只能对手机提供三个观看角度，不能满足人们对手机不同观看角度的需要。

［0003］ 本实用新型的主要目的是提供一种能提供各种手机观看角度的支架，从而满足人们以不同角度观看手机的需要。

［0004］ 为解决上述问题，在本实用新型手机支架中，支撑杆通过角度调节机构与支撑板来连接。

［0005］ 本实用新型进一步的目的是提供一种能调节手机高度位置的手机支架，以适应不同身高者观看手机时其视线大体上与手机所处高度持平的要求。

［0006］ 为解决上述问题，在本实用新型手机支架中，支撑杆包括伸缩段和固定段，以调节支撑杆的高度。

［0007］ 图1是现有技术手机支架的结构示意图。

［0008］ 图2是本实用新型手机支架的结构示意图。

［0009］ 如图2所示，本实用新型的手机支架包括底座1、支撑杆2、支撑板3以及设置在支撑板上的挡板4，支撑杆2固定在底座1上，支撑杆2与支撑板3通过阻尼转轴结构5连接，可以调节支撑板3和支撑杆2之间角度，从而可以将手机调节到任意倾斜角度，从而满足人们以各种角度观看手机的需求。

［0010］ 支撑板3的上表面设置有防滑层6，最好是硅胶层，以防止在调节手机观看角度时滑动。

［0011］ 此外，本实用新型为了能解决手机支架调整高度的问题，支撑杆2包括作为伸缩段的内管21和作为固定段的外管22，外管22固定连接在底座1上，内管21可相对于外管22上下伸缩移动，以调节支撑杆的高度，且内管21和外管22之间采用阻尼连接方式，从而实现对调节高度的定位。

第五章

说　明　书　附　图

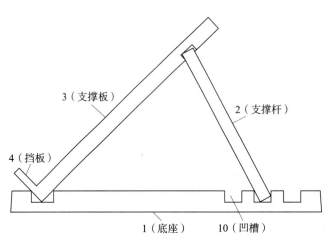

图 1　现有技术

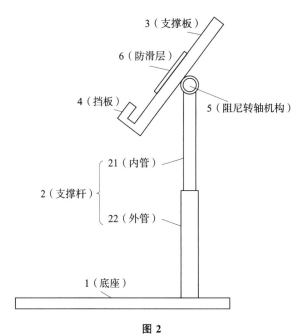

图 2

对比文件1：

（19）中华人民共和国国家知识产权局

<h1 style="text-align:center">（12）实用新型专利</h1>

（45）授权公告日　2016.08.10

（21）申请号　201521065432.1

（22）申请日　2015.10.14

（73）专利权人　×××

　　（其余著录项目略）

第五章

说 明 书

手机支架

[0001] 本实用新型涉及一种手机支架。

[0002] 现有技术的手机支架中，支撑板和支撑杆之间的连接角度是固定的，观看手机时不能改变手机的倾斜角度，不能满足人们对手机观看角度的要求。

[0003] 本实用新型的主要目的是提供一种能为观看者提供所需要的观看角度的手机支架。

[0004] 为解决上述问题，在本实用新型手机支架中，支撑杆与支撑板之间通过挠性管来连接。

[0005] 图 1 是本实用新型手机支架的结构示意图。

[0006] 如图 1 所示，本实用新型手机支架包括底座 1、支撑杆 2、支撑板 3 以及设置在支撑板 3 上的挡板 4，支撑杆 2 固定在底座 1 上，支撑杆 2 顶端与挠性管 5 连接，挠性管 5 另一端与支撑板 3 下方中部位置采用球铰接 6。此挠性管 5 可以多角度转动，通过转动和折弯挠性管 5 实现对支撑板 3 位置的调节，从而使放置于支撑板 3 上的手机位于观看者所需要的倾斜观看角度。

第五章

说 明 书 附 图

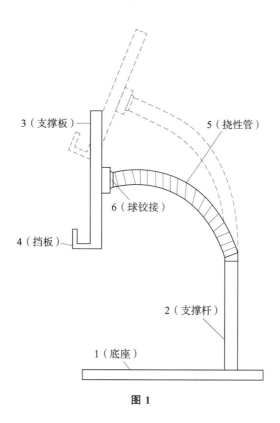

图 1

对比文件2：

（19）中华人民共和国国家知识产权局

（12）实用新型专利

（45）授权公告日　2016.12.08

（21）申请号　201620123432.5

（22）申请日　2016.01.12

（73）专利权人　×××

（其余著录项目略）

说　明　书

手机支架

[0001]　本实用新型涉及一种手机支架。

[0002]　现有技术的手机支架中，支撑板与支撑杆固定连接，因而放置手机的支撑板相对于桌面的倾斜角度是固定的，不能随着观看者的习惯而改变角度，给观看者带来不便。

[0003]　本实用新型旨在提供一种手机支架，其能解决现有技术中手机支架所存在的不能根据观看者的需求来调节手机观看角度这一技术问题。

[0004]　为解决上述问题，在本实用新型手机支架中，在支撑板和支撑杆之间采用由转销和转套组成的阻尼转轴结构进行连接。

[0005]　图1是本实用新型手机支架的结构示意图。

[0006]　如图1所示，手机支架包括支撑板2和背板1，背板1的上端通过阻尼结构5与支撑板2的上端铰接。该阻尼结构5由设置在背板1上端的阻尼转轴51和设置在支撑板2上端的阻尼转套52构成，阻尼转轴51和阻尼转套52两者之间的尺寸配合应当达到既能在使用较大力时使两者相对转动，而当转动到需要的位置时又因两者之间的摩擦力而形成定位。这样一来，观看者观看手机时，可根据个人的习惯转动该连接背板1和支撑板2的阻尼结构5，当两者之间的角度达到观看者所希望的位置时，背板1的上端同时起到使该支撑板2保持在所需倾斜角度的支撑作用。

[0007]　支撑板2的下端设有边沿3，边沿3远离支撑板2的一侧设置有限位件4，从而可以在观看时将手机放置于由支撑板2和限位件4形成的空间内。在限位件4的球头端包覆有一层硅胶层，以防止限位件4在放置或取出手机时擦伤手机的屏幕。

第五章

说 明 书 附 图

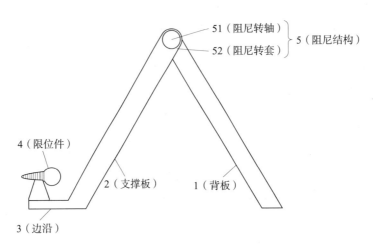

图 1

附件2（客户撰写的无效宣告请求书）：

无效宣告请求书

（一）关于新颖性和创造性

1. 权利要求1相对于对比文件1不具备新颖性

对比文件1公开了一种手机支架，包括底座1、支撑杆2、支撑板3以及设置在支撑板上的挡板4，支撑杆2固定在底座上，支撑杆2顶端与挠性管5连接。可知对比文件1公开了权利要求1的全部技术特征，因此，权利要求1相对于对比文件1不具备新颖性。

2. 权利要求2相对于对比文件1和对比文件2的结合不具备创造性

对比文件2公开了权利要求2的附加技术特征，因此权利要求2相对于对比文件1和对比文件2的结合不具备创造性。

3. 权利要求3相对于对比文件1和2的结合也不具备创造性

权利要求3引用了权利要求1或2，对比文件2还公开了硅胶层，因此在权利要求2相对于对比文件1和2的结合不具备创造性的前提下，权利要求3也不具备创造性。

（二）其他无效宣告理由

4. 权利要求3保护范围不清楚。

5. 权利要求1和权利要求4不具有单一性

权利要求1技术方案的目的是提供一种能调节各种手机观看角度的手机支架，权利要求4技术方案的目的是提供一种能调节手机高度位置的手机支架，两者解决的技术问题不一样，所以，权利要求1和权利要求4不具有单一性。

因此，请求宣告涉案专利全部无效。

第
五
章

附件3（技术交底材料）：

现有技术中手机支架都是直接将其底座放置在桌面上进行观看的。如果安放手机支架底座的位置过于窄小或者不小心碰到手机支架，则会出现手机支架不稳而倾倒的情况，尤其是在如行驶的火车或汽车这种动态环境下更容易倾倒。

我公司针对手机支架所存在的上述技术问题，提出了一种改进的手机支架，采用具有夹持功能的部件来替代现有技术中手机支架的底座，从而可以将手机支架夹持在桌面、书架或汽车出风口等地方。

图1和图2为我公司改进的手机支架的结构示意图。手机支架包括夹子1、支撑杆2和支撑板3，支撑板3的下端设置有挡板4。支撑杆2上端通过球铰接5方式与支撑板3连接，从而可调节支撑板的倾斜角度。夹子1包括上夹板11、下夹板12和弹性组件13，弹性组件13包括弹簧131和销轴132。上夹板11一端的两侧具有两个与其一体成型的上支承板111，下夹板12一端与上夹板11的上支承板111相对应位置的内侧也具有两块与其一体成型的下支承板121，上支承板111和下支承板121上开有销孔，用于支承弹簧组件13的销轴132，上夹板11、下夹板12与上下支承板111、121之间形成有容纳弹性组件13的空间，先将弹簧131套装在销轴132上，再将销轴132两端分别穿过上、下夹板两侧支承板的销孔，弹簧131的两端分别与上夹板11和下夹板12相固定，从而弹簧的弹性力使上下两夹板的另一端抵触在一起，呈A字形。支撑杆2下端固定连接在夹子1的上夹板11上。

在这种手机支架结构中，用夹子1来代替现有技术中的底座。安放手机支架时，用两个手指捏住上下夹板相分开的一端，其克服弹性组件13中弹簧131的弹性力而将上下夹体的另一端张开，从而将该张开的一端夹住桌面、书架或汽车出风口处，然后松手，则借着弹性组件13中弹簧131的弹性力而将手机支架牢牢固定在其所在位置上。

图3是我公司改进的另一种手机支架的结构示意图。相同的部件和结构不再重复描述。在这种手机支架中，用另一种弹性夹1来代替现有技术中的底座，弹性夹1包括第一夹持部11、第二夹持部12及连接第一夹持部11和第二夹持部12的底板13，两个夹持部11和12自身具有弹性，同时固定于底板13的一侧，两者之间的距离略小于待夹持件厚度，底板13的另一侧与支撑杆2下端固定连接。

当需要安放手机支架时，将两个夹持部与底板形成的凹口对准待夹持件（如汽车出风口的壁）用力推送，由于两个夹持部11和12自身具有弹性，则紧紧地夹持在汽车出风口的壁上，从而手机支架稳固地夹持在汽车出风口处，使得弹性夹1能够夹持在汽车出风口处。其中优选第一夹持部11和第二夹持部12具有相同的形状和结构。

图4是我公司改进的又一种手机支架的结构示意图。相同的部件和结构不再重复描述。这种手机支架包括夹板1、支撑杆2和支撑板3，支撑杆2下部为带外螺纹的螺杆131。夹板1包括第一夹持部11、第二夹持部12，以及由支撑杆2下部的螺杆131和与之相配的螺母132构成的连接组件13。第一夹持部11上设置有供支撑杆2下部的螺杆131穿过的通孔。组装时，先将螺母132拧到已与支撑板3相铰接的支撑杆2下部的螺杆131上，然后将支撑杆2下部穿过第一夹持部11上的通孔，并将支撑杆2下端固定在第二夹持部12，从而得到组装后的手机支架。

安装手机支架时，可将第一夹持部11向上移动，然后将第一夹持部11和第二夹持部12分别置于待夹持物件的两侧，通过旋转螺母132向下运动而将手机支架稳固地夹持在待夹持的壁面上。

我公司还对原有手机支架支撑板上表面设置的防滑层作出改进。该防滑层包括硅胶层和位于硅胶层下方的黏胶层，这样一来，当硅胶层用久防滑性能降低后，可以十分方便地更换硅胶层。

上述实施方式仅为本发明的优选实施方式，不能以此来限定本发明的保护范围，本领域的技术人员在本发明的基础上所作的任何非实质性的变化及替换均属于本发明所要求保护的范围。比如，支撑杆2和支撑板3除了可以通过球铰接5的方式连接外，还可以采用如转轴阻尼结构那样的角度调节机构来连接，当然两者还可以直接固定连接；又如，对于夹子、弹性夹和夹板，还可以采用其他包括第一夹持部、第二夹持部及将两夹持部连接起来的连接组件的具有夹持功能的组件。

技术交底材料附图

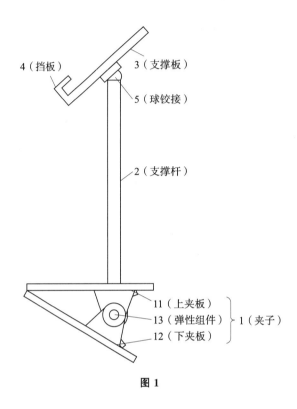

图 1

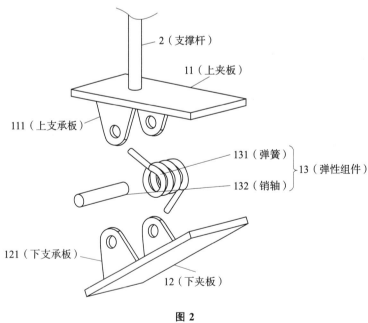

图 2

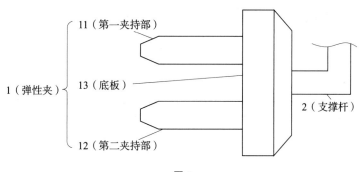

图 3

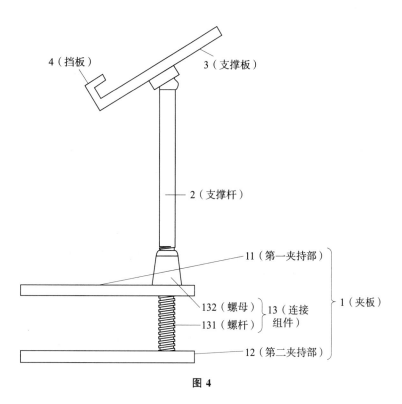

图 4

第五章

二、对试题内容的理解

由试题说明可知，本试题包括两部分：前两题涉及无效宣告请求实务，后三题涉及申请文件撰写实务。

在该无效宣告请求实务的两道试题中，第一题是向客户（无效宣告请求人 A 公司）给出咨询意见，第二题是为客户撰写无效宣告请求书。其中第一题并不像"基础实务篇"第三章第一节中写明的那样向请求人给出咨询意见，如果将客户 A 公司技术人员自行撰写的无效宣告请求书作为一件请求人提交的无效宣告请求书，其中分析无效宣告请求书中各项无效宣告理由是否成立的咨询意见实质上就相当于"基础实务篇"第三章第二节中向专利权人给出对无效宣告请求书的咨询意见。但是，该咨询意见的内容还包括了更多的内容。按照国家知识产权局给出的历年试题答案来看，除说明请求书中的各项无效宣告理由是否成立外，还需要指明其具体分析论述中存在哪些不符合《专利审查指南2010》中有关（如新颖性、创造性）审查原则或审查基准规定之处，甚至还需要指出无效宣告请求书的撰写存在哪些不规范之处。第二题是典型的无效宣告请求书撰写试题。

后三道有关申请文件撰写部分的试题是典型的申请文件撰写试题。第三题就是针对客户所提供的附件3有关改进的手机支架的技术交底材料，并以前一部分无效宣告请求实务试题中拟提出无效宣告请求的实用新型专利（附件1）和两份证据（对比文件1、对比文件2）作为现有技术，为客户撰写一份发明专利申请的权利要求书。第四题和第五题考核考生有关专利代理基本知识的掌握、分析和应用能力：第四题指出前一题撰写权利要求书时涉及的多项发明创造是采用合案申请还是分案申请，并说明理由，考核考生对单一性这一基本概念的掌握程度；第五题涉及两个最重要的专利代理实务基本知识——新颖性和创造性，要求考生针对最重要的发明创造撰写的独立权利要求说明其相对于现有技术具备新颖性和创造性的理由，该题的答案能反映考生在答复审查意见通知书时论述权利要求具备新颖性和创造性的争辩能力。

鉴于上面对试题内容的理解，下面先针对第一部分的试题即无效宣告请求实务试题给出应试思路，并通过具体分析给出参考答案，然后针对第二部分试题即发明专利申请文件撰写实务试题给出应试思路，并通过具体分析给出参考答案。

三、无效实务部分试题的应试思路、解析和参考答案

根据前面对无效宣告请求实务部分试题内容的理解，这部分试题的应试思路按下述五步进行：阅读理解拟提出无效宣告请求的实用新型专利文件；分析客户 A 公司提供的两件证据（对比文件1和对比文件2）的相关性；分析客户 A 公司技术人员自行撰写的无效宣告请求书中各项无效宣告理由是否成立以及撰写存在的问题；根据分析结果向客户 A 公司给出上述分析结果的信函；为客户 A 公司撰写提交给国家知识产权局的无效宣告请求书。

（一）阅读理解拟提出无效宣告请求的实用新型专利文件

在阅读理解该实用新型专利文件时需要进行下述两方面的工作：理解该实用新型专利各项权利要求的技术方案；分析专利文件本身是否存在可作为无效宣告理由的缺陷。

1. 理解该实用新型各项权利要求的技术方案

由权利要求书中涉及的四项权利要求与说明书第［0002］段至［0006］段和第［0009］段至［0011］段的内容可知，本实用新型专利包括两项实用新型：独立要求要求1及从属权利要求2和3要求保护可调节各种手机观看角度的手机支架；独立权利要求4要求保护能调节手机高度位

置的手机支架。

由独立权利要求 1 的技术方案、说明书第［0009］段结合附图 2 作出的具体说明和第［0004］段的内容可知，独立权利要求 1 要求保护一种可对手机支撑板倾斜角度进行调节的手机支架，该手机支架包括底座、支撑杆、支撑板以及设置在支撑板上的挡板，支撑杆固定在底座上，支撑杆通过角度调节机构与支撑板连接。这种手机支架，通过角度调节机构来调节手机支撑板相对于支撑杆的倾斜角度。

权利要求 2 对权利要求 1 作进一步限定，限定其中的角度调节机构为阻尼转轴结构，其相应于说明书第［0009］段结合附图 2 说明的具体实施例，从而可以将手机调节到任意倾斜角度。

权利要求 3 对权利要求 1 或 2 作进一步限定，限定其中支撑板的上表面设置有防滑层，最好是硅胶层，其相应于说明书附［0010］段结合附图 2 作出的文字描述。这种支撑板上表面设置有防滑层的手机支架可以防止在调节手机观看角度时滑动。

由独立权利要求 4 的技术方案、说明书第［0011］段结合附图 2 作出的具体说明和第［0006］段的内容可知，独立权利要求 4 要求保护另一种手机支架，包括底座、支撑杆、支撑板以及设置在支撑板上的挡板，支撑杆固定在底座上，支撑杆包括内管和外管，用于调节支撑杆的高度。这种手机支架，通过调节支撑杆的高度，以满足不同身高者观看手机时其视线大体上与手机所处高度持平的要求。

2. 分析专利文件本身是否存在可作为无效宣告理由的缺陷

前面有关理解该实用新型各项权利要求技术方案的内容，对于解答无效宣告请求实务部分的两道试题都是需要完成的。而对专利文件本身是否存在可作为无效宣告理由实质缺陷的判断分析，虽然对解答第一题时分析客户 A 公司技术人员自行撰写的无效宣告请求书中那些无须证据支持的无效宣告理由是否成立有所帮助，但这方面的有关分析内容完全可以放在应试思路的第三步"分析客户 A 公司技术人员自行撰写的无效宣告请求书中的各项无效宣告理由是否成立以及撰写存在的问题"时再进行。在阅读理解实用新型专利文件时分析专利文件本身是否存在可作为无效宣告理由的缺陷，主要是考虑到无效宣告请求实务部分第二题要为客户 A 公司撰写无效宣告请求书，那时需要分析专利文件本身是否存在可作为无效宣告理由的实质缺陷。而这部分工作在阅读实用新型专利文件时就应当加以关注，因此将这一部分分析内容放在"阅读理解拟提出无效宣告请求的实用新型专利文件"这一步中。

在阅读该实用新型专利文件时，发现三项可以作为无效宣告理由的缺陷：独立权利要求 1 未以说明书为依据；权利要求 3 未清楚限定要求专利保护的范围；独立权利要求 4 缺少解决技术问题的必要技术特征。

独立权利要求 1 特征部分对支撑板和支撑杆之间的连接方式采用了功能效果特征"角度调节机构"进行限定，说明书中对于支撑板和支撑杆之间的角度调节仅仅在第［0009］段给出一种特定的阻尼转轴结构，本领域技术人员不能明了此功能还可以采用说明书中未提到的其他替代方式来完成。尤其是说明书第［0002］段描述本实用新型背景技术时描述的一种手机支架中，也给出一种支撑板和支撑杆之间的角度调节机构，但这种角度调节机构只能对手机提供三个观看角度，不能满足人们对手机不同观看角度的需要。也就是说该功能效果限定涵盖了一种不能解决本实用新型所要解决技术问题的技术方案，得不到说明书的支持，不符合《专利法》第 26 条第 4 款有关权利要求书应当以说明书为依据的规定。

权利要求 3 限定部分出现了"最好是"用语，其前后连接的是"防滑层"（上位概念）和"硅胶层"（下位概念），致使权利要求 3 限定出两个不同的保护范围，导致保护范围不清楚。因此权利要求 3 不符合《专利法》第 26 条第 4 款有关权利要求书应当清楚限定要求专利保护范围的规定。

对于独立权利要求 4，说明书第［0005］段写明本实用新型另一个要解决的技术问题是提供一种能调节手机高度位置的手机支架。在说明书第［0011］段明确指出，为了能解决手机支架调整高度的问题，支撑杆包括作为伸缩段的内管和作为固定段的外管，内管可相对于外管上下伸缩移动，以调节支撑杆的高度，且内管和外管之间采用阻尼连接方式，从而实现对调节高度的定位。独立权利要求 4 中仅仅写明支撑杆包括内管和外管，未写明两者可相对上下伸缩移动，也未写明两者之间采用阻尼连接方式，因此无法实现调节支撑杆的高度并进行定位。由此可知，独立权利要求 4 缺少解决技术问题的必要技术特征，不符合《专利法实施细则》第 20 条第 2 款的规定。

（二）分析客户 A 公司提供的两件证据的相关性

由试题内容可知，客户 A 公司向你所在的代理机构提供了两份对比文件（对比文件 1 和对比文件 2）作为提出无效宣告请求的证据。在这一步中，先对这两件证据的相关性作出分析（确定客户所提供的两件证据可适用的无效宣告理由、判断两份对比文件的内容与涉案实用新型专利的相关程度），然后在下一步中再针对 A 公司技术人员自行撰写的无效宣告请求书具体分析这两件证据是否支持其中所主张的无效宣告理由，以及在最后一步撰写无效宣告请求书前再分析这两件证据是否能使该实用新型专利各项权利要求不具备新颖性或创造性。

1. 确定客户所提供的两件证据可适用的无效宣告理由

涉案实用新型专利的申请日为 2017 年 12 月 4 日。

对比文件 1 中国实用新型专利的授权公告日为 2016 年 8 月 10 日，对比文件 2 中国实用新型专利的授权公告日为 2016 年 12 月 8 日，均早于涉案实用新型专利的申请日。因此这两份对比文件均构成涉案实用新型专利的现有技术，可以用作评价涉案实用新型专利各项权利要求是否具备新颖性和创造性的对比文件。

2. 判断两份对比文件公开的内容与涉案实用新型专利的相关程度

对比文件 1 公开了一种手机支架，包括底座、支撑杆、支撑板以及设置在支撑板上的挡板，支撑杆固定在底座上，支撑杆通过挠性管与支撑板下方中部位置球铰接。通过转动和折弯挠性管可实现对支撑板位置的调节，从而使放置于支撑板上的手机位于观看者所需要的倾斜观看角度。

对比文件 2 公开了一种手机支架，手机支架包括支撑板和背板，背板上端通过阻尼结构与支撑板上端铰接，从而可根据个人习惯转动连接背板和支撑板的阻尼结构，使手机保持在所需观看倾斜角度。

由此可知，两份对比文件均公开了调整支撑板倾斜角度的结构，与涉案专利的内容十分相关。至于两份对比文件公开的内容是否影响涉案专利各项权利要求的新颖性和创造性需作进一步分析。

（三）分析 A 公司技术人员自行撰写的无效宣告请求书中各项无效理由是否成立以及撰写存在的问题

在阅读理解该实用新型专利文件和分析客户提供两件证据的相关性之后，针对客户 A 公司技术人员自行撰写的无效宣告请求书分析其提出的各项无效宣告理由是否成立。

首先，分析无效宣告请求书中的各项无效宣告理由是否属于《专利法实施细则》第 65 条第 2 款规定的无效宣告理由；其次，分析无效宣告请求书中有关各项权利要求不具备新颖性或创造性的无效宣告理由是否成立；最后，分析无效宣告请求书中的其他无效宣告理由是否成立。

第五章

1. 分析无效宣告请求书中的各项无效宣告理由是否属于法定的无效宣告理由

通过阅读客户 A 公司技术人员自行撰写的无效宣告请求书可知，共提出四项无效宣告理由：①权利要求 1 不具备新颖性；②权利要求 2 和 3 不具备创造性；③权利要求 3 不清楚；④权利要求 4 和权利要求 1 不具有单一性。

前三项无效宣告理由属于《专利法实施细则》第 65 条第 2 款规定的无效宣告理由，可以作为无效宣告理由提出，而最后一项不具有单一性的无效宣告理由不属于《专利法实施细则》第 65 条第 2 款规定的无效宣告理由，不应当作为无效宣告理由提出。

2. 分析无效宣告请求书中有关各项权利要求不具备新颖性或创造性的无效宣告理由是否成立

在无效宣告请求书中，有关权利要求不具备新颖性或创造性的无效宣告理由涉及三项权利要求和两份对比文件：①权利要求 1 相对于对比文件 1 不具备新颖性；②权利要求 2 相对于对比文件 1 和 2 的结合不具备创造性；③权利要求 3 相对于对比文件 1 和 2 的结合也不具备创造性。

（1）关于权利要求 1 相对于对比文件 1 不具备新颖性的无效宣告理由

请求书中认为：对比文件 1 公开了一种手机支架，包括底座 1、支撑杆 2、支撑板 3 以及设置在支撑板上的挡板 4，支撑杆 2 固定在底座上，支撑杆 2 顶端与挠性管 5 连接。可知对比文件 1 公开了权利要求 1 的全部技术特征，因此，权利要求 1 相对于对比文件 1 不具备新颖性。

由对比文件 1 说明书第 ［0006］ 段结合附图 1 具体说明的手机支架可知，对比文件 1 不仅如请求书中所描述的那样公开了权利要求 1 前序部分的技术特征，还公开了挠性管 5 另一端与支撑板 3 下方中部位置采用球铰接 6，此挠性管 5 可以多角度转动，通过转动和折弯挠性管 5 实现对支撑板 3 位置的调节。位于支撑杆 2 顶端的挠性管 5 和支撑板 3 下方中部位置的球铰接 6 相当于权利要求 1 特征部分中用于连接支撑杆和支撑板的"角度调节机构"，即其还公开了权利要求 1 特征部分的技术特征。由此可以得知，对比文件 1 公开了权利要求 1 的全部技术特征，两者的技术方案相同，且两者的技术领域、解决的技术问题、预期效果实质相同，因此两者为同样的实用新型，权利要求 1 相对于对比文件 1 不具备新颖性的无效宣告理由能够成立。

但是，请求书在对权利要求 1 不具备新颖性的分析中，既未具体说明对比文件 1 中公开的挠性管和球铰接构成一种角度调节机构，即未指明两者为上下位概念关系，也未针对权利要求 1 特征部分的技术特征指出对比文件 1 中公开了支撑杆通过挠性管以球铰接方式与支撑板相连接，且未进一步指出两者在技术领域、解决的技术问题和预期效果实质相同，可知请求书中所作分析尚不到位，未体现《专利审查指南 2010》第二部分第三章新颖性判断中有关"同样的发明和实用新型"审查原则和"具体（下位）概念和一般（上位）概念"审查基准的内容。此外，权利要求 1 不具备新颖性的分析至少还存在两处撰写不规范之处：未指出对比文件公开内容出处；最后结论未写明有关新颖性的法律条款。

（2）关于权利要求 2 相对于对比文件 1 和 2 的结合不具备创造性的无效宣告理由

请求书中指出：对比文件 2 公开了权利要求 2 的附加技术特征，因此权利要求 2 相对于对比文件 1 和对比文件 2 的结合不具备创造性。

对比文件 2 公开的手机支架中，其背板（相当于支撑杆）通过阻尼转轴结构与支撑板相连接，公开了权利要求 2 限定部分的技术特征。该技术特征在对比文件 2 中所起的作用是使放置手机的支撑板调节到观看者所需要的多种观看角度，与权利要求 2 中限定部分技术特征所起的作用相同。因此当权利要求 1 相对于对比文件 1 不具备新颖性时，权利要求 2 相对于对比文件 1 和 2 的结合不具备创造性，因此该无效宣告理由能够成立。

但是，请求书在论述权利要求 2 不备具备创造性时未指出对比文件 2 公开的具体内容，也未指出对比文件公开内容的出处，且最后结论既未说明其不具备创造性是以引用的权利要求 1 相对于对比文件 1 不具备新颖性为前提，也未给出有关创造性的法律条款，论述不规范。

（3）关于权利要求 3 相对于对比文件 1 和 2 的结合不具备创造性的无效宣告理由

请求书中指出：权利要求 3 引用了权利要求 1 或 2，对比文件 2 还公开了硅胶层，因此在权利要求 2 相对于对比文件 1 和 2 的结合不具备创造性的前提下，权利要求 3 也不具备创造性。

请求书中在论述权利要求 3 不具备创造性时，仅指出对比文件 2 公开了硅胶层。但是对比文件 2 公开的硅胶层包覆在限位件上，并不是像权利要求 3 中那样设置在支撑板的上表面，其所起作用是防止限位件擦伤手机屏幕，并不是防止手机在调节观看角度时滑动。由此可知两者硅胶层的设置位置和所起作用均不相同，可见对比文件 2 并未披露权利要求 3 限定部分的技术特征，即对比文件 2 并未给出将硅胶层应用到对比文件 1 公开的手机支架中来防止手机在调节观看角度时滑动的技术启示，因而权利要求 3 相对于权利要求 1 和 2 的结合是非显而易见的。并且，由于在手机支架的支撑板上表面设置硅胶层能带来防止手机在调节观看角度时滑动，带来了有益的技术效果。由此可知，权利要求 3 相对于对比文件 1 和 2 的结合具有实质性特点和进步，具备创造性。因此该无效宣告理由不能成立。

此外，请求书中有关权利要求 3 不具备创造性的论述同样存在着类似的撰写不规范之处，即未给出对比文件公开内容的出处，结论处未写明有关创造性的法律条款。

3. 分析无效宣告请求书中其他无效宣告理由是否成立

无效宣告请求书中涉及其他无效宣告理由共有两项：①权利要求 3 保护范围不清楚；②权利要求 1 和权利要求 4 不具有单一性。下面对这两项无效宣告理由逐一进行分析。

（1）关于权利要求 3 保护范围不清楚的无效宣告理由

请求书中指出：权利要求 3 保护范围不清楚。

正如前面"阅读理解拟提出无效宣告请求的实用新型专利文件"时所指出的，权利要求 3 限定部分出现了"最好是"用语，致使权利要求 3 限定出两个不同保护范围，导致保护范围不清楚，因此权利要求 3 不符合《专利法》第 26 条第 4 款有关权利要求书应当清楚限定要求专利保护范围的规定，该无效宣告理由能够成立。但是，对这一无效宣告理由，专利权人可以通过修改专利文件加以克服。

需要指出的是，请求书中对该无效宣告理由未作具体分析说明。根据《专利审查指南 2010》第四部分第三章的有关规定，请求书中未作具体分析的无效宣告理由，国家知识产权局在审理时有可能不考虑此无效宣告理由。此外，请求书中未指出"不清楚"这一无效宣告理由所涉及的法律条款，撰写不规范。

（2）关于权利要求 1 和权利要求 4 不具有单一性的无效宣告理由

请求书中指出：权利要求 1 技术方案的目的是提供一种能调节各种手机观看角度的手机支架，权利要求 4 的技术方案的目的是提供一种能调节手机高度位置的手机支架，两者解决的技术问题不一样，所以，权利要求 1 和权利要求 4 不具有单一性。

虽然权利要求 4 和权利要求 1 之间确实不具有单一性，不符合《专利法》第 31 条第 1 款有关单一性规定，但这一缺陷不属于《专利法实施细则》第 65 条第 2 款规定的无效宣告理由，因此不应当作为无效宣告理由提出。

（四）根据分析结果向客户 A 公司给出上述分析结果的信函

根据前面的分析结果，撰写给客户 A 公司的信函。根据试题要求，在此信函中除起始部分和结尾部分外，只需要逐项分析客户 A 公司技术人员撰写的无效宣告请求书中各项无效宣告请求理由是否成立，给出结论和具体理由。但是，由国家知识产权局给出的 2018 年和 2019 年实务试题的解析答案来看，还需要指明此无效宣告请求书的具体分析论述中存在哪些不符合《专利审查指南 2010》中有关（如新颖性、创造性）审查原则或审查基准规定之处以及该请求书的撰写存在哪些不规范之处。

下面给出推荐的向客户 A 公司给出分析结果的信函。

尊敬的 A 公司：

很高兴贵方委托我代理机构代为办理有关请求宣告专利号为 ZL201721234567. X、名称为"手机支架"的实用新型专利（以下简称"涉案专利"）无效宣告请求的事宜。经仔细阅读贵方提供的附件 1 和 2 以及对比文件 1 和 2，现对附件 2 无效宣告请求书中各项无效宣告理由是否成立以及请求书撰写所存在的问题给出如下分析意见。

一、对不具备新颖性或创造性无效宣告理由的分析

涉案专利的申请日为 2017 年 12 月 4 日，对比文件 1 的授权公告日为 2016 年 8 月 10 日，对比文件 2 的授权公告日为 2016 年 12 月 8 日，均早于涉案专利的申请日，因此这两份对比文件均构成涉案专利的现有技术，可以用作评价涉案专利各项权利要求是否具备新颖性和创造性的对比文件。

1. 权利要求 1 相对于对比文件 1 不具备新颖性的理由成立，但分析欠完整，撰写不规范

对比文件 1 公开了一种手机支架（参见其说明书第［0006］段和附图 1），包括底座 1、支撑杆 2、支撑板 3 以及设置在支撑板 3 上的挡板 4，支撑杆 2 固定在底座 1 上，支撑杆 2 顶端与挠性管 5 连接，挠性管 5 另一端与支撑板 3 下方中部位置采用球铰接 6。此挠性管 5 可以多角度转动，通过转动和折弯挠性管 5 实现对支撑板 3 位置的调节。可知，其中的支撑杆通过挠性管和球铰接与支撑板相连接，该挠性管和球铰接构成一种角度调节机构，是角度调节机构的下位概念。因而对比文件 1 中的手机支架公开了权利要求 1 的全部技术特征，即公开了权利要求 1 的技术方案，并且两者都属于相同的手机支架技术领域，都能解决提供多种手机观看角度这一技术问题，达到相同的技术效果，显然两者为同样的实用新型。因此权利要求 1 相对于对比文件 1 不具备《专利法》第 22 条第 2 款规定的新颖性，该无效宣告理由能够成立。❶

需要说明的是，请求书在分析权利要求 1 不具备新颖性时，未指出对比文件 1 还公开了支撑杆通过挠性管以球铰接方式与支撑板相连接，即未将权利要求整个技术方案与对比文件 1 公开的内容进行对比，且未进一步指出两者的技术领域、解决的技术问题和预期效果实质相同，因而此分析未体现《专利审查指南 2010》新颖性判断中有关"同样的发明和实用新型"审查原则。而且，分析中也未具体说明对比文件 1 中公开的挠性管和球铰接构成了一种角度调节机构，即未指明两者为上下位概念关系，因而也未体现《专利审查指南 2010》新颖性判断中有关"具体（下位）概念和一般（上位）概念"审查基准的内容。此外，权利要求 1 不具备新颖性的分析中还存在两处撰写不规范之处：未指出对比文件 1 公开内容的出处；最后结论未写明有关新颖性的法律条款。

2. 权利要求 2 相对于对比文件 1 和 2 的结合不具备创造性的理由成立，但分析不到位，撰写不规范

权利要求 2 是权利要求 1 的从属权利要求，进一步限定权利要求 1 中手机支架的角度调节机

---

❶　应试时，有关无效宣告理由能够成立的分析可以从简，因为有关内容已体现在第二题的无效宣告请求书中了，以下不再重复说明。

构为阻尼转轴结构。对比文件2（参见其说明书第［0006］段及附图1）公开的手机支架中，其背板（相当于涉案专利的支撑杆）上端通过阻尼结构5与支撑板2的上端铰接，该阻尼结构5由设置在背板1上端的阻尼转轴51和设置在支撑板2上端的阻尼转套52构成。由此可知，对比文件2公开了权利要求2限定部分的技术特征，连接支撑杆和支撑板的"角度调节机构是阻尼转轴结构"。由对比文件2说明书第［0006］段最后一句可知，该阻尼转轴结构起到了可将支撑板调节到各种倾斜角度的作用，与涉案专利中阻尼转轴结构所起的作用相同，因而本领域的技术人员在看到对比文件2后有动机将其中公开的阻尼转轴结构应用到对比文件1中以将支撑板调节到各种倾斜角度，满足人们对手机各种观看角度的需求，即对比文件2给出了将阻尼转轴结构应用于对比文件1的手机支架中以实现将支撑板调节到各种倾斜角度的技术启示。因此当权利要求1相对于对比文件1不具备新颖性时，权利要求2相对于对比文件1和2的结合对本领域技术人员来说是显而易见的，不具有实质性特点和进步，不具备《专利法》第22条第3款规定的创造性，该无效宣告理由能够成立。

需要指出的是，请求书在论述权利要求2不备具备创造性时只指明对比文件2公开了权利要求2的附加技术特征，而未具体说明对比文件2公开的内容，分析不到位。此外，还存在撰写不规范之处：未指出对比文件2公开内容的出处，最后结论处既未说明权利要求2不具备创造性是以其引用的权利要求1相对于对比文件1不具备新颖性为前提，也未给出有关创造性的法律条款。

3. 权利要求3相对于对比文件1和2不具备创造性的无效宣告理由不成立，且请求书的撰写存在不规范之处

对比文件2（见其说明书第［0007］段和附图1）中虽然公开了手机支架上具有硅胶层，但此硅胶层包覆在限位件的球头端上，并不是像权利要求3中那样设置在支撑板的上表面，其所起作用是防止限位件擦伤手机屏幕，并不是像涉案专利那样用于防止手机在调节观看角度时滑动。由此可知，两者硅胶层的设置位置和所起作用均不相同，可见对比文件2并未披露权利要求3限定部分的技术特征，即对比文件2并未给出将硅胶层应用到对比文件1的手机支架中来防止手机在调节观看角度时滑动的技术启示，因而权利要求3相对于权利要求1和2的结合是非显而易见的。另外，在手机支架的支撑板上表面设置硅胶层能带来防止手机在调节观看角度时滑动，带来了有益的技术效果。由此可知，权利要求3相对于对比文件1和2的结合具有实质性特点和进步，具备《专利法》第22条第3款规定的创造性。因此该无效宣告理由不能成立。

此外，请求书的论述同样存在着类似的撰写不规范之处，即未给出对比文件2公开内容的出处，结论处未写明有关创造性的法律条款。

二、其他无效宣告理由

1. 权利要求3保护范围不清楚

权利要求3限定部分出现了"最好是"用语，其前后连接的是"防滑层"（上位概念）和"硅胶层"（下位概念），致使权利要求3限定出两个不同的保护范围，导致保护范围不清楚，因此权利要求3不符合《专利法》第26条第4款有关权利要求书应当清楚限定要求专利保护范围的规定，该无效宣告理由能够成立。

但是，专利权人可以通过修改权利要求（将该权利要求3分拆成两项权利要求）来消除这一缺陷，因此，即使作为无效宣告理由提出，且由于权利要求3不具备创造性的无效宣告理由不能成立，最后很可能会在修改后的权利要求3的基础上维持专利权有效。

此外，请求书中未对该无效宣告理由作出具体分析，即使该无效宣告理由能够成立，合议组会应专利权人对该无效宣告理由不予考虑的请求而不予审理；而且请求书中对该无效宣告理由也

未引用相关法律条款。可知,请求书中有关该无效宣告理由的撰写也存在不规范之处。

2. 关于权利要求4和权利要求1不具有单一性

虽然权利要求4和权利要求1之间确实不具有单一性,不符合《专利法》第31条第1款有关单一性规定,但这一缺陷不属于《专利法实施细则》第65条第2款规定的无效宣告理由,因此不应当作为无效宣告理由提出。

以上是对贵公司技术人员所撰写的无效宣告请求书的分析意见,供贵公司参考。为此,我机构又针对贵公司所提供的对比文件撰写了一份无效宣告请求书。

××专利代理机构×××

××××年××月××日

(五) 为客户A公司撰写提交给国家知识产权局的无效宣告请求书

在前面阅读理解专利文件部分仅分析了该实用新型专利本身是否存在无需证据就可以作为无效宣告理由提出的实质性缺陷,在分析客户A公司技术人员自行撰写的无效宣告请求书中各项无效宣告理由能否成立时仅针对客户所考虑的内容进行分析,此时直接撰写无效宣告请求书还是不够的,需要分析客户所提供的两件证据能否使各项权利要求不具备新颖性或创造性,从而确定无效宣告请求所使用的证据以及这些证据所支持的无效宣告理由。在此基础上撰写提交给国家知识产权局的无效宣告请求书。

1. 分析两件证据能否使各项权利要求不具备新颖性或创造性

该实用新型专利权利要求书中包括四项权利要求:独立权利要求1及从属权利要求2和3、独立权利要求4。在前面分析客户A技术人员自行撰写的无效宣告请求书中各项无效宣告理由能否成立的过程中,已得知权利要求1相对于对比文件1不具备新颖性,权利要求2相对于对比文件1和2的结合不具备创造性;在分析的同时也意识到对比文件1和对比文件2中均未公开设置在支撑板上表面的硅胶层,因此对比文件1和对比文件2的结合不能否定权利要求3的创造性。因而在此仅需要分析这两份对比文件能否使独立权利要求4不具备新颖性或创造性。

对于独立权利要求4来说,由于对比文件1、对比文件2均未公开由内管和外管构成的支撑杆以调节其高度,即未公开权利要求4特征部分的技术特征,因此对比文件1或者对比文件2各自都不能否定权利要求4的新颖性,并且对比文件1和对比文件2的结合也不能否定权利要求4的创造性。

2. 无效宣告证据的选择和无效宣告理由的确定

根据上述分析,在对该实用新型专利提出无效宣告请求时,可以用对比文件1和对比文件2作为证据,以权利要求1相对于对比文件1不具备《专利法》第22条第2款规定的新颖性、权利要求2相对于对比文件1和2的结合不具备《专利法》第22条第3款规定的创造性作为无效宣告理由。

此外,根据前面阅读专利文件时对专利文件本身缺陷所作分析,还可以提出如下三项无效宣告理由:独立权利要求1未以说明书为依据,不符合《专利法》第26条第4款有关规定;权利要求3未清楚限定要求专利保护的范围,不符合《专利法》第26条第4款有关规定;权利要求4缺少解决技术问题的必要技术特征,不符合《专利法实施细则》第20条第2款规定。

无效宣告请求范围为全部无效。

3. 撰写无效宣告请求书

在选定无效宣告证据和确定无效宣告理由之后,就可着手为客户A公司撰写提交给国家知

第五章

识产权局的无效宣告请求书。

在无效宣告请求书中，首先，应当在起始段对无效宣告请求的法律依据、无效宣告请求所针对的实用新型专利情况、无效宣告理由、无效宣告的证据和无效宣告请求的范围作出说明；其次，结合两件证据（对比文件1和对比文件2）具体说明权利要求1不具备新颖性和权利要求2不具备创造性的无效宣告理由；再次，分别说明独立权利要求1未以说明书为依据、权利要求3未清楚限定专利保护范围和独立权利要求4缺少解决技术问题必要技术特征这三项无需证据支持的无效宣告理由；最后，给出结尾段。

下面给出推荐的无效宣告请求书。

无效宣告请求书

国家知识产权局：

根据《专利法》第45条和《专利法实施细则》第65条的规定，请求人针对专利号为ZL201721234567.X、申请日为2017年12月4日、名称为"手机支架"的实用新型专利（下称"涉案专利"），以涉案专利不具备《专利法》第22条第2款、第3款规定的新颖性、创造性，不符合《专利法》第26条第4款有关权利要求书应当以说明书为依据及清楚限定专利保护范围的规定，不符合《专利法实施细则》第20条第2款有关独立权利要求应当记载解决技术问题必要技术特征的规定为无效宣告理由，请求国家知识产权局宣告该涉案专利全部无效。

一、关于证据

请求人提交如下对比文件作为证据使用：

对比文件1：专利号为ZL201521065432.1的中国实用新型专利，授权公告日为2016年8月10日；

对比文件2：专利号为ZL201620123432.5的中国实用新型专利，授权公告日为2016年12月8日。

二、关于不具备新颖性、创造性的无效宣告理由

1. 权利要求1相对于对比文件1不具备《专利法》第22条第2款规定的新颖性

权利要求1请求保护一种手机支架，对比文件1是涉案专利申请日前授权公告的中国实用新型专利文件，其公开（参见其说明书第［0006］段和附图1）了一种手机支架，包括底座1、支撑杆2、支撑板3以及设置在支撑板3上的挡板4，支撑杆2固定在底座1上，支撑杆2顶端与挠性管5一端连接，挠性管5另一端与支撑板3下方中部位置采用球铰接6，此挠性管5可以多角度转动，通过转动和折弯挠性管5实现对支撑板3位置的调节。由此可知，对比文件1中手机支架的支撑杆通过挠性管和球铰接与支撑板相连接，该挠性管和球铰接构成一种角度调节机构，是角度调节机构的下位概念。因而按照《专利审查指南2010》第二部分第三章新颖性第3.2.3节有关"具体（下位）概念与一般（上位）概念"审查基准的规定，对比文件1中的手机支架公开了权利要求1的全部技术特征，即公开了权利要求1的技术方案，两者都属于手机支架这一相同的技术领域，且都能解决提供多种手机观看角度这一相同的技术问题，达到相同的技术效果，显然两者为同样的实用新型，因此权利要求1相对于对比文件1不具备《专利法》第22条第2款规定的新颖性。

2. 权利要求2相对于对比文件1和对比文件2的结合不具备《专利法》第22条第3款规定的创造性

权利要求2是权利要求1的从属权利要求，进一步限定权利要求1中手机支架的角度调节机

构为阻尼转轴结构。

考虑到对比文件1已公开了权利要求1的全部技术特征，可以将对比文件1作为涉案专利最接近的现有技术。

权利要求2未被对比文件1披露的技术特征为其限定部分的附加技术特征"角度调节机构为阻尼转轴结构"。由该技术特征在涉案专利中所能达到的技术效果可确定权利要求2相对于对比文件1实际解决的技术问题是提供另一种不同结构的、可以将手机调节到任意倾斜角度的手机支架，以满足人们对手机各种观看角度的需求。

对比文件2的授权公告日在涉案专利申请日之前，构成涉案专利的现有技术，其中（参见其说明书第［0006］段及附图1）公开的手机支架中，其背板（相当于涉案专利的支撑杆）上端通过阻尼结构5与支撑板2的上端铰接，该阻尼结构5由设置在背板1上端的阻尼转轴51和设置在支撑板2上端的阻尼转套52构成。由此可知，对比文件2公开了权利要求2限定部分的附加技术特征，连接支撑杆和支撑板的"角度调节机构为阻尼转轴结构"。由对比文件2说明书第［0006］段最后一句可知，该阻尼转轴结构起到了可将支撑板调节到各种倾斜角度的作用，与涉案专利中阻尼转轴结构在实际解决的技术问题中所起的作用相同，因此，本领域的技术人员在看到对比文件2后，有动机将其中公开的阻尼转轴结构应用到对比文件1中以便将支撑板调节到各种倾斜角度，满足人们对手机各种观看角度的需求，即对比文件2给出了将阻尼转轴结构应用于对比文件1的手机支架中以实现将支撑板调节到各种倾斜角度的技术启示。因此权利要求2相对于对比文件1和2的结合对本领域技术人员来说是显而易见的，不具有实质性特点和进步，不具备《专利法》第22条第3款规定的创造性。

三、其他无效宣告理由

1. 独立权利要求1不符合《专利法》第26条第4款有关权利要求书应当以说明书为依据的规定

独立权利要求1特征部分对支撑板和支撑杆之间的连接方式采用了功能效果特征"角度调节机构"进行限定，涉案专利的说明书对于支撑板和支撑杆之间的角度调节仅仅在第［0009］段给出一种特定的阻尼转轴结构。本领域技术人员不能明了此功能还可以采用说明书中未提到的其他替代方式来完成，尤其是涉案专利在说明书第［0002］段描述本实用新型背景技术的一种手机支架中也给出一种支撑板和支撑杆之间角度调节机构，但这种角度调节机构只能对手机提供三个观看角度，不能满足人们对手机不同观看角度的需要。也就是说，该功能效果限定涵盖了一种不能解决本实用新型所要解决技术问题的技术方案，得不到说明书的支持，不符合《专利法》第26条第4款有关权利要求书应当以说明书为依据的规定。

2. 权利要求3不符合《专利法》第26条第4款有关权利要求书应当清楚限定要求专利保护范围的规定

权利要求3限定部分出现了"最好是"用语，其前后连接的是"防滑层"（上位概念）和"硅胶层"（下位概念），致使权利要求3限定出两个宽窄不同的保护范围，导致保护范围不清楚，因此权利要求3不符合《专利法》第26条第4款有关权利要求书应当清楚限定要求专利保护范围的规定。

3. 权利要求4不符合《专利法实施细则》第20条第2款有关独立权利要求应当记载解决技术问题的必要技术特征的规定

涉案专利说明书第［0005］段写明，本实用新型另一个要解决的技术问题是提供一种能调节手机高度位置的手机支架。在说明书第［0011］段又明确指出，为了能解决手机支架调整高度的问题，支撑杆包括作为伸缩段的内管和作为固定段的外管，内管可相对于外管上下伸缩移动，以调节支撑杆的高度，且内管和外管之间采用阻尼连接方式，从而实现对调节高度的定位。独立权利要求4中仅仅写明支撑杆包括内管和外管，未记载"两者可相对上下伸缩移动"的技术特征，也未记载"两者之间采用阻尼连接方式"的技术特征，因此无法实现调节支撑杆的高度并进行定位。由此可知，独立权利要求4缺少解决技术问题的必要技术特征，不符合《专利法实施细则》第20条第2款有关独立权利要求应当记载解决技术问题的必要技术特征的规定。

综上所述，该专利的权利要求1不具备《专利法》第22条第2款规定的新颖性，权利要求2不具备《专利法》第22条第3款规定的创造性，权利要求1不符合《专利法》第26条第4款有关权利要求书应当以说明书为依据的规定，权利要求3不符合《专利法》第26条第4款有关权利要求书应当清楚限定要求专利保护范围的规定，权利要求4不符合《专利法实施细则》第20条第2款有关独立权利要求书应当记载解决技术问题的必要技术特征的规定，故请求国家知识产权局宣告专利号为ZL201721234567.X、名称为"手机支架"的实用新型专利全部无效。

无效宣告请求人：A公司
××××年××月××日

四、发明专利申请文件撰写部分试题的应试思路、解析和参考答案

对于发明专利申请文件撰写部分的试题，可按照下述思路进行答题：阅读理解技术交底材料，确定专利申请要求保护的主题；针对该专利申请要求保护的最重要的发明创造撰写独立权利要求；针对该最重要的发明创造撰写从属权利要求；在此基础上给出推荐的发明专利申请的权利要求书答案；针对其他发明创造撰写独立权利要求，并确定申请策略，在此基础上对第四题作出解答，即说明多项发明合案申请或分案申请的理由；最后针对第五题作出解答，说明所撰写的本发明专利申请第一独立权利要求相对于现有技术具备新颖性和创造性的理由。

（一）阅读理解技术交底材料，确定专利申请要求保护的主题

通过阅读技术交底材料可知，本发明涉及一项要求保护的主题"手机支架"。

由技术交底材料第一段可知，现有技术中公开的手机支架，由于直接将其底座放置在桌面上观看，如果安放手机支架底座的位置过于窄小或者不小心碰到手机支架，则会出现手机支架不稳而倾倒的情况。

技术交底材料第二段明确写明，客户A公司为解决此技术问题提出一种改进的手机支架，采用具有夹持功能的部件来替代现有技术中手机支架的底座，从而可以将手机支架夹持在桌面、书架或汽车出风口等地方。

紧接着，在技术交底材料第三段和第四段（结合附图1和图2）、第五段和第六段（结合附图3）、第七段和第八段（结合附图4）分别给出一种手机支架的具体改进结构。

由技术交底材料第九段可知，客户还对原有手机支架支撑板上设置的防滑层作出改进。该防滑层包括硅胶层和位于硅胶层下方的黏胶层，当硅胶层用久防滑性能降低后，可以十分方便地更换硅胶层。

由此可知，本发明手机支架主要作出两方面改进：放置稳固，不易倾倒；方便更换防滑层。这两方面改进是彼此可以单独完成的并列改进。根据技术交底材料所写情况来看，这两方面改进中以第一方面改进为主，可以针对这一方面改进撰写本申请的独立权利要求；针对第二方面改进除了可以撰写一项独立权利要求，还可以将其作为第一方面改进的进一步改进，撰写成本申请第一方面改进独立权利要求的从属权利要求。初步判断，针对这两方面改进撰写的两项独立权利要

求之间不具有单一性，因而针对第二方面改进撰写的独立权利要求需另行提出申请。

（二）针对该专利申请要求保护的最重要的发明创造撰写独立权利要求

技术交底材料中针对第一方面改进结合附图给出三种不同结构的手机支架，这三种结构是并列的技术方案。对于这三种并列结构的手机支架，在撰写独立权利要求时，通常按照下述步骤来进行：分析并列出三种结构的手机支架的全部技术特征，其中哪些是共有的技术特征，哪些是不同的技术特征，对于三者不同的技术特征需考虑采用什么样的技术术语进行概括；确定最接近的现有技术及要解决的技术问题；确定解决技术问题的必要技术特征，完成独立权利要求的撰写。

1. 分析并列出三种结构的手机支架的全部技术特征

下面，依据技术交底材料中结合附图给出的三种结构手机支架的具体结构，列出该要求保护主题所涉及的全部技术特征。

通过阅读技术交底材料第三段和第四段、第五段和第六段、第七段和第八段，可以得知这三种结构手机支架都包括有现有技术手机支架中的支撑杆和支撑板，但在第一种结构中用夹子来代替现有技术中的底座，第二种结构中用弹性夹来代替现有技术中的底座，第三种结构中用夹板来代替现有技术中的底座。对于这三种代替现有技术中底座的夹子、弹性夹和夹板，在技术交底材料第二段中给出了对其进行功能概括的文字表述：具有夹持功能的部件来替代现有技术中手机支架的底座；在技术交底材料最后一段又给出进一步说明，对于夹子、弹性夹和夹板，还可以采用其他包括第一夹持部、第二夹持部及将两夹持部连接起来的连接组件的具有夹持功能的组件。这样一来，可以明确该手机支架主要包括三个部件：支撑杆、支撑板以及具有夹持功能的组件，其中具有夹持功能的组件包括第一夹持部、第二夹持部及将两夹持部连接起来的连接组件。

至于支撑板的结构和支撑板与支撑杆的连接方式，在第一种结构手机支架中写明支撑板下端设置有挡板，支撑杆上端通过球铰接方式与支撑板连接以调节支撑板的倾斜角度；第二种结构和第三种结构的手机支架中均写明相同的部件和结构不再重复描述，因而也可认为这两种结构手机支架也采用了同样的结构。但是，在技术交底材料最后一段中又对支撑板和支撑杆的连接方式作了扩充说明：支撑杆上端和支撑板除了可能通过球铰接的方式连接外，还可以采用如转轴阻尼结构那样的角度调节机构来连接，当然两者还可以直接固定连接。因而针对这种扩充，支撑杆上端和支撑板的连接方式至少可以扩展到通过角度调节机构来连接，甚至可以直接扩展到支撑杆上端和支撑板相连接。

至于支撑杆下端与具有夹持功能组件的连接方式，在第一种结构手机支架中，支撑杆的下端固定连接在夹子（具有夹持功能组件）的上夹板上；在第二种结构手机支架中，支撑杆的下端与弹性夹（具有夹持功能组件）的底板（相当于夹持功能组件中的连接组件）固定连接；在第三种结构手机支架中，支撑杆的下端与夹板（具有夹持功能组件）的第二夹持部固定连接。对于这三种结构手机支架支撑杆下端的连接方式，可以概括表述成"支撑杆下端固定在具有夹持功能的组件上"。

至于第二方面对支撑板上设置的防滑层作出的改进，其对三种结构手机支架都适用，因而防滑层的改进结构"防滑层包括硅胶层和位于硅胶层下方的黏胶层"也是三种结构手机支架共有的特征。

通过上述分析，先列出三种结构手机支架的相同技术特征：

① 支撑杆；

② 支撑板；

③ 支撑板下端设置有挡板；

④ 支撑板上表面设置的防滑层包括硅胶层和位于硅胶层下方的黏胶层；

⑤ 支撑杆上端和支撑板相连接；

⑥ 支撑杆上端和支撑板通过角度调节机构来连接。

接着，针对这三种结构手机支架中不同的具体结构，列出对其作出概括表述的技术特征：

⑦ 具有夹持功能组件；

⑧ 具有夹持功能的组件包括第一夹持部、第二夹持部及将两夹持部连接起来的连接组件；

⑨ 支撑杆下端固定在具有夹持功能的组件上。

综上所述，针对该发明第一方面改进的三种结构手机支架，列出上述六个共同技术特征①至⑥和对这三种结构手机支架概括后得到的三个技术特征⑦至⑨。

2. 确定最接近的现有技术及要解决的技术问题

根据试题，对于这件发明专利申请，撰写前所了解到的现有技术共有三份对比文件，即无效宣告请求实务部分试题中的涉案专利以及两份证据（对比文件1和对比文件2）。现从这三份对比文件反映的现有技术中确定这件发明专利申请的最接近的现有技术。

按照《专利审查指南2010》第二部分第四章第3.2.1.1节规定的确定最接近的现有技术的原则，首先，选出那些与要求保护的发明创造技术领域相同或相近的现有技术，而在撰写专利申请文件的独立权利要求时，应当选择相同技术领域的现有技术；其次，从这些现有技术中选取出所要解决的技术问题、技术效果或者用途最接近和/或公开了发明创造的技术特征最多的那一项现有技术作为最接近的现有技术。

就要求保护的发明手机支架的改进来说，涉案专利、对比文件1和对比文件2都涉及手机支架，都属于相同技术领域；而从所要解决的技术问题、技术效果或者用途最接近和/或公开了发明创造的技术特征最多来看，显然涉案专利、对比文件1解决的技术问题、技术方案和技术效果与对比文件2相比更接近本发明，涉案专利和对比文件1两者与本发明的接近程度差不多，但涉案专利公开本发明的技术特征数量更多一些，因而以涉案专利作为本发明最接近的现有技术。

在技术交底材料第一段中，写明现有技术中的手机支架会出现放置不稳而倾倒的情况，尤其是在如行驶的火车或汽车这种动态环境下更容易倾倒。在技术交底材料第二段中进一步说明，本发明手机支架采用具有夹持功能的部件来替代现有技术中手机支架的底座，从而可以将手机支架夹持在桌面、书架或汽车出风口等地方。由此可知，本发明的手机支架相对于最接近的现有技术可以解决现有手机支架所存在的放置不稳、容易倾倒的技术问题。

3. 确定解决技术问题的必要技术特征，完成独立权利要求的撰写

现对前面第1点中针对三种结构手机支架所列出的九个技术特征进行分析，以确定其中哪些技术特征是解决上述技术问题的必要技术特征。

技术特征①、技术特征②和技术特征⑦是本发明手机支架三个组成部件，应当写入独立权利要求中。其中技术特征①和技术特征②应当作为与最接近的现有技术共有必要技术特征写入独立权利要求的前序部分，而技术特征⑦是本发明相对于最接近的现有技术作出的改进之处，是本发明不同于最接近的现有技术的区别特征，因而应当写入独立权利要求的特征部分。

至于技术特征③支撑板下端设置有挡板，其反映了支撑板的具体结构，目前给出的三份现有技术中支撑板下端均设置有挡板，用于支撑手机的下端。似乎这一技术手段也是必要的，否则该手机将会从支撑板上向下滑落，且该技术特征也是与最接近的现有技术特征，也应当写入到独立权利要求的前序部分。但是考虑到这一技术手段对本发明第一方面改进（防止手机支架放置不稳而倾倒）并不直接相关，根据《专利审查指南2010》第二部分第二章第3.3.1节中的规定"独立权利要求的前序部分中，除写明要求保护的发明或者实用新型技术方案的主题名称外，仅需写明那些与发明或实用新型技术方案密切相关的、共有的必要技术特征"，因而也可以不将其写入独立权利要求的前序部分。尤其是考虑到如果独立权利要求中写入这一技术特征，则侵权方可能会采用其他手段（如支撑板上端设置一个能夹持住手机的柔性夹）来代替支撑板下端设置的挡板，就能规避侵权，因而建议不将此技术特征作为必要技术特征写入独立权利要求。❶

至于技术特征④支撑板上表面设置的防滑层包括硅胶层和位于硅胶层下方的黏胶层，其是本发明为方便更换防滑层而采取的第二方面改进措施，显然不是本发明第一方面改进解决"放置不稳容易倾倒"这一技术问题的必要技术特征。

写明支撑杆和支撑板之间连接关系的技术特征⑤和技术特征⑥均是根据技术交底材料中最后一段对三种具体结构支撑杆上端通过球铰接方式的扩展说明列出的。在本改编试题中除了写明可能采用角度调节机构来连接外，还写明两者还可以直接固定连接，因而应当将其扩展到将铰接、通过角度调节机构连接和直接固定连接都包含在内的技术特征⑤"支撑杆上端和支撑板相连接"。而根据考生回忆的当年试题，技术交底材料最后一段只写明"支撑杆和支撑板除了可以通过球铰接的方式连接外，还可以采用如转轴阻尼结构那样的角度调节机构来连接"，在这种情况下也可以考虑将这一连接方式表述成将球铰接和通过转轴阻尼结构连接两种方式概括在内的技术特征⑥"支撑杆上端和支撑板通过角度调节机构来连接"，国家知识产权局在当年的答案中可能采用了技术特征⑥。不过，考虑到这一技术特征与本发明手机支架前一方面改进解决防止倾倒的技术技术问题并无直接关系，因而应当尽量概括得更宽一些，所以在改编试题中又进一步明确支撑杆与支撑板可以直接固定连接。

至于进一步写明"具有夹持功能的组件"具体结构的技术特征⑧，是否将其作为必要技术特征写入独立权利要求，需要考虑两个问题。其一，"具有夹持功能的组件"是一种功能限定的部件，对本领域技术人员来说，是否清楚这种功能限定的部件是什么部件？考虑到日常生活中夹衣服的夹子对本领域的技术人员来说是熟悉的，因而以这一功能限定部件方式写入独立权利要求，并进一步写明其与手机支架其他部件的位置关系和连接关系，本领域技术人员能够清楚理解独立权利要求的技术方案。其二，这样写成的独立权利要求是否相对于现有技术具有创造性，考虑到独立权利要求要解决的技术问题是防止手机支架倾倒，目前对该部件所采用的功能限定方式是"具有夹持功能的组件"，并未直接写成能解决上述技术问题"防止手机支架倾倒"的组件。因而，将现有技术中已有的具有夹持功能的组件应用到现有的手机支架中来防止手机支架倾倒对本领域的技术人员是否显而易见还是可以商榷的，可以考虑将具有夹持功能组件的具体结构先不写入独立权利要求，而作为附加技术特征写入一项从属权利要求。通常在此情况会将其作为从属权利要求2。

至于写明具有夹持功能组件与支撑杆两者之间关系的技术特征⑨，显然应当写入独立权利要求。只有这样，才能清楚限定独立权利要求的保护范围。

通过上述分析，可知技术特征①、②、⑤、⑦和⑨五个技术特征是本发明解决"手机支架放

---

❶　在国家知识产权局前几年给出的专利代理实务科目有关撰写部分的参考答案中，多半均将这类与发明或实用新型技术方案并不密切相关的共同技术特征写入了前序部分。2020年专利代理实务科目撰写部分试题有关独立权利要求的参考答案中可能也将"支撑板下端设置有挡板"写入其前序部分。当然，如果这类技术特征是本发明手机支架必定具有的结构，则写入独立权利要求的前序部分中未尝不可。但考虑到这一技术手段有可能会被侵权产品规避，在建议的独立权利要求的前序部分中未写入这一技术特征。

置不稳，容易倾倒"技术问题的必要技术特征，在此分析基础上完成独立权利要求的撰写。

首先，在独立权利要求中写明本发明要保护的主题名称"手机支架"。其次，将上述五个必要技术特征与最接近的现有技术涉案专利进行对比分析，可知技术特征①支撑杆、②支撑板和⑤支撑杆上端与支撑板相连接均在涉案专利中的手机支架中有记载，是本发明与最接近的现有技术涉案专利共有的必要技术特征，因而将这三个特征写入独立权利要求的前序部分；而技术特征⑦具有夹持功能组件和技术特征⑨支撑杆下端固定在该具有夹持功能的组件上作为本发明与最接近的现有技术涉案专利的区别技术特征写入独立权利要求的特征部分。对于本发明案来说，附图标记比较简单清楚，可在各部件之后加上带括号的附图标记。

最后完成的独立权利要求1如下：

1. 一种手机支架，包括支撑杆（2）和支撑板（3），支撑杆（2）的上端与支撑板（3）相连接，其特征在于：该手机支架还包括具有夹持功能的组件（1），所述支撑杆（2）下端固定在该具有夹持功能的组件（1）上。

国家知识产权局对该独立权利要求给出的答案可能为：

1. 一种手机支架，包括支撑杆（2）、支撑板（3）以及设置在支撑板上的挡板（4），支撑杆（2）的上端通过角度调节机构与支撑板（3）相连接，其特征在于：该手机支架还包括具有夹持功能的组件（1），所述支撑杆（2）下端固定在该具有夹持功能的组件（1）上。

（三）针对该最重要的发明创造撰写从属权利要求

在完成独立权利要求的撰写之后，为了形成较好的保护梯度，应当根据技术交底材料披露的技术内容，对从属权利要求进行合理布局，撰写适当数量的从属权利要求。

撰写独立权利要求1时采用了功能限定的技术特征，在技术交底材料中给出的三种结构手机支架中该功能限定部件"具有夹持功能的组件"分别为夹子、弹性夹和夹板。为消除审查时认为存在权利要求书未以说明书为依据的缺陷，最好先针对此三者共同的结构撰写一项从属权利要求。技术交底材料最后一段中对这三种功能限定部件夹子、弹性夹和夹板的具体结构进行了扩展的概括表述方式"包括第一夹持部、第二夹持部及将两夹持部连接起来的连接组件的具有夹持功能的组件"，即前面列出的技术特征⑧，因此以技术特征⑧作为附加技术特征，撰写从属权利要求2。

2. 按照权利要求1所述的手机支架，其特征在于：所述具有夹持功能的组件（1）包括第一夹持部（11）、第二夹持部（12）和将两夹持部（11，12）连接起来的连接组件（13）。

此后，针对三种具体结构分别撰写下一层级的从属权利要求。由技术交底材料给出的三种具体结构可知，仅仅第二种手机支架的夹持功能组件给出了优选结构，因而针对第二种结构手机支架可以撰写两项从属权利要求；而第一种和第三种具体结构手机支架的夹持功能组件均未给出优选结构，因而针对这两种具体结构手机支架分别撰写了一项从属权利要求。

首先，针对第一种具体结构手机支架撰写一项对从属权利要求2作进一步限定的从属权利要求3，其引用权利要求2。

3. 按照权利要求2所述的手机支架，其特征在于：所述第一夹持部为上夹板（11），所述第二夹持部为下夹板（12），所述连接组件为弹性组件（13），该弹性组件（13）包括弹簧（131）和销轴（132），弹簧（131）套装在销轴（132）上，销轴（132）两端分别穿过上、下夹板两侧支承板的销孔，弹簧（131）两端分别与上夹板（11）和下夹板（12）相固定，所述支撑杆（2）下端固定在上夹板（11）上。

其次，针对第二种具体结构手机支架撰写两项从属权利要求4和5。其中从属权利要求4和从属权利要求 3 是两项并列的同层级的从属权利要求，也引用权利要求 2；从属权利要求 5 对从属权利要求 4 作进一步限定，即引用权利要求 4。

4. 按照权利要求 2 所述的手机支架，其特征在于：所述连接组件为底板（13），所述第一夹持部（11）和第二夹持部（12）自身具有弹性，固定于该底板（13）的一侧，底板（13）的另一侧与所述支撑杆（2）下端固定连接。

5. 按照权利要求 4 所述的手机支架，其特征在于：所述第一夹持部（11）和第二夹持部（12）具有相同的形状和结构。

然后，针对第三种具体结构手机支架撰写从属权利要求。由于第三种具体结构之间的技术手段是密不可分的，因而针对第三种具体结构仅撰写一项从属权利要求 6。另由于其与权利要求 3 和权利要求 4 是同一层级的从属权利要求，因而也仅引用权利要求 2。

6. 按照权利要求 2 所述的手机支架，其特征在于：所述连接组件（13）为形成在所述支撑杆（2）下部的带外螺纹的螺杆（131）和与之相配的螺母（132），所述第一夹持部（11）上设置有供所述支撑杆（2）下部螺杆（131）穿过的通孔，所述支撑杆（2）下端固定在第二夹持部（12）上。

最后，针对第二方面改进撰写从属权利要求。先以支撑板上表面设置有硅胶层作为附加技术特征撰写一项从属权利要求 7，对前面各项权利要求均适用，因而其引用在前的各项权利要求中任一项；再以硅胶层下方还有一层黏胶层作为附加技术特征撰写下一层级从属权利要求 8，仅引用权利要求 7。当然，考虑到现有技术手机支架的支撑板上表面已经设置有硅胶层作为防滑层，因而针对第二方面改进也可以只撰写一项从属权利要求。应试时，当撰写的权利要求数量不超过十项时，不妨可按下述方式撰写两项从属权利要求。

7. 按照权利要求 1 至 6 中任一项所述的手机支架，其特征在于：所述支撑板（3）的上表面设置有用作防滑层的硅胶层。

8. 按照权利要求 7 所述的手机支架，其特征在于：所述硅胶层下方有一层黏胶层。

（四）给出推荐的发明专利申请的权利要求书答案

在前面分析本发明两方面改进之间的关系时，已初步确定针对两方面改进撰写的两项独立权利要求之间不具有单一性，针对第二方面改进撰写的独立权利要求需另行提出申请，因而在此处集中给出第三题的推荐答案。

1. 一种手机支架，包括支撑杆（2）和支撑板（3），支撑杆（2）的上端与支撑板（3）相连接，其特征在于：该手机支架还包括具有夹持功能的组件（1），所述支撑杆（2）下端固定在该具有夹持功能的组件（1）上。

2. 按照权利要求 1 所述的手机支架，其特征在于：所述具有夹持功能的组件（1）包括第一夹持部（11）、第二夹持部（12）和将两夹持部（11，12）连接起来的连接组件（13）。

3. 按照权利要求 2 所述的手机支架，其特征在于：所述第一夹持部为上夹板（11），所述第二夹持部为下夹板（12），所述连接组件为弹性组件（13），该弹性组件（13）包括弹簧（131）和销轴（132），弹簧（131）套装在销轴（132）上，销轴（132）两端分别穿过上、下夹板两侧支承板的销孔，弹簧（131）两端分别与上夹板（11）和下夹板（12）相固定，所述支撑杆（2）下端固定在上夹板（11）上。

4. 按照权利要求 2 所述的手机支架，其特征在于：所述连接组件为底板（13），所述第一夹持部（11）和第二夹持部（12）自身具有弹性，固定于该底板（13）的一侧，底板（13）的另一侧与所述支撑杆（2）下端固定连接。

5. 按照权利要求 4 所述的手机支架，其特征在于：所述第一夹持部（11）和第二夹持部（12）具有相同的形状和结构。

6. 按照权利要求 2 所述的手机支架，其特征在于：所述连接组件（13）为形成在所述支撑杆（2）下部的带外螺纹的螺杆（131）和与之相配的螺母（132），所述第一夹持部（11）上设置有供所述支撑杆（2）下部螺杆（131）穿过的通孔，所述支撑杆（2）下端固定在第二夹持部（12）上。

7. 按照权利要求 1 至 6 中任一项所述的手机支架，其特征在于：所述支撑板（3）的上表面设置有用作防滑层的硅胶层。

8. 按照权利要求 7 所述的手机支架，其特征在于：所述硅胶层下方有一层黏胶层。

（五）针对其他发明创造撰写独立权利要求，并确定申请策略

在针对本发明专利申请前一方面改进撰写了独立权利要求和从属权利要求之后，就着手针对后一方面改进撰写独立权利要求，步骤大体相同。但就 2020 年实务试题而言，该独立权利要求的撰写比较简单，只需要从上面列出的本发明技术特征中，确定后一方面改进相对于最接近的现有技术涉案专利所解决技术问题的必要技术特征，并与涉案专利比较将两者共同的技术特征写入前序部分，其余必要技术特征写入特征部分即可。

在撰写此独立权利要求时，需要注意两点。其一，第二方面改进不仅适用于以具有夹持功能的组件代替底座的手机支架，也同样适用于现有技术中由支撑杆、支撑板和底座组成的支架，因而不应当将具有夹持功能的组件作为必要技术特征写入独立权利要求；正如前面所指出的，对于类似机械领域的日常生活类专利申请，在独立权利要求的前序部分中，除要求保护的发明或者实用新型技术方案的主题名称外，仅需写明那些与发明或实用新型技术方案密切相关、共有的必要技术特征。考虑到本发明第二方面改进主要涉及支撑板，因而在前序部分可以仅列出支撑板，而不再列出其他部件，这样就不必再考虑如何针对底座和具有夹持功能的组件撰写一个将两者概括在内的技术术语。其二，考虑到涉案专利中手机支架的支撑板上表面已设置有用作防滑层的硅胶层，因而上述技术特征④支撑板上表面设置的防滑层包括硅胶层和位于硅胶层下方的黏胶层，应当分成两个技术特征，其中与涉案专利手机支架中相同的技术特征"支撑板上表面设置有用作防滑层的硅胶层"写入该独立权利要求的前序部分，而另一技术特征"硅胶层的下方设置有黏胶层"作为区别特征写入独立权利要求的特征部分。当然，还有另一种分成两个技术特征的写法，将两者"支撑板上表面设置有防滑层"作为相同的技术特征写入前序部分，而将"防滑层包括硅胶层和位于硅胶层下方的黏胶层"作为区别特征写入特征部分。

按照上述考虑，针对第二方面改进撰写的独立权利要求如下：

1. 一种手机支架，包括支撑板（3），支撑板（3）上表面设置有防滑层，其特征在于：所述防滑层包括硅胶层和位于其下方的黏胶层。

或者写成：

1. 一种手机支架，包括支撑板（3），支撑板（3）上表面设置有用作防滑层的硅胶层，其特征在于：所述硅胶层的下方设置有黏胶层。

国家知识产权局对该有关分案申请的独立权利要求给出的答案可能为：

1. 一种手机支架，包括支撑杆（2）、支撑板（3）以及设置在支撑板上的挡板（4），支撑杆（2）的上端通过角度调节机构与支撑板（3）相连接，支撑板（3）上表面设置有防滑层，其特征在于：所述防滑层包括硅胶层和位于其下方的黏胶层。

下面进一步分析针对两方面改进撰写的两项独立权利要求之间是否属于一个总的发明构思，

以确定这两项独立权利要求是合案申请还是分案申请。

显然，针对本发明前一方面改进撰写的独立权利要求相对于现有技术的特定技术特征为"手机支架还包括具有夹持功能的组件，支撑杆下端固定在该具有夹持功能的组件上"。

针对后一方面改进撰写的独立权利要求相对于现有技术的特定技术特征为"所述防滑层包括硅胶层和位于其下方的黏胶层"。

这两项独立权利要求的特定技术特征既不相同又不相应，说明两者在技术上并不相互关联，不属于一个总的发明构思，不符合《专利法》第31条有关单一性的规定，应当作为两件专利申请提出。根据试题要求，就不再针对第二方面改进的发明创造撰写从属权利要求了。

在上述分析基础上给出第四题的参考答案。

另行提出申请的独立权利要求为：

1. 一种手机支架，包括支撑板（3），支撑板（3）上表面设置有防滑层，其特征在于：所述防滑层包括硅胶层和位于其下方的黏胶层。

针对第一方面改进撰写的独立权利要求相对于现有技术的特定技术特征为"手机支架还包括具有夹持功能的组件，支撑杆下端固定在该具有夹持功能的组件上"，从而可使手机支架放置稳固，不易倾倒。

针对第二方面改进撰写的独立权利要求相对于现有技术的特定技术特征为"所述防滑层包括硅胶层和位于其下方的黏胶层"，从而在硅胶层用久防滑性能降低后，可以十分方便地进行更换。

这两项独立权利要求的特定技术特征（相对现有技术作出贡献的技术特征）不相同，且各自采用彼此无关的技术手段以解决不同的技术问题，两者在技术上并不相互关联，因而两者的特定技术特征也不相应，即这两项独立权利要求之间并不包含相同或相应的特定技术特征，两者不属于一个总的发明构思，不符合《专利法》第31条第1款有关单一性的规定，应当作为两件专利申请提出。

（六）简答题，论述所撰写的独立权利要求具备新颖性和创造性的理由

完成第四题的解答后，就可以着手完成第五题的解答，即说明所撰写的本发明专利申请第一独立权利要求相对于现有技术具备新颖性和创造性的理由。

此题的解答类似于答复审查意见通知书中针对修改后的独立权利要求或者原独立权利要求论述其具备新颖性和创造性的理由。在具备新颖性的论述中应当体现新颖性判断的单独对比原则并且体现同样的发明或实用新型原则中的技术方案整体对比。在具备创造性的论述中应当体现结合对比原则，在分析论述中既要按照"三步法"说明其相对于现有技术的结合具有突出的实质性特点，又要论述其相对于现有技术具有显著的进步。

此外，在上述两部分的分析论述过程中既要结合具体案情（例如指出对比文件公开内容的位置，公开了什么具体技术内容）作出说明，又要包括必要的格式句（如创造性"三步法"），而且在结论处应当体现相应法条依据。

下面给出推荐的第五题参考答案。

在涉案专利公开的手机支架（参见其说明书第［0008］段至［0011］段，附图2）中，支撑杆下端固定在底座上。由此可知，涉案专利未公开所撰写的独立权利要求1特征部分的技术特征："该手机支架还包括具有夹持功能的组件，支撑杆下端固定在该具有夹持功能的组件上"，即未公开该独立权利要求1的技术方案，因而涉案专利与该独立权利要求1的技术方案不是同样的发明创造，独立权利要求1相对于涉案专利具备《专利法》第22条第2款规定的新颖性。

对比文件1公开（参见其说明书第［0006］段和附图1）的手机支架中，支撑杆的下端固定

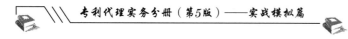

在底座上，并未公开该手机支架还包括具有夹持功能的组件，支撑杆下端固定在该具有夹持功能的组件上，可知其未公开独立权利要求1的技术方案，两者不是同样的发明创造，因此独立权利要求1相对于对比文件1也具备《专利法》第22条第2款规定新颖性。

对比文件2公开（参见其说明书第［0006］段和［0007］段，附图1）的手机支架的背板（即独立权利要求1中的支撑杆）下端直接放置在支承物上，未公开该手机支架还包括具有夹持功能的组件，支撑杆下端固定在该具有夹持功能的组件上，可知其也未公开独立权利要求1的技术方案，两者不是同样的发明创造，因此独立权利要求1相对于对比文件2也具备《专利法》第22条第2款规定的新颖性。

三项现有技术与本发明的技术领域相同。在三项现有技术中，涉案专利相对于另两项现有技术来说，公开本发明的技术特征更多，因此涉案专利是本发明最接近的现有技术。

所撰写的独立权利要求1与涉案专利相比，其区别技术特征为：该手机支架还包括具有夹持功能的组件，支撑杆下端固定在该具有夹持功能的组件上。由此区别技术特征在本发明所能达到技术效果（稳固地夹持在支承物品上）可知，本发明独立权利要求1相对于涉案专利实际解决的技术问题是防止手机支架放置不稳而倾倒。

对比文件1和对比文件2中均未披露上述区别技术特征，且上述区别技术特征也不是本领域技术人员用于解决上述技术问题的惯用手段。❶也就是说，对比文件1和对比文件2以及本领域的公知常识未给出将上述区别技术特征应用到涉案专利的手机支架中来解决上述技术问题的技术启示。对本领域的技术人员来说，所撰写的独立权利要求1相对于涉案专利、对比文件1和对比文件2以及本领域公知常识的结合是非显而易见的，因而具有突出的实质性特点。

由于在独立权利要求1的技术方案中，手机支架的支撑杆下端固定在具有夹持功能的组件上，就能将手机支架稳固地夹持在支承物品上，从而手机支架放置稳定，不易倾倒，相对于现有技术具有有益的技术效果，即具有显著的进步。

由此可知，所撰写的独立权利要求1相对于涉案专利、对比文件1和对比文件2以及本领域公知常识的结合具有突出的实质性特点和显著的进步，具备《专利法》第22条第3款规定的创造性。

第五章

---

❶ 在国家知识产权局历年专利代理实务科目试题的解析答案中，有关具备创造性的论述多半不涉及本领域公知常识的内容，考虑到2020年实务试题为论述所撰写的独立权利要求相对于现有技术具备创造性的理由，似乎加上本领域公知常识的有关内容更好。

第六章　2021年专利代理实务科目仿真模拟试题

鉴于国家知识产权局从2020年起不再公布当年专利代理师资格考试试题和答案，且在三五年内不会出版有关试题解析内容的考前辅导教材，根据考生对2021年专利代理实务科目试题的回忆内容编写了本章内容。由于本章是根据考生回忆试题内容编写的，与原试题内容难免会有出入，编写组力求将原试题的所有考点都包括在内，以供考生参考。

在本章中，首先，给出根据考生回忆编写的模拟试题内容；其次，在"对试题内容的理解"部分说明该试题内容包括无效宣告请求实务和申请文件撰写两个部分；最后，针对这两部分试题内容分别具体说明答题思路并给出参考答案。建议考生在阅读模拟试题内容之后，先自行解答此模拟试题，然后再看两部分试题内容的应试思路和参考答案，比较一下自己的答题思路和答案与给出的应试思路和参考答案有哪些不同之处，从而更好地掌握专利代理实务科目的应试技巧。

一、模拟试题内容

试题说明

客户A公司遭遇B公司提出的专利侵权诉讼，拟对B公司的实用新型专利（下称"涉案专利"）提出无效宣告请求，同时A公司自行研发了相关技术。为此，A公司向你所在代理机构提供了涉案专利（附件1）和对比文件1～3及A公司所提供的技术交底材料（附件2）。现委托你所在的专利代理机构办理相关事务。

1. 请你根据客户提供的涉案专利和三份对比文件，针对三份对比文件逐一分析，给客户撰写咨询意见，要求说明对涉案专利各项权利要求可提出无效宣告请求的范围、理由和证据，其中无效宣告请求理由要根据《专利法》及其实施细则的有关条、款、项逐一阐述，并结合给出的材料具体说明。

2. 请你根据技术交底材料，综合考虑客户提供的涉案专利和三份对比文件所反映的现有技术，为客户撰写一份发明专利申请的权利要求书。

如果认为应当提出一份专利申请，则应撰写独立权利要求和适当数量的从属权利要求；如果在一份专利申请中包含两项或两项以上的独立权利要求，则应说明这些独立权利要求能够合案申请的理由；如果认为应当提出多份专利申请，则应说明不能合案申请的理由，并针对其中的一份专利申请撰写独立权利要求和适当数量的从属权利要求，对于其他专利申请，仅需撰写独立权利要求。

3. 简述你撰写的独立权利要求相对于现有技术具备创造性的理由。若有多项独立权利要求，请分别对比说明。

4. 请你以技术交底材料为基础，综合考虑客户提供的涉案专利和三份对比文件所反映的现有技术，为客户撰写一份发明专利申请完整的说明书；在技术交底材料的基础上进行补充和修改的，对补充和修改之处作出简要说明。

附件1（涉案专利）：

（19）中华人民共和国国家知识产权局

（12）实用新型专利

（45）授权公告日　2021.09.12

（21）申请号　202021234567.X

（22）申请日　2020.12.04

（73）专利权人　B公司

（其余著录项目略）

权　利　要　求　书

1. 一种开口扳手，具有头部（1）、柄部（2）和止挡装置（3），头部（1）设有一开口的容置空间（4），止挡装置（3）包括止挡件（5），其特征在于，所述止挡件（5）为片状体，能够移动到所述头部（1）的容置空间（4）区域内，对扳手进行限位。

2. 根据权利要求1所述的开口扳手，其特征在于，所述止挡件（5）为可旋转部件，工作时所述止挡件（5）能够旋转到所述头部（1）的容置空间（4）区域内。

3. 根据权利要求1所述的开口扳手，其特征在于，所述止挡件（5）可进行伸缩运动，工作时所述止挡件（5）伸入所述头部（1）的容置空间（4）区域内。

4. 根据权利要求3所述的开口扳手，其特征在于，所述定位槽（9）设在止挡件（5）上，所述止挡件（5）借助定位槽（9）进行伸缩运动。

5. 根据权利要求1至4中任一项所述的开口扳手，其特征在于，所述头部（1）的上下两侧均设置有止挡装置（3）。

6. 根据权利要求5所述的开口扳手，其特征在于，所述头部（1）的顶面和底面分别设置有凹形平面（10），所述头部（1）上下两侧的止挡装置（3）分别设置在此凹形平面（10）中。

说　明　书

开口扳手

[0001] 本实用新型涉及一种开口扳手。

[0002] 现有技术的开口扳手借助该扳手旋转操作以达到旋紧、旋松螺帽的省力效果。但当扳手的容置空间接触螺帽后，由于施工空间或施力角度方向等问题，常使得扳手的头部与螺帽脱离，这样不仅会影响操作工作的顺利进行，且可能因突然间的滑脱而导致手部冲撞周边零件，发生意外事故或伤害。

[0003] 为克服现有技术的技术缺陷，本实用新型目的是提供一种操作时不易滑脱的开口扳手。

[0004] 本实用新型的开口扳手具有头部和柄部，头部设有开口的容置空间，还具有一个由片状止挡件和固定件构成的止挡装置，该片状止挡件能够移动到头部的容置空间中。这样，当扳手旋松螺帽后，就可将片状止挡件移动到螺帽的下方，从而对扳手进行限位，此时就能够防止扳手从螺帽上滑脱了。

[0005] 图1为本实用新型第一实施例开口扳手的部件分解示意图。

[0006] 图2为本实用新型第二实施例开口扳手的透视图。

[0007] 图3为本实用新型第三实施例开口扳手的部件分解示意图。

[0008] 图4为本实用新型第四实施例开口扳手的部件分解示意图。

[0009] 如图1所示，本实用新型第一实施例的开口扳手包括头部1、柄部2和止挡装置3。其中，头部1具有容置空间4；止挡装置3包括止挡件5和固定件6，且只有扳手的一侧有止挡装置3。止挡件5为片状体，其上设置有通孔7。扳手头部1靠近容置空间4处设有定位孔8。止挡件5上的通孔7与扳手头部1上的定位孔8相对应，其中固定件6可以为铆钉、螺杆件或其他固定组件。该止挡装置3的止挡件5借助穿过通孔7的固定件6将其固定在定位孔8上，与扳手相连接。该止挡装置3是可旋转的，可将止挡件5旋入或旋出到头部1的容置空间4内。在非工作状态时，止挡件5未旋入头部1的容置空间4内，当开口扳手将要旋松的螺帽拧松后，则可取下扳手而将止挡件5旋转到头部1的容置空间4内，使其位于螺帽的下方，此时若继续旋转螺帽时，开口扳手就不会再从螺帽上滑脱了。

[0010] 如图2所示，在本实用新型第二实施例的开口扳手中，只有一侧有止挡装置3。片状止挡件5上设置有定位槽9，固定件6经止挡件5上的定位槽9与扳手的定位孔8相连接。这样一来，止挡件5通过定位槽9可以在开口扳手上来回滑动，即相对于头部1上的容置空间4区域作伸缩运动。工作状态下，止挡件5的一端可伸出到容置空间4的区域中，对扳手进行限位，非工作状态下，止挡件5可从容置空间4区域完全缩回到扳手头部1中。

[0011] 如图3所示，本实用新型第三实施例的开口扳手中，其头部1的顶面和底面上下两侧均有如第一实施例中的可旋转止挡装置3。这样在使用过程中就可以实现开口扳手正反旋转换向，适用不同环境的螺栓使用，使用方便。

[0012] 如图4所示的本实用新型第四实施例与第三实施例的区别是在扳手的头部1的顶面和底面上分别设置有凹形平面10，位于头部1的顶面和底面上下两侧的旋转止挡装置3位于在

第六章

凹形平面 10 中，凹形平面 10 尺寸大小为能够使片状止挡件 5 旋出凹形平面 10 而伸入头部 1 的容置空间 4 中和完全旋入凹形平面 10 区域中。使用时，将止挡件 5 旋出到头部 1 的容置空间 4 区域中，起限位作用；不使用时，将止挡件 5 旋入凹形平面 10 区域中。因为受扳手尺寸的限制，第二实施例中的伸缩型止挡装置无法采用此结构。

第
六
章

说 明 书 附 图

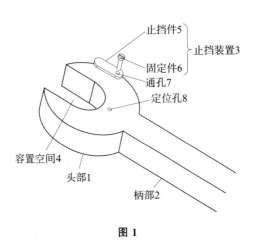

图 1

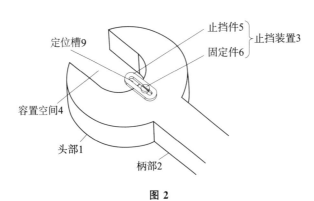

图 2

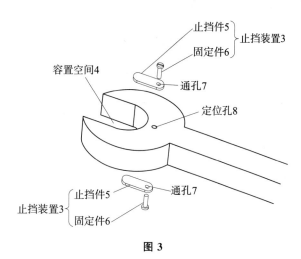

图 3

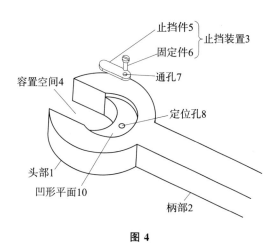

图 4

对比文件 1：

（19）中华人民共和国国家知识产权局

（12）实用新型专利

（45）授权公告日 2019.06.30

（21）申请号 201821433456.5

（22）申请日 2018.11.22

（73）专利权人 ×××

（其余著录项目略）

说　明　书

带环套的扳手

[0001] 本实用新型涉及一种带环套的扳手。

[0002] 现有技术的扳手中，在拧动扳手时，为了防止螺母晃动通常会用拇指按住螺栓头，但是在使用过程中会出现打滑，造成拇指被螺帽与扳手内壁之间的缝隙夹伤。

[0003] 本实用新型目的是提供一种操作时能防止使用者手被夹伤的扳手。

[0004] 为解决上述技术问题，本实用新型提供一种如图1所示的改进扳手，扳手包括头部1、手柄2、环套3，环套3内顶面贴合螺母上表面，起到限位作用，环套3的侧壁前后各有一个缺口，这样一来，使环套3的侧壁具有弹性。环套3内还可设置磁性片4，使用时环套3套在扳手头部1上，磁性片4吸住螺钉起到固定作用，使得螺栓不会突然突出来扎伤使用者。

说 明 书 附 图

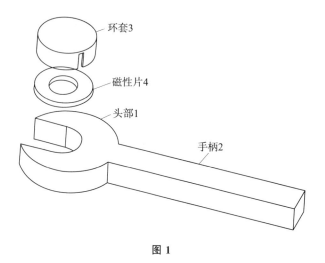

环套3

磁性片4

头部1

手柄2

图 1

对比文件2：

（19）中华人民共和国国家知识产权局

（12）实用新型专利

（45）授权公告日 2020.10.23

（21）申请号 202020191962.5

（22）申请日 2020.02.04

（73）专利权人 ×××

（其余著录项目略）

说　明　书

防滑脱扳手

[0001] 本实用新型涉及一种扳手，其一端为开口扳手，另一端为梅花扳手。

[0002] 在现有技术的扳手中，开口扳手或梅花扳手的套合处套在螺帽上转动时会发生相互脱离，无法继续带动螺帽。

[0003] 本实用新型的目的是提供一种能防止其套合处从螺帽上滑脱的扳手。

[0004] 在本实用新型防滑脱扳手包括一个柄体，该柄体的一端为开口扳手，另一端为梅花扳手，其带有防止滑脱的止挡装置。

[0005] 如图1和图2所示，该防滑脱扳手在其开口扳手的头部2设有由定位片3和定位栓4构成的止挡装置，定位片3为三角形片状，头部2靠近柄体1的部位开有定位孔5。定位片3可以通过定位栓4连接到定位孔5上。该定位片3可围绕定位栓4旋转至该开口扳手头部2的开口容置空间中，从而对扳手限位。定位片3和扳手柄体1之间设有凹凸配合连接结构，开口扳手头部2靠近柄体1的部位除开有定位孔外，还设有弹性凸起7，定位片上除开有供定位栓4穿过的通孔外，还在其下侧开有两个定位槽6。当定位片3转动到合适位置时，弹性凸起7借助其下方的弹簧8嵌入定位片3上的定位槽6中，形成凹凸配合连接结构，以确保定位片3在旋转伸入开口容置空间或者在退回到离开容置空间时实现可靠定位。

[0006] 如图3所示，该防滑脱扳手在其另一端梅花扳手的头部8设有封闭的容置空间，在该梅花扳手头部8和柄体1的连接处设有另一种结构的止挡装置。该止挡装置包括套筒9和与套筒9连成一体的止挡片10，套筒9套在柄体1上，可沿着柄体1直线滑动，带动止挡片10相对于梅花扳手头部8的封闭容置空间作直线伸缩滑动，工作时伸入封闭容置空间中对扳手进行限位。

说 明 书 附 图

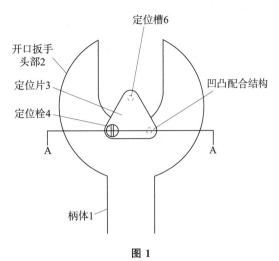

图 1

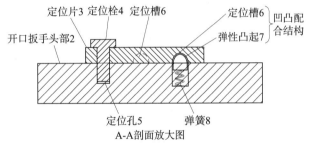

A-A剖面放大图

图 2

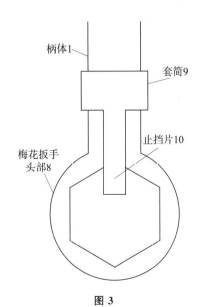

图 3

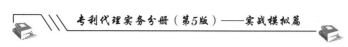

对比文件3：

（19）中华人民共和国国家知识产权局

（12）实用新型专利

（45）授权公告日 2019.03.13

（21）申请号 201820789117.7

（22）申请日 2018.09.04

（73）专利权人 ×××

（其余著录项目略）

说 明 书

梅花扳手

[0001] 本实用新型涉及一种梅花扳手，特别是一种防止扳动螺帽时滑脱的梅花扳手。

[0002] 现有技术中的梅花扳手，使用时扳动螺帽时套孔会从螺帽上滑脱，无法继续操作，甚至会伤及使用者的手。

[0003] 本实用新型的目的是提供一种能防滑脱的梅花扳手。

[0004] 为了达到上述目的，本实用新型的梅花扳手在其内空的套孔内设有棘动件，该棘动件的内周缘由多个壁面构成，各壁面上凹设有一限制部，至少其中部分限制部未完全贯穿壁面而形成一挡缘。

[0005] 本实用新型防止扳动螺帽时滑脱的梅花扳手如图1所示，梅花扳手10一端设有一内空的套孔11，套孔11内设有一可用来转动固定件（螺栓、螺帽）的棘动件12。该棘动件12的内周缘是由六个壁面13构成，形成一个正六边形，该棘动件12具有上端面14和下端面15。每一壁面13上皆凹设有一限制部16，该限制部16未完全贯穿于壁面13，在接近上端面14处形成一挡缘161，而在下端面的一侧向外形成连通的状态，所以固定件能由此侧进出；棘动件12的下端面15形成十二个等角的凹陷，六角形的固定件位于两种不同位置时恰可分别置入其中六个凹陷。扳手10上设有一控制钮17，以拨动一个与套孔11内棘动件12的外周面产生啮合的棘爪（图中未示出），借助该控制钮17实现换向功能。

[0006] 图2所示为固定件穿出于扳手套孔11内的棘动件12时的使用状态图。当需扳动螺栓20上的螺帽30时，可将棘动件12内的六个凹陷套入螺帽30的外缘，并使该螺帽30的外六角对入壁面13上所形成的六个凹陷。由于螺帽30并未受到卡制而可轻易穿出于棘动件12，且扳手10可借助壁面13的抵顶而扳动螺帽30。

[0007] 图3所示为固定件未穿出扳手套孔11内的棘动件12时的使用状态图。当需扳动螺栓20上的螺帽30时，可将棘动件12内的六个凹陷套入螺帽30的外缘，且使该螺帽30的外六角对入壁面13的限制部16内所形成的六个凹陷。由于螺帽30受到限制部16内挡缘161的卡制而无法穿出于棘动件12，可达到对固定件的止挡及防脱功能，但螺栓20仍可穿出于棘动件12，且扳手10可借助限止部16的抵顶而扳动螺帽30。

说 明 书 附 图

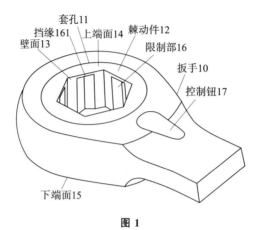

图 1

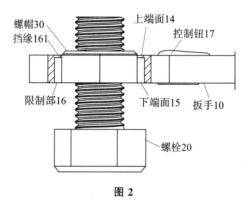

图 2

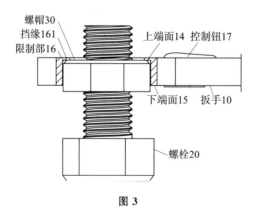

图 3

附件3（技术交底材料）：

现有技术中用于拆卸或锁紧螺帽的开口扳手及梅花扳手，当使用者在使用过程中，会产生一个向上或者向下的作用力，使扳手与螺帽滑脱，产生意外事故与伤害。

针对现有技术中的开口扳手及梅花扳手，提出了改进的防滑脱扳手结构。现给出两种改进结构的实施例。

第一实施例防滑脱扳手包括设有开口13的头部、柄部和止挡装置1，止挡装置1包括上挡片3、下挡片4和轴杆2。扳手头部靠近开口13处设有上下贯穿的轴孔5，止挡装置1的轴杆2穿枢在轴孔5中，轴杆2两端具有凸出于扳手头部上下端面的连接段2′和2″，上挡片3和下挡片4上分别设有与连接段2′、2″匹配的连接孔6和7，连接段2′、2″的外径略大于连接孔6、7的内径，这种过盈配合可以将上、下挡片3和4与轴杆2两端固定连接。在轴杆2两端面上还分别设有螺孔，该止挡装置1还包括与轴杆2两端面上的螺孔配合使用的锁紧件8和12以及垫片10和11，锁紧件8和12通过垫片10和11将上、下挡片3和4进一步固紧在轴杆2两端。上、下挡片3和4固定在轴杆2两端，上、下挡片3和4实现同步转动；固定时，将上、下挡片3和4反向设置，这样一来，上挡片3被推出进入开口13时，下挡片4从开口13退回到与开口13相邻的头部，相反，上挡片3被退回到与开口13相邻的头部时，下挡片4就被推出进入开口13。

现有技术中，在需要翻转扳手使用另一面拧动螺母时，需要先将一面的挡片推回扳手本体内，翻面后，再将另一面的挡片推出至开口中，给操作带来不便。通过上述结构，可使位于扳手两侧的上、下挡片同步转动，当使用者欲改变转动方向将扳手翻面操作时，仅需转动上挡片3就可同时转动上、下挡片3和4，有效克服现有扳手在翻转使用时需要先推回止挡片，然后翻面，最后再推出另一止挡片的操作不便问题。此外，当不需要使用止挡装置1来进行防滑脱时，还可转动任一上挡片3或下挡片4，使它们均收入在扳手本体内，而未进入开口13中，以便使用者根据需求进行调整。

为了缓冲运动，在上挡片3底侧、下挡片4顶侧与扳手本体接触面之间设置有橡胶垫。

第二实施例防滑脱扳手与前一实施例的区别是上挡片17一体成型于轴杆18端部。轴杆18另一端有多角状嵌卡段19（如图中所示正方形），下挡片20上设有与嵌卡段匹配的多角形嵌卡孔21，两者形成嵌卡配合固定连接，当然还可以像实施例一那样，用锁紧件将下挡片20进一步锁紧在轴杆18上。扳手本体上的轴孔15内部靠近上挡片一侧还可设有一段直径略大的容置段16，容置段内设置有弹簧24，使上挡片17与扳手本体之间形成间隙，起到减小扳动时的阻尼作用。

扳手本体在头部邻近开口或套孔的轴孔15周围设有限位凹槽25，上挡片17底部和下挡片20顶部设有一个与扳手本体头部限位凹槽25相匹配的限位凸点26，这种凹凸结构形成定位配合。图中的限位凹槽为三个，此相当于上、下挡片中一个进入开口或套孔内、另一个退出开口或套孔的两种使用状态以及两者均未进入开口或套孔的非使用状态。

为缓冲运动，也可以在上挡片17底侧、下挡片20顶侧与扳手本体接触面之间设置有橡胶垫。

第六章

技术交底材料附图

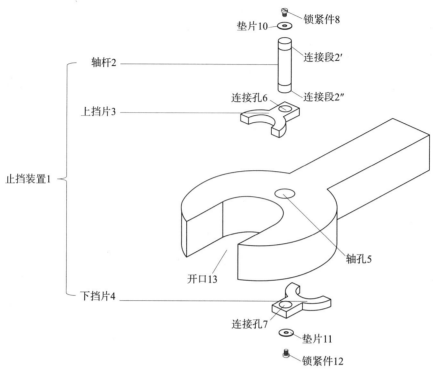

图 1

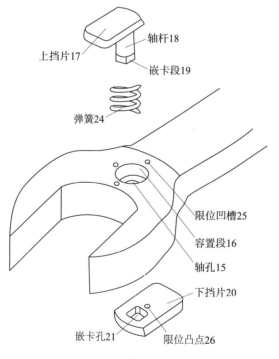

图 2

二、对试题内容的理解

由试题说明可知，本试题包括两部分：第一题涉及无效宣告请求的实务，后三题涉及申请文件撰写的实务。

第一题无效宣告请求实务的试题要求考生针对客户提供的涉案专利和三份作为证据的对比文件向客户给出咨询意见。在"基础实务篇"第三章第一节中对提出无效宣告请求时的专利代理实务工作给出具体说明，请求方的专利代理实务工作在应试时主要涉及两个方面，其一是向客户给出咨询意见，其二是撰写无效宣告请求书，显然2021年试题只涉及前一方面工作。在"基础实务篇"第三章第一节推荐的比较全面的咨询意见通常包括两方面内容，其一是具体分析说明对拟提出无效宣告请求的专利可提出无效宣告请求的理由，其二是根据目前所掌握的证据预测无效宣告请求前景并给出后续工作的建议；且为帮助考生更好掌握这方面试题的应试技巧，还以2015年专利代理实务科目有关无效宣告请求实务的试题为例作出具体说明。显然，根据2021年专利代理实务科目的试题说明，只要求考生在咨询意见中说明对涉案专利各项权利要求可提出无效宣告请求的范围、理由和证据，对其中的无效宣告请求理由要求考生根据《专利法》及其实施细则的有关条、款、项逐一阐述，并结合给出的材料具体说明，不再要求考生预测无效宣告请求的前景并给出后续工作建议，因而比2015年试题要简单一些。

在后三道有关申请文件撰写部分的试题中，第二题和第三题是往年专利代理实务科目试题中典型的申请文件撰写试题，其中第二题要求考生针对客户提供的附件2有关改进的防滑脱扳手的技术交底材料，并以前一部分无效宣告请求实务试题中拟提出无效宣告请求的实用新型专利（附件1）和三份证据（对比文件1、对比文件2和对比文件3）作为现有技术，为客户撰写一份发明专利申请的权利要求书；此外，还要求考生在撰写权利要求书涉及多项发明时，说明合案申请或分案申请的理由，以考核考生对单一性这一基本概念的掌握程度。第三题涉及一个最重要的专利代理实务基本知识——创造性，要求考生简述所撰写的独立权利要求相对于现有技术具备创造性的理由。该题的答案能反映考生在答复审查意见通知书时论述创造性的争辩能力。第四题要求考生为客户撰写一份发明专利申请完整的说明书，显然这也属于申请文件撰写内容，考核考生撰写说明书的能力，但在以往个别年份的专利代理科目考试中以简答题方式要求考生给出说明书的部分内容，或者要求考生针对客户技术人员自行撰写的说明书指出其存在哪些不符合《专利法实施细则》有关条款规定之处，从未要求考生完成整个说明书的撰写，因而第四题的试题类型是第一次出现在专利代理实务科目的试题中。

鉴于以上对试题内容的理解，下面先针对第一部分的试题即无效宣告请求实务试题给出应试思路，并通过具体分析给出参考答案，然后针对第二部分试题即发明专利申请文件撰写实务试题给出应试思路，并通过具体分析给出参考答案。

三、无效实务部分试题的应试思路、解析和参考答案

根据前面对无效宣告请求实务部分试题内容的理解，这部分试题的应试思路比2015年、2016年、2018年至2020年这儿年的无效宣告请求实务部分试题的应试思路要简单一些，可以按照下述四步进行：阅读理解拟提出无效宣告请求的实用新型专利文件；分析客户A公司提供的三件证据能否使该实用新型各项权利要求不具备新颖性和/或创造性；根据分析结果确定无效宣告请求的范围、理由和使用的证据；向客户A公司给出上述分析结果的咨询意见。

（一）阅读理解拟提出无效宣告请求的实用新型专利文件

在阅读理解该实用新型专利文件时需要进行下述两方面的工作：理解该实用新型专利各项权利要求的技术方案；分析专利文件是否存在无需证据就可作为无效宣告理由提出的缺陷。

1. 理解该实用新型各项权利要求的技术方案

由权利要求书中涉及的六项权利要求与说明书第［0002］段至［0004］段和第［0009］段至［0012］段的内容可知，本实用新型专利包括一项实用新型，独立要求要求1及从属权利要求2至6要求保护一种操作时不易滑脱的开口扳手。

由独立权利要求1的技术方案、说明书第［0004］段的内容以及说明书第［0009］段至［0012］结合附图1至图4作出的具体说明可知，独立权利要求1要求保护一种开口扳手，具有头部、柄部和止挡装置，头部设有一开口的容置空间，止挡装置包括片状止挡件，能移动到头部的容置空间区域内，对扳手进行限位；其相应于对说明书第［0009］段结合附图1说明的具体实施例（片状止挡片通过旋转而旋入或旋出头部容置空间）和说明书第［0010］段结合附图2说明的具体实施例（片状止挡片通过定位槽相对于头部容置空间的区域作伸缩运动）概括而成。

权利要求2对权利要求1作进一步限定，限定其中的止挡件能够旋转到头部的容置空间区域内，其相应于说明书第［0009］段结合附图1说明的具体实施例的结构（片状止挡件通过旋转而旋入或旋出头部容置空间）。

权利要求3对权利要求1作进一步限定，限定其中的止挡件可进行伸缩运动，工作时伸入头部的容置空间区域内，其相应于说明书第［0010］段结合附图2说明的具体实施例的结构（片状止挡件通过可伸缩运动伸入头部容置空间区域）。

权利要求4对权利要求3作进一步限定，限定所述定位槽设在止挡件上，止挡件借助定位槽进行伸缩运动，其进一步体现了说明书第［0010］段结合附图2说明的实施例中具体实现片状止挡件可伸缩运动的结构，即片状止挡件通过其上设置的定位槽实现相对于头部容置空间作伸缩运动。

权利要求5对权利要求1至4中任一项作进一步限定，限定其中的头部上下两侧均设置有止挡装置，其相应于说明书第［0011］段结合附图3说明的具体实施例的结构。

权利要求6对权利要求5作进一步限定，限定其中的头部的顶面和底面分别设置有凹形平面，头部上下两侧的止挡装置分别设置在此凹形平面中，其相应于说明书第［0012］段结合附图4说明的具体实施例的结构。

2. 分析专利文件是否存在无需证据就可作为无效宣告理由提出的缺陷

在阅读该实用新型专利文件理解其各项权利要求技术方案的同时，应当关注该专利文件本身是否存在无需证据就可作为无效宣告理由提出的实质性缺陷。这些实质性缺陷主要涉及《专利法》第2条、第5条和第25条规定的专利保护客体，《专利法》第26条第4款有关权利要求书应当以说明书为依据和清楚限定要求专利保护范围的规定，《专利法实施细则》第20条第2款有关独立权利要求应当从整体上反映发明或实用新型技术方案、记载解决技术问题的必要技术特征的规定。

显然权利要求1至权利要求6要求保护的是有形状结构的产品，属于《专利法》第2条第3款规定的实用新型专利保护客体，也不属于《专利法》第5条和第25条规定的不能授予专利权的客体，因此不存在《专利法实施细则》第65条第2款规定的不属于专利保护客体的无效宣告理由。

独立权利要求1的技术方案写明开口扳手具有头部、柄部和止挡装置，并写明止挡装置的止

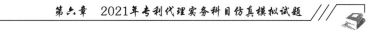

挡件呈片状体，并通过功能限定方式写明该止挡件能够移动到头部的容置空间内，对扳手进行限位。按照所描述的技术方案，通过将片状止挡件移动到开口扳手头部的容置空间，对扳手进行限位，从而可防止扳手操作时与螺帽脱离。可知该独立权利要求的技术方案已能解决防止扳手操作时易从螺帽上滑脱的技术问题，因而符合《专利法实施细则》第 20 条第 2 款有关独立权利要求应当记载解决技术问题必要技术特征的规定。

独立权利要求 1 特征部分的后一特征对其前一形状结构特征"片状止挡件"采用了功能效果特征"能移动到头部（1）的容置空间（4）区域内，对扳手进行限位"的限定，说明书中给出了旋转和伸缩运动两种实施方式，相当于权利要求 2 和 3 这两个技术方案（相应于说明书中结合附图 1 和图 2 给出的两个实施例），不妨认为其得到说明书的支持，符合《专利法》第 26 条第 4 款有关权利要求书应当以说明书为依据的规定。此外，独立权利要求 1 通过采用这种功能限定写法写明片状止挡件与开口扳手头部容置空间区域之间的关系，因而其已清楚限定要求专利保护的技术方案，符合《专利法》第 26 条第 4 款有关权利要求书应当清楚限定要求专利保护范围的规定。

由上述分析可知，独立权利要求 1 不存在无需证据就可作为无效宣告理由提出的缺陷。

权利要求 2 和权利要求 3 分别对权利要求 1 作进一步限定的文字描述虽然不够规范，但国家知识产权局在历年考试中还是认可这种撰写方式的，因而可以认为这两项权利要求也不存在无需证据可提出的无效宣告理由。

权利要求 4 对权利要求 3 作进一步限定，其进一步限定的技术特征"所述定位槽"在其引用的权利要求 3 的技术方案中并未出现过，属于《专利审查指南 2010》第二部分第二章中规定的未清楚限定保护范围的情况，因而该权利要求 4 不符合《专利法》第 26 条第 4 款有关权利要求书应当清楚限定专利保护范围的规定。但是，无效宣告请求程序中专利权人可能会以明显文字错误为理由通过文字修改来消除这一缺陷。

权利要求 5 对权利要求 1 至 4 这四项技术方案分别作出进一步限定，但说明书的四个实施例和其他文字部分并没有说明在头部上下两侧均设有如权利要求 3 和权利要求 4 这两种结构的止挡装置，不妨认为其得不到说明书的支持，因而可以认为权利要求 5 引用权利要求 3 和 4 的技术方案不符合《专利法》第 26 条第 4 款有关权利要求书应当以说明书为依据的规定。但是，这一主张也可能不被国家知识产权局认可，国家知识产权局有可能会认为本领域技术人员由说明书所记载第三实施例联想到这种上下两侧设置止挡装置对于可伸缩运动的片状止挡件也是很容易实现的。

权利要求 6 引用权利要求 5，因而其间接对权利要求 1 至 4 这四项技术方案分别作出进一步限定。说明书在对第四实施例的文字描述中明确写明"因为受扳手尺寸的限制，第二实施例中的伸缩型止挡装置无法采用此结构"，因此该权利要求 6 间接引用权利要求 3 和 4 的技术方案得不到说明书的支持，可以认为权利要求 6 间接引用权利要求 3 和 4 的技术方案不符合《专利法》第 26 条第 4 款有关权利要求书应当以说明书为依据的规定。但是，无效宣告请求程序中专利权人可能会以删除技术方案的方式修改权利要求 6 以消除这一缺陷。

（二）分析客户 A 公司提供的三件无效宣告请求证据

由试题内容可知，客户 A 公司向你所在的代理机构提供了三件无效宣告请求的证据（对比文件 1、对比文件 2 和对比文件 3）。在这一步中，先对这三件证据的适用范围作出分析，然后分析这三件证据能否使该实用新型专利各项权利要求不具备新颖性和/或创造性。

1. 确定三份对比文件相对于涉案实用新型专利的适用范围

涉案实用新型专利的申请日为 2020 年 12 月 4 日。

对比文件 1 中国实用新型专利的授权公告日为 2019 年 6 月 30 日，对比文件 2 中国实用新型专利的授权公告日为 2020 年 10 月 23 日，对比文件 3 中国实用新型专利的授权公告日为 2019 年 3 月 13 日，均早于涉案专利的申请日。因此这三份对比文件均构成涉案专利的现有技术，可以用作评价涉案专利各项权利要求是否具备新颖性和创造性的对比文件。

2. 分析三份对比文件能否使各项权利要求不具备新颖性和/或创造性

对比文件 1 和 3 均公开了一种扳手，但对比文件 1 并未公开涉案专利中用于防扳手滑脱的止挡装置，对比文件 3 公开的梅花扳手中防滑脱的结构完全不同于涉案专利中的止挡装置。两者均不能否定涉案专利各项权利要求的新颖性，也难以与其他现有技术结合起来否定涉案专利各项权利要求的创造性。

由对比文件 2 中相应于附图 1 和图 2 实施例所公开的防滑脱扳手，在其开口扳手的头部 2 设有由定位片 3 和定位栓 4 构成的止挡装置，头部 2 靠近柄体 1 的部位开有定位孔 5，定位片 3 可以通过定位栓 4 连接到定位孔 5 上，该定位片 3 可围绕定位栓 4 旋转至开口扳手头部 2 的开口容置空间中，从而对扳手限位。可知其公开了权利要求 1 和权利要求 2 的技术方案，且两者技术领域相同、要解决的技术问题和技术效果相同，两者为同样的发明创造，因而权利要求 1 和权利要求 2 相对于对比文件 2 中附图 1 和图 2 描述的实施例不具备《专利法》第 22 条第 2 款规定的新颖性。

在对比文件 2 的附图 3 实施例所公开的防滑脱扳手中，其止挡装置包括套筒 9 和与套筒 9 连成一体的止挡片 10，套筒 9 套在柄体 1 上，可沿着柄体 1 直线滑动，因而带动止挡片 10 相对于梅花扳手头部 8 的封闭容置空间作直线伸缩滑动。由此可知其公开了权利要求 1 特征部分的技术特征"止挡件（5）呈片状体，能够移动到头部（1）的容置空间（4）区域内，对扳手进行限位"和权利要求 3 限定部分的技术特征"止挡件（5）可进行伸缩运动，工作时所述止挡件（5）伸入所述头部（1）的容置空间（4）区域内"，其与权利要求 3 技术方案的区别仅在于容置空间是封闭的，而不是如权利要求 1 前序部分写明的"头部是开口的容置空间"，但对于本领域技术人员来说，头部设有开口的容置空间和设有封闭的容置空间分别属于本领域最常用的两种扳手（开口扳手和梅花扳手）的头部结构，可以认为两者属于惯用手段的直接置换，根据《专利审查指南 2010》第二部分第三章第 3.2.3 节的规定，可以认定两者的技术方案相同，因而可以认为权利要求 3 相对于对比文件 2 中附图 3 描述的实施例不具备《专利法》第 22 条第 2 款规定的新颖性。

即便专利权人和国家知识产权局认为两者不属于本领域惯用手段的直接置换，至少可以认为两者的区别仅仅是本领域常用等效手段的替换，因而权利要求 3 相对于对比文件 2 附图 3 所示实施方式和本领域的公知常识的结合不具有实质性特点和进步，不具备《专利法》第 22 条第 3 款规定的创造性；或者认为本领域技术人员在见到对比文件 2 中的两个实施例时很容易地会想到将后一实施例中公开的作伸缩运动的止挡装置应用到前一实施例中以得到权利要求 3 的技术方案，因而权利要求 3 相对于对比文件 2 中附图 1、图 2 所示实施例和附图 3 所示实施例的结合不具有实质性特点和进步，不具备《专利法》第 22 条第 3 款规定的创造性。

由于对比文件 2 既未公开权利要求 4 限定部分的技术特征"带定位槽的止挡片"，也未公开权利要求 5 限定部分的技术特征"头部（1）的上下两侧均设有止挡装置（3）"，更未公开权利要求 6 限定部分的技术特征"头部（1）的顶面和底面设置有凹形平面（10）"，因而对比文件 2 不能否定这三项权利要求的新颖性。此外，对比文件 1 和 3 也未公开上述技术内容，上述技术内容也不属于本领域的公知常识，因而上述三项权利要求相对于对比文件 2 与对比文件 1、对比文件 3 或其他现有技术以及本领域公知常识的结合具有实质性特点和进步，具备《专利法》第 22 条第 3 款规定的创造性。即目前发现的对比文件（包括考虑了本领域的公知常识）尚不能否定权利要求4、5、6的创造性。

（三）确定无效宣告请求范围、理由和使用的证据

由上述分析可知，本无效宣告请求主要采用客户提供的对比文件2作为证据；而对于对比文件1和对比文件3，可以作为说明开口容置空间和封闭容置空间分别是本领域最常用的开口扳手和梅花扳手的头部结构，作为支持其中权利要求3不具备创造性的辅助证据。❶

无效宣告请求书中可提出以下四项无效宣告理由：

权利要求1、2和3相对于对比文件2不具备《专利法》第22条第2款规定的新颖性；❷

权利要求3至少相对于对比文件2和本领域公知常识的结合或者相对于对比文件2的两个实施例的结合不具备《专利法》第22条第3款规定的创造性；❸

权利要求4未清楚限定要求专利保护的范围，不符合《专利法》第26条第4款的规定；

权利要求5和权利要求6未以说明书为依据，不符合《专利法》第26条第4款的规定。❹

因此，可以请求涉案专利权利要求1至6全部无效，但专利权人可以修改权利要求4至6，最后有可能在修改的权利要求书的基础上维持专利权有效。

（四）向客户A公司给出上述分析结果的咨询意见

根据前面的分析结果，撰写给客户A公司的咨询意见。根据试题要求，在此咨询意见中应当说明对涉案实用新型专利各项权利要求可提出无效宣告请求的范围、理由和证据，其中无效宣告请求理由要根据《专利法》及其实施细则的有关条、款、项逐一阐述，并结合给出的材料具体说明。根据上述试题要求，给客户的咨询意见包括如下四个部分：关于证据的使用；关于各项权利要求相对于三份对比文件是否具备新颖性和创造性；涉案专利还存在无需证据支持的法定无效宣告理由；拟提出的无效宣告请求的范围、理由和使用的证据。

下面给出推荐的写给客户A公司的咨询意见。

尊敬的A公司：

我方对贵方拟提出无效宣告请求的涉案专利以及提供的三份拟作为证据的对比文件（对比文件1至对比文件3）进行了分析研究，现给出如下咨询意见。

根据《专利法》第45条及《专利法实施细则》第65条的规定，贵方作为请求人可以针对专利号为ZL201525633028.X、名称为"开口扳手"的实用新型专利向国家知识产权局提出无效宣告请求。具体意见如下❺。

一、关于证据的使用

对比文件1的授权公告日为2019年6月30日，对比文件2的授权公告日为2020年10月23

---

❶　国家知识产权局的答案中，有可能仅以对比文件2作为提出无效宣告请求的证据。

❷❸　国家知识产权局的答案中，有可能仅对权利要求1和2指出不具备新颖性的理由，对权利要求3仅以其相对于对比文件2中的两个实施例的结合不具备创造性为无效宣告理由。

❹　国家知识产权局的答案中，可能仅指出权利要求6未以说明书为依据的无效宣告理由，并未指出权利要求5未以说明书为依据的无效宣告理由。

❺　由于2021年专利代理实务科目试题中有关无效宣告请求实务部分的试题只要求考生撰写给客户的咨询意见，并未要求考生撰写提交给国家知识产权局的无效宣告请求书，为了应对国家知识产权局将依据《专利法》及其实施细则有关条款提出无效宣告请求作为一个考点，在推荐的咨询意见中增加了这一段内容。平时实务中给客户的咨询意见中可以没有这一段内容，但在向国家知识产权局提出的无效宣告请求书中应当有这一段内容，通常反映在无效宣告请求书的表格中。

第六章

日，对比文件3的授权公告日为2019年3月13日，均早于涉案专利的申请日2020年12月4日，因此这三份对比文件均构成涉案专利的现有技术，可以用作评价涉案专利各项权利要求是否具备新颖性和创造性的对比文件。

对比文件2中公开的防滑脱扳手公开了涉案专利权利要求1和2的技术方案，足以否定这两项权利要求的新颖性，且该对比文件2公开的内容还极有可能影响权利要求3的新颖性，至少可以用于否定权利要求3的创造性，因而在提出无效宣告请求时主要以该对比文件2作为支持涉案专利不具备新颖性和创造性的无效宣告理由的证据。

对比文件1中公开的扳手并未包括涉案专利中用于防扳手滑脱的止挡装置，对比文件3公开的梅花扳手中防滑脱的结构完全不同于涉案专利中的止挡装置，因而两者均不能否定涉案专利各项权利要求的新颖性。但是，在以对比文件2公开的内容来否定权利要求3的创造性时，可以用对比文件1公开的开口扳手和对比文件3公开的梅花扳手作为说明权利要求3技术方案与对比文件2公开内容之间的唯一不同之处"开口容置空间和封闭容置空间"分别是本领域最常用的开口扳手和梅花扳手的头部结构，从而可以将其作为支持权利要求3不具备创造性的辅助证据。❶

二、关于各项权利要求相对于三份对比文件是否具备新颖性和创造性

1. 权利要求1和2相对于对比文件1不具备新颖性

权利要求1要求保护一种开口扳手，对比文件2（见其说明书第［0005］段）中结合附图1和附图2描述的实施例中公开了一种防滑脱扳手，在其开口扳手的头部2设有由定位片3（相当于权利要求1中的止挡件）和定位栓4构成的止挡装置，定位片3为三角形片状（相当于权利要求1中的止挡件呈片状体），头部2靠近柄体1的部位开有定位孔5。定位片3可以通过定位栓4连接到定位孔5上。该定位片3可围绕定位栓4旋转（即权利要求1中移动的一种方式）至该开口扳手头部2的开口容置空间中，从而对扳手限位。可知对比文件2中相应于附图1和附图2的实施例公开了权利要求1所要求保护的技术方案的全部技术特征，即两者的技术方案相同，且技术领域均为扳手，都解决了防止扳手滑脱这一技术问题，同样达到了对扳手进行限位的技术效果，因而两者为同样的实用新型，因此权利要求1相对于对比文件2中结合附图1和附图2描述的实施例不具备《专利法》第22条第2款规定的新颖性。

权利要求2对权利要求1作了进一步限定，该止挡片能够旋转到头部的容置空间区域内，由上述分析可知，这一技术特征也已被对比文件2（见其说明书第［0005］段）中相应于附图1和附图2的实施例公开了。因而，当权利要求1相对于对比文件2中相应附图1和附图2的实施例不具备新颖性时，该权利要求2相对于对比文件2中相应附图1和附图2的实施例也不具备《专利法》第22条第2款规定的新颖性。

2. 权利要求3相对于对比文件2不具备新颖性❷

权利要求3对权利要求1作了进一步限定，该止挡片可进行伸缩运动，工作时止挡件伸入头部的容置空间区域内。对比文件2（见其说明书第［0006］段）中结合附图3描述的实施例中公开了一种防滑脱扳手，在其另一端梅花扳手的头部8设有封闭的容置空间，在该梅花扳手头部8和柄体1的连接处设有另一种结构的止挡装置。该止挡装置包括套筒9和与套筒9连成一体的止挡片10（相当于权利要求1中的呈片状体的止挡件），套筒9套在柄体1上，可沿着柄体1直线滑动，因而带动止挡片10相对于梅花扳手头部8的封闭容置空间作直线伸缩滑动，工作时伸入

---

❶ 国家知识产权局的答案中，可能仅以对比文件2作为提出无效宣告请求的证据。

❷ 国家知识产权局的答案中可能没有这部分内容。

封闭容置空间中对扳手进行限位（相当于权利要求3限定部分的技术特征——止挡件可进行伸缩运动，工作时止挡件伸入头部的容置空间区域内），可知权利要求3要求保护的开口扳手与对比文件2中相应附图3实施例公开的防滑脱扳手两者的区别仅仅是前者为开口容置空间，后者为封闭容置空间，这两者分别是本领域扳手中开口扳手和梅花扳手的头部结构，即两者是本领域扳手中最常见的两种结构，是惯用手段的直接置换，按照《专利审查指南2010》第二部分第三章第3.2.3节的规定，权利要求3要求保护的技术方案相对于对比文件2中相应附图3实施例公开的防滑脱扳手不具备《专利法》第22条第2款规定的新颖性。

　　3. 权利要求3不具备创造性

　　正如前面分析所指出的，权利要求3要求保护的开口扳手与对比文件2（见其说明书第［0006］段）中相应附图3实施例公开的防滑脱扳手的区别仅仅是前者为开口容置空间。后者为封闭容置空间。即使不认为这两种结构是所属技术领域的惯用手段的直接置换，由对比文件2的两个实施例中前一个是具有开口容置空间的开口扳手，后一个是具有封闭容置开口的梅花扳手，对比文件1公开的是具有开口容置空间的开口扳手，对比文件3公开的是具有封闭容置空间的梅花扳手，可见这两种结构是扳手的常见结构，均起到夹住螺帽这类待旋转件的作用，在拧紧和旋松螺帽时起到相同的效果，由此可知两者的区别是所属领域的等效替代手段。按照《专利审查指南2010》第二部分第四章第4.6.2节的规定，权利要求3要求保护的技术方案相对于对比文件2中相应附图3实施例公开的防滑脱扳手和本领域公知常识的结合是显而易见的，不具有实质性特点和进步，不具备《专利法》第22条第3款规定的创造性。❶

　　还可以用这样的方法来分析权利要求3不具备创造性：对比文件2（见其说明书第［0005］段）相应附图1和附图2的前一实施例公开的开口扳手中设有一个通过旋转使止挡片进入头部容置空间以实现防滑脱的止挡装置，对比文件2（见其说明书第［0006］段）相应附图3的后一实施例中公开的梅花扳手带有一个通过伸缩运动使止挡片进入头部容置空间的止挡装置，本领域技术人员在见到对比文件2中的两个实施例时很容易地会想到将后一实施例中公开的作伸缩运动的止挡装置应用到前一实施例中以得到权利要求3的技术方案，也就是说本领域的技术人员由对比文件2公开的两个实施例结合起来得到权利要求3的技术方案是显而易见的，故其不具有实质性特点和进步，由此可知权利要求3要求保护的技术方案相对于对比文件2中相应附图1和附图2的前一实施例与相应附图3的后一实施例的结合不具备《专利法》第22条第3款规定的创造性。

　　还可以用这样的方法来分析权利要求3不具备创造性：以对比文件2（见其说明书第［0005］段）中相应附图1和附图2的前一实施例作为权利要求3技术方案最接近的现有技术，权利要求3要求保护的开口扳手与对比文件2中前一实施例公开的防滑脱扳手的区别仅仅是前者的止挡片通过伸缩运动使其在工作时进入头部的容置空间，后者是通过旋转止挡片而使其在工作时进入头部的容置空间，而对比文件2（见其说明书第［0006］段）相应附图3的后一实施例已公开了一种通过伸缩运动进入头部容置空间的止挡片，所起的作用与其在权利要求3中所起的作用相同，都是采用止挡片的伸缩运动解决限位问题，因此对比文件2的后一实施例给出了将上述技术特征应用于对比文件2的前一实施例中来解决相应技术问题的技术启示。也就是说，本领域的技术人员由对比文件2公开的两个实施例结合起来得到权利要求3的技术方案是显而易见的，故其不具有实质性特点和进步，由此可知权利要求3要求保护的技术方案相对于对比文件2中的

---

　　❶　国家知识产权局的答案中可能没有这一段内容。

第六章

前一实施例与后一实施例的结合不具备《专利法》第22条第3款规定的创造性。❶

4. 现有的三份对比文件不能否定权利要求4至6的新颖性和创造性❷

由于对比文件2既未公开权利要求4限定部分的技术特征"带定位槽的止挡片"，也未公开权利要求5限定部分的技术特征"头部（1）的上下两侧均设有止挡装置（3）"，更未公开权利要求6限定部分的技术特征"头部（1）的顶面和底面设置有凹形平面（10）"，因而对比文件2不能否定这三项权利要求的新颖性。此外，对比文件1和3也未公开上述技术内容，上述技术内容也不属于本领域的公知常识，因而上述三项权利要求相对于对比文件2与对比文件1、对比文件3和本领域公知常识的结合具有实质性特点和进步，具备《专利法》第22条第3款规定的创造性。即目前三份对比文件不能否定权利要求4、5、6的新颖性和创造性。

三、涉案专利还存在无需证据支持的法定无效宣告理由

1. 权利要求4未清楚限定要求专利保护的范围

权利要求4对权利要求3作进一步限定，其进一步限定的技术特征"所述定位槽"在其引用的权利要求3的技术方案中并未出现过，缺乏引用基础，属于《专利审查指南2010》第二部分第二章第3.2.2节中规定的未清楚限定其保护范围的情况，因而该权利要求4不符合《专利法》第26条第4款有关权利要求书应当清楚限定要求专利保护范围的规定。

但是，在无效宣告请求程序中，专利权人可能会以明显文字错误为理由通过文字修改，例如将限定部分第一句修改为"所述止挡件（5）上设有定位槽（9），该止挡件（5）借助此定位槽（9）进行伸缩运动"，来消除这一缺陷。❸

2. 权利要求5未以说明书为依据❹

权利要求5对权利要求1至4这四项技术方案分别作出进一步限定，但说明书的四个实施例和其他文字部分并没有说明在头部上下两侧均设有如权利要求3和权利要求4这两种结构的止挡装置，不妨认为其得不到说明书的支持，因而可以认为权利要求5引用权利要求3和4的技术方案不符合《专利法》第26条第4款有关权利要求书应当以说明书为依据的规定。但是，这一主张可能不为国家知识产权局认可，国家知识产权局可能会认为本领域技术人员由说明书所记载的实施例3联想到这种上下两侧设置止挡装置对于可伸缩运动的片状止挡件也是很容易实现的。

3. 权利要求6未以说明书为依据

权利要求6引用权利要求5，因而其间接对权利要求1至4这四项权利要求分别作出进一步限定。说明书在对第四实施例的文字描述中明确写明"因为受扳手尺寸的限制，第二实施例中的伸缩型止挡装置无法采用此结构"，因此该权利要求6间接引用权利要求3和4的技术方案得不到说明书的支持。由此可知，权利要求6间接引用权利要求3和4的技术方案不符合《专利法》第26条第4款有关权利要求书应当以说明书为依据的规定。

但是，无效宣告请求程序中专利权人可能会以删除技术方案的方式修改权利要求6，消除这一缺陷。❺

---

❶ 估计在国家知识产权局的答案中，对权利要求3不具备创造性的论述更认可此段的分析方式。考虑到平时实务的实践中，应当尽可能以更多的无效宣告理由和组合方式提出无效宣告请求，推荐的咨询意见中给出了多种论述权利要求3不具备新颖性或创造性的评述方式；在应试时，答案中给出多种评述方式，就可能会有一种评述方式与国家知识产权局的答案相同，但为了避免丢分，给出的多种评述方式务必都要论述正确。

❷❹ 国家知识产权局的答案中有可能没有这一部分内容。

❸❺ 国家知识产权局的答案中有可能不要求指出专利权人可能消除此缺陷和如何消除此缺陷的内容。

四、拟提出的无效宣告请求的范围、理由和使用的证据❶

由上述分析可知，本无效宣告请求主要采用对比文件2作为证据；而对于对比文件1和对比文件3，可以将其作为说明开口容置空间和封闭容置空间分别是本领域最常用的开口扳手和梅花扳手的头部结构，作为支持其中权利要求3不具备创造性的辅助证据。

无效宣告请求书中可提出以下四项无效宣告理由：

权利要求1、2和3相对于对比文件2不具备《专利法》第22条第2款规定的新颖性；

权利要求3至少相对于对比文件2和本领域公知常识的结合或者相对于对比文件2的两个实施例的结合不具备《专利法》第22条第3款规定的创造性；

权利要求4未清楚限定要求专利保护的范围，不符合《专利法》第26条第4款的规定；

权利要求5和权利要求6未以说明书为依据，不符合《专利法》第26条第4款的规定。

因此，可以请求涉案专利权利要求1至6全部无效，但专利权人可以通过删去权利要求1至3，并对权利要求4至6进行修改，最后有可能在修改的权利要求书的基础上维持专利权有效。

以上四点意见供贵公司参考，并尽快给出指示，以便在该专利侵权诉讼程序答复起诉书的期限内针对该涉案专利提出无效宣告请求。

××专利代理事务所　　专利代理师×××

××××年××月××日

四、发明专利申请文件撰写部分试题的应试思路、解析和参考答案

正如前面"对试题内容的理解"部分所指出的，2021年专利代理实务科目试题与往年试题相比，有关专利申请文件撰写部分的试题还要求考生为客户撰写一份完整的说明书。因而，对于2021年专利代理实务科目发明专利申请文件撰写部分的试题，在完成往年试题内容之后，还需要撰写一份完整的说明书。具体说来，可按照下述应试思路进行答题：阅读理解技术交底材料，确定专利申请要求保护的主题；针对该专利申请要求保护的最重要的发明创造撰写独立权利要求；针对该最重要的发明创造撰写从属权利要求；给出推荐的发明专利申请的权利要求书；针对其他发明创造撰写独立权利要求，并确定申请策略，以说明多项发明合案申请或合案申请的理由；针对第三题作出解答，说明所撰写的独立权利要求相对于现有技术具备创造性的理由；为客户撰写一份完整的说明书，并按第四题要求作出具体说明。

（一）阅读理解技术交底材料，确定专利申请要求保护的主题

由技术交底材料第一段可知，现有技术中的开口扳手及梅花扳手，在使用过程中容易产生一个向上或者向下的作用力，使扳手与螺帽滑脱，产生意外事故或伤害。

技术交底材料第二段明确写明，在现有技术开口扳手和梅花扳手的基础上，提出了改进的防滑脱扳手结构，给出了两种改进结构的实施例。

在技术交底材料第三段至第五段（结合附图1）具体说明了第一种改进结构的实施例。其中第三段对本发明第一种防滑脱扳手实施例的改进结构作出具体说明：止挡装置包括上挡片、下挡片和轴杆，开口扳手本体上设有供轴杆穿枢的贯穿轴孔，轴杆两端高出扳手表面的部分为与上、

---

❶　国家知识产权局的答案中可能没有这一部分内容，因为其已体现在上面的分析内容中。但由于试题说明中，要求说明对涉案专利各项权利要求可提出无效宣告请求的范围、理由和证据，在此推荐的咨询意见最后一部分集中对此作出说明，而前面几部分作为对各项无效宣告理由的具体说明。

下挡片的连接孔相匹配的连接段，连接段的外径略大于连接孔的内径，形成过盈配合，将上、下挡片与轴杆两端固定连接，实现上、下挡片同步转动。固定时，上、下挡片反向设置，从而上挡片被推出进入扳手开口时，下挡片从开口退出，相反，上挡片被退回到与开口相邻的扳手套合部时，下挡片就被推出进入开口。此外，在第三段中还给出了通过锁紧件和垫片将上、下挡片进一步固紧在轴杆两端的具体结构。在技术交底材料第四段中，通过对比方式说明第一种改进结构的防滑脱扳手如何克服现有技术防滑脱扳手在翻转使用时操作不便的技术问题。技术交底材料第五段中针对第一种改进结构的防滑脱扳手还给出了为缓冲运动采用的技术手段，在上挡片底侧、下挡片顶侧与扳手本体接触面之间设置有橡胶垫。

在技术交底材料第六段至第八段（结合附图2）给出第二种改进结构的实施例。在第六段中，首先，明确写明第二种改进结构的防滑脱扳手与第一种改进结构的不同之处：上挡片一体成型于轴杆的端部；其次，具体说明轴杆另一端与下挡片之间采用的嵌卡配合固定连接方式，并进一步指出对下挡片也可以像第一种改进结构那样，采用锁紧件将下挡片进一步锁紧在轴杆上；最后，给出第二种改进结构为减小扳动时的阻尼作用采取的技术手段：在扳手本体上的轴孔内部设有一段直径略大、在其中安放弹簧的容置段。在技术交底材料第七段中给出了第二种改进结构防滑脱扳手用于对上、下挡片进行定位的技术手段：扳手本体在轴孔周围设有限位凹槽，上、下挡片设有一个与限位凹槽相匹配的限位凸点，构成定位配合。技术交底材料第八段中对第二种改进结构防滑脱扳手给出了与前一种实施例第五段中同样的技术手段，为缓冲运动在上挡片底侧、下挡片顶侧与扳手本体接触面之间设置有橡胶垫。

通过阅读技术交底材料可知，本发明涉及一项要求保护的主题"防滑脱扳手"。

技术交底材料第三段和第四段以及第六段和第七段分别针对本发明防滑脱扳手的两个实施例说明了本发明防滑脱扳手所作出的主要改进，即将上、下挡片固定连接在轴杆上以进行同步转动，且在固定时将上、下挡片反向设置，从而在扳手翻转使用时操作更为方便。可以将本发明防滑脱扳手作出的主要改进作为本发明专利申请最重要的申请主题，撰写独立权利要求和从属权利要求。而第五段和第八段又针对这两个实施例说明了本发明所作出的另一方面改进，在上、下挡片与扳手本体接触面之间设置橡胶垫以缓冲运动。通过对这两方面改进作进一步分析，可知后一方面为缓冲运动作出的改进不仅可以作为在前一方面主要改进的基础上作出的进一步改进，还可以作为与前一方面主要改进无关而单独完成的并列改进。按照往年试题答案，多年试题（如2012至2015年、2018至2020年试题）在这种情况下，既要针对后一方面改进撰写成本申请主要改进独立权利要求的从属权利要求，又要针对后一方面改进撰写一项独立权利要求，另行提出申请。但是就2021年专利代理实务科目申请文件撰写部分的试题来看，第二方面的改进很简单，针对其写成一项独立权利要求极有可能被认为不具备创造性。这样的申请在当前很可能被国家知识产权局认定为编造的非正常申请，不妨针对第二面改进只撰写前一方面主要改进独立权利要求的从属权利要求，不再撰写独立权利要求，另行提出专利申请。❶

---

❶ 估计国家知识产权局2021年专利代理实务科目有关专利申请文件撰写部分的答案中很可能没有针对第二方面改进撰写独立权利要求的内容，因而按照这一考虑给出上述分析说明，后面有关第二题后半题简答题的推荐答案也按未撰写分案申请独立权利要求的情况给出。但是考虑到往年大多数试题，在此情况下需要给出分案申请的独立权利要求，为帮助考生了解有分案申请时应当如何作答，在相应部分以脚注方式给出需要撰写分案申请独立权利要求时的推荐答案。

（二）针对该专利申请要求保护的最重要的发明创造撰写独立权利要求

技术交底材料中针对主要方面改进结合附图给出两种不同结构的防滑脱扳手，这两种结构是并列的技术方案。对于这两种并列结构的防滑脱扳手，在撰写独立权利要求时，通常按照下述步骤进行：分析并列出两种结构防滑脱扳手的全部技术特征，其中哪些是共有的技术特征，哪些是不同的技术特征，对于两者不同的技术特征需考虑采用什么样的技术术语进行概括；确定最接近的现有技术及要解决的技术问题；确定解决技术问题的必要技术特征，完成独立权利要求的撰写。

1. 分析并列出两种结构的防滑脱扳手的全部技术特征

下面，依据技术交底材料中结合附图给出的两种防滑脱扳手的具体结构，列出该要求保护主题所涉及的全部技术特征。

技术交底材料第三段中给出了本发明防滑脱扳手第一种实施例的具体结构，在第六段中以与第一种实施例不同之处的方式说明了防滑脱扳手第二种实施例的具体结构。通过阅读这两段内容可知，这两种防滑脱扳手都包括有设有开口的头部、柄部和止挡装置，该止挡装置包括上挡片、下挡片和轴杆，头部靠近开口处设有上下贯穿的轴孔，轴杆穿枢在轴孔中，上、下挡片与轴杆两端固定连接，使上、下挡片同步转动，固定时上、下挡片反向设置，从而上、下挡片之一进入头部开口时，另一挡片退回到与开口相邻的头部，或者反之。两者的不同之处在于：在第一种实施例中，轴杆两端的连接段直径略大于上、下挡片连接孔内径，因而两者以过盈配合结构实现固定连接；而在第二种实施例中，上挡片一体成形于轴杆端部，轴杆另一端与下挡片形成嵌卡固定连接。显然，对这两种实施例上、下挡片与轴杆不同连接方式需要进行概括表述，但这已反映在技术交底材料第三段中了，即"上、下挡片与轴杆两端固定连接"。

需要说明的是，技术交底材料第一段和第二段中写明本发明是针对现有技术中的开口扳手和梅花扳手存在与螺帽滑脱造成伤害的问题，提出改进的防滑脱扳手结构，并给出两种改进结构实施例。虽然在技术交底材料中体现第一种实施例的附图1和体现第二种实施例的附图2中给出的均为开口扳手，并且所作的文字描述基本上是针对开口扳手说明的，但在列出本发明的技术特征时应当考虑扩大到包括梅花扳手在内，为此应当将前面提到体现开口扳手的技术特征扩大到梅花扳手。应试时，通常可以从技术交底材料中找到启示，如在技术交底材料中未能发现，可从现有技术对比文件中查找。在目前改编的试题中，在技术交底材料的第七段中对于上、下挡片进入开口的描述中出现了"开口或套孔"的文字表述，❶ 显然"套孔"反映的是梅花扳手的结构。此外，在对比文件3的梅花扳手中也发现类似的文字表述，因而在列出本发明技术特征时可采用类似的表述方式，即将"设有开口的头部"表述成"设有开口或套孔的头部"，将"扳手头部靠近开口处设有上下贯穿的轴孔"表述成"扳手头部靠近开口或套孔处设有上下贯穿的轴孔"。这样对于本发明要求保护的防滑脱扳手既包括开口扳手，又包括梅花扳手。

此外，在技术交底材料第五段和第八段还给出了两种实施例的另一相同的技术手段：在上挡

---

❶ 在流传的考生回忆试题中，技术交底材料中并未出现有关"套孔"的内容，且"扳手头部靠近开口13处设有上下贯穿的轴孔5"也表述成"扳手本体上设有上下贯穿的轴孔"，但这样描述的轴孔位置是不够清楚的。为了帮助考生在今后遇到需要扩展保护主题的试题时知晓如何适当扩展，例如2018年专利代理实务科目撰写部分的试题就要根据现有技术的内容对其具体结构进行扩展，由三棱柱扩展到多棱柱，因而改编试题增加了这方面保护主题扩展的内容。

片底侧、下挡片顶侧与扳手本体接触面之间设置有橡胶垫。

按照上述分析，针对本发明防滑脱扳手的两种实施例结构可列出下述共同技术特征和概括、扩展后的技术特征：

① 设有开口或套孔的头部；

② 头部靠近开口或套孔处设有上下贯通的轴孔；

③ 柄部；

④ 止挡装置；

⑤ 止挡装置包括上挡片、下挡片和轴杆；

⑥ 轴杆穿枢在轴孔中。

⑦ 上、下挡片与轴杆两端固定连接，使上、下挡片同步转动；

⑧ 固定时上、下挡片反向设置，从而上、下挡片之一进入头部开口或套孔时，另一挡片退出开口或套孔，或者反之；

⑨ 在上挡片底侧、下挡片顶侧与扳手本体接触面之间设置有橡胶垫。

2. 确定最接近的现有技术及要解决的技术问题

根据试题，对于这件发明专利申请，撰写前所了解到的现有技术共有 4 份对比文件，即无效宣告请求实务部分试题中的涉案专利以及三份证据（对比文件 1、对比文件 2 和对比文件 3）。现从这四份对比文件反映的现有技术中确定这件发明专利申请的最接近的现有技术。

按照《专利审查指南 2010》第二部分第四章第 3.2.1.1 节规定的确定最接近的现有技术的原则，首先，选出那些与要求保护的发明创造技术领域相同或相近的现有技术，而在撰写专利申请文件的独立权利要求时，应当选择相同技术领域的现有技术；其次，从这些现有技术中选取出所要解决的技术问题、技术效果或者用途最接近和/或公开了发明创造的技术特征最多的那一项现有技术作为最接近的现有技术。

就要求保护的发明防滑脱扳手的改进来说，涉案专利、对比文件 1、对比文件 2 和对比文件 3 都涉及扳手，都属于相同技术领域；而从所要解决的技术问题、技术效果或者用途最接近和/或公开了发明创造的技术特征最多来看，显然涉案专利、对比文件 2 解决的技术问题、技术方案和技术效果与对比文件 1、对比文件 3 相比更接近本发明。而涉案专利中涉及四个实施例，对比文件 2 涉及两个实施例。经过对涉案专利四个实施例和对比文件 2 两个实施例作进一步分析对比，只有涉案专利中的实施例 3 中在扳手上下两侧均设有止挡片，本发明的技术方案正是为了克服这种上下两侧设置止挡片的扳手翻面时存在操作不便的技术问题，因而在撰写独立权利要求时应当以涉案专利实施例 3 作为最接近的现有技术，本发明相对于最接近的现有技术解决了扳手使用时翻面操作不便的技术问题。

3. 确定解决技术问题的必要技术特征，完成独立权利要求的撰写

现对前面第 1 点中针对两种结构防滑脱扳手所列出的九个技术特征进行分析，以确定其中哪些技术特征是解决上述技术问题的必要技术特征。

技术特征①、技术特征③和技术特征④是本发明防滑脱扳手三个必不可少的组成部件，应当写入独立权利要求中，且这三个技术特征均是与最接近的现有技术（涉案专利实施例 3）共有的技术特征，应当写入独立权利要求的前序部分。当然，其中技术特征③柄部与本发明主要改进（方便扳手翻面操作）并无直接关系，可不写入独立权利要求的前序部分，但这一技术特征是防滑脱扳手必定具有的部件，不存在侵权产品规避这一技术特征的可能，对此情况不妨仍可将其写入独立权利要求的前序部分。

本发明为解决防滑脱扳手翻面操作不方便的问题，在止挡装置中除上、下挡片外，还增加了轴杆这个部件，该轴杆设置在扳手头部靠近开口或套孔处设有的贯通轴孔中，上、下挡片与轴杆两端固定连接，且固定时上、下挡片反向设置，因而上述技术特征②、⑤和⑥以及技术特征⑦的前半部分"上、下挡片与轴杆两端固定连接"和技术特征⑧的前半部分"固定时上、下挡片反向设置"均是解决本发明技术问题的必要技术特征，应当写入独立权利要求。至于技术特征⑦后半部分"使上、下挡片同步转动"和技术特征⑧后半部分"从而上、下挡片之一进入头部开口或套孔时，另一挡片退出开口或套孔，或者反之"进一步写明两者前半部分技术特征达到的效果。考虑到两者后半部分写入后并不影响其保护范围，尤其是技术特征⑧后半部分技术特征的写入有助于更清楚地表明上、下挡片如何反向设置，若不写明有可能会导致权利要求不清楚，不妨将这两个技术特征全部写入独立权利要求。

至于技术特征⑨在上、下挡片与扳手本体接触面之间设置有橡胶垫是本发明防滑脱扳手为缓冲运动采用的技术手段，显然不是本发明主要改进解决"扳手翻面操作不便"这一技术问题的必要技术特征。

通过上述分析，可知技术特征①至⑧八个技术特征是本发明解决"防滑脱扳手翻面操作不便"技术问题的必要技术特征，在此分析基础上完成独立权利要求的撰写。

首先，在独立权利要求中写明本发明要保护的主题名称"防滑脱扳手"。然后，将上述八个必要技术特征与最接近的现有技术涉案专利实施例3进行对比分析，可知技术特征①设有开口或套孔的头部、③柄部、④止挡装置均在涉案专利实施例3中的防滑脱扳手中有记载，是本发明与最接近现有技术共有的必要技术特征，应当将其写入独立权利要求的前序部分。此外，对于技术特征⑤来说，涉案专利实施例3中的止挡装置包括上、下挡片，但不包括有轴杆，因而对此有两种划界写法：一种比较精确划界，将该技术特征分拆成两个，即"止挡装置包括上挡片和下挡片"和"止挡装置还包括轴杆"，将前者写入前序部分，后者写入特征部分；另一种写法认为技术特征⑤与最接近的现有技术是不同的，将其写入独立权利要求特征部分。至于技术特征②、⑥至⑧这四个特征均未反映在最接近现有技术涉案专利的实施例3中，将这四个技术特征作为区别特征写入独立权利要求的特征部分，从而完成独立权利要求的撰写。

最后完成的更精确划界的独立权利要求如下：

1. 一种防滑脱扳手，包括设有开口或套孔的头部、柄部和止挡装置，该止挡装置包括上挡片和下挡片，其特征在于：所述止挡装置还包括轴杆，所述扳手头部靠近开口或套孔处设有上下贯穿的轴孔，止挡装置的轴杆穿枢在轴孔中，上、下挡片与轴杆两端固定连接，使上、下挡片同步转动，且在固定时将上、下挡片反向设置，从而上、下挡片之一被推出进入开口或套孔时，另一挡片从开口或套孔退出，或者反之。

最后完成的未精确划界的独立权利要求如下：

1. 一种防滑脱扳手，包括设有开口或套孔的头部、柄部和止挡装置，其特征在于：所述止挡装置包括上挡片、下挡片和轴杆，所述扳手头部靠近开口或套孔处设有上下贯穿的轴孔，止挡装置的轴杆穿枢在轴孔中，上、下挡片与轴杆两端固定连接，使上、下挡片同步转动，且在固定时将上、下挡片反向设置，从而上、下挡片之一被推出进入开口或套孔时，另一挡片从开口或套

孔退出，或者反之。❶·❷

（三）针对该最重要的发明创造撰写从属权利要求

在完成独立权利要求的撰写之后，为了形成较好的保护梯度，应当根据技术交底材料披露的技术内容，对从属权利要求进行合理布局，撰写适当的从属权利要求。

通常，应当针对独立权利要求相对于最接近的现有技术作出的主要改进方面撰写从属权利要求。考虑到前面撰写独立权利要求1时，对两种实施例中上、下挡片与轴杆两端固定连接方式进行了概括，因而可以针对两种实施例实现固定连接的具体技术手段分别撰写从属权利要求。通常先针对第一种实施例撰写从属权利要求，然后再针对第二种实施例撰写从属权利要求。由于本发明第一种实施例中为缓冲运动作出的第二方面改进同样适用于第二实施例，因而在针对两种实施例第一方面主要改进撰写了从属权利要求之后，再针对两种实施例的第二方面改进撰写从属权利要求。

下面具体说明如何完成本申请最重要发明创造从属权利要求的撰写。

由技术交底材料第三段可知，第一种实施例在实现上、下挡片与轴杆固定连接时，采取了两个技术手段：其一是两者借助轴杆的连接段与上、下挡片连接孔的过盈配合实现固定连接，其二是通过锁紧件和垫片将上、下挡片进一步固紧在轴杆上。可知后一个技术手段是在前一个技术手段上采取的加固措施，是对第一种手段作出的进一步改进，因而应当先针对前一技术手段撰写从属权利要求，再针对后一技术手段撰写下一层级的从属权利要求。鉴于此，先针对前一技术手段撰写从属权利要求2：

---

❶ 根据考生回忆编写的2021年专利代理实务科目有关专利申请文件撰写的试题，技术交底材料给出的两幅附图中的附图标记有些复杂。对于同一部件在两个实施例中一部分采用了相同的附图标记，另一部分采用了不同的附图标记，且附图标记也未标全，如扳手头部、柄部均未给出附图标记。考虑到考试评分时附图标记即便计分的话，也占分不多，而要标注清楚花费时间较多，应试时可以在撰写的权利要求书中不标注附图标记，以省下时间更好地完成其他试题，因而在本章正文部分推荐的权利要求书答案中未标注附图标记。但是，注意到在往年的申请文件撰写部分试题中，如2011年至2014年专利代理实务科目申请文件撰写部分试题，附图标记的标注比较简单，此时可以在权利要求书中加上带括号的附图标记。为了帮助考生学会如何在权利要求书中标注附图标记，对于2021年撰写部分的试题，在此脚注中给出了注有带括号附图标记的独立权利要求，供考生参考："1. 一种防滑脱扳手，包括设有开口（13）或套孔的头部、柄部和止挡装置（1），其特征在于：所述止挡装置（1）包括上挡片（3，17）、下挡片（4，20）和轴杆（2，18），所述扳手头部靠近开口（13）或套孔处设有上下贯穿的轴孔（5，15），止挡装置（1）的轴杆（2）穿枢在轴孔（5，15）中，上、下挡片（3，17，4，20）与轴杆（2，18）两端固定连接，使上、下挡片（3，17，4，20）同步转动，且在固定时将上、下挡片（3，17，4、20）反向设置，从而上、下挡片之一（3或17，4或20）被推出进入开口（13）或套孔时，另一挡片（4或20，3或17）从开口（13）或套孔退出，或者反之。"

❷ 编者见到的根据考生回忆归纳有关申请文件撰写部分的试题中，技术交底材料第三段中只写到上、下挡片反向设置，未写明反向设置所达到的技术效果；第四段中在谈到止挡装置如何工作时只提到不使用时通过转动任一上挡片或下挡片，使它们均进入到未伸入开口的位置；技术交底材料第七段中也没有最后半句有关三个限位凹槽相应于上、下挡片两种使用状态和一种非使用状态的内容。编者认为这样的技术交底材料不利于读者理解该发明创造的技术内容，阅读了该试题的原型授权公告的实用新型专利后，给予补充。上述独立权利要求的撰写是针对补充材料后的技术交底材料完成的。应试时，应当按照试题中给出的技术交底材料内容作答。对于未给予补充内容的技术交底材料，国家知识产权局对独立权利要求的答案可能为："1. 一种防滑脱扳手，包括头部、柄部和止挡装置，其特征在于：所述止挡装置包括上挡片、下挡片和轴杆，扳手本体上设有上下贯穿的轴孔，止挡装置的轴杆穿枢在轴孔中，上、下挡片与轴杆两端固定连接，固定时将上、下挡片反向设置，上、下挡片同步转动。"

2. 按照权利要求1所述的防滑脱扳手，其特征在于：所述轴杆两端具有凸出于扳手头部上下端面的连接段，所述上挡片和下挡片上分别设有与连接段匹配的连接孔，连接段的外径略大于连接孔的内径，形成过盈配合固定连接。❶

在撰写从属权利要求2时，注意到第一种实施例中实现上、下挡片与轴杆两端固定连接的过盈配合结构也可采用第二种实施例中实现下挡片与轴杆下端固定连接的嵌卡结构，并考虑到第一种实施例后一技术手段对嵌卡结构方式固定连接也适用，因而在针对第一种实施例后一技术手段撰写下一层级的从属权利要求之前，以上、下挡片与轴杆下端采用嵌卡结构实现固定连接作为附加技术特征撰写一项与权利要求2相并列的从属权利要求3：

3. 按照权利要求1所述的防滑脱扳手，其特征在于：所述轴杆两端具有凸出于扳手头部上下端面的连接段，所述连接段为多角状嵌卡段，所述上挡片和下挡片上分别设置有与轴杆嵌卡段匹配的多角形嵌卡孔，两者形成嵌卡配合固定连接。❷

然后，以第一种实施例后一技术手段借助锁紧件和垫片将上、下挡片固紧在轴杆上作为附加技术特征撰写下一层级引用权利要求2或3的从属权利要求：

4. 根据权利要求2或3所述的防滑脱扳手，其特征在于：所述轴杆的两端面上分别设有螺孔，该止挡装置还包括与轴杆两端面上的螺孔配合使用的锁紧件以及垫片，锁紧件通过垫片将上、下挡片固紧在轴杆两端。

再针对第二种实施例撰写从属权利要求，通过阅读技术交底材料第六段和第七段，得知第二种实施例包含有多种技术手段：①上挡片与轴杆一体成形，下挡片与轴杆以嵌卡配合结构实现固定连接；②下挡片借助锁紧件和垫片固紧在轴杆上；③扳手本体的轴孔内部靠近上挡片一侧设有一段直径略大以供放置弹簧的容置段，使上挡片与扳手本体之间形成间隙；④上挡片底部和下挡片顶部与扳手本体靠近轴孔处设有凹凸定位配合结构。经分析，后三个技术手段都是在技术手段①基础上作出的进一步改进，而后三个技术手段彼此之间并无依从关系，因而先针对技术手段①撰写从属权利要求，再针对后三个技术手段撰写下一层级的从属权利要求。

在针对技术手段①撰写从属权利要求时，同样也得知下挡片与轴杆的固定连接也可采用第一种实施例中的过盈配合结构，因而可以与第一种实施例那样，针对下挡片与轴杆如何实现固定连接时，先就多边形嵌卡配合结构撰写一项从属权利要求5，其引用独立权利要求1，然后再扩展撰写一项以过盈配合结构为附加技术特征的并列从属权利要求，其也引用权利要求1。但在针对嵌卡配合撰写从属权利要求5时，注意到技术交底材料对嵌卡配合结构列举了一种四边形的具体结构，不妨在以过盈配合撰写从属权利要求之前先针对这一具体结构撰写一项下一层级引用权利要求5的从属权利要求6，而将针对过盈配合结构撰写的那项从属权利要求改为从属权利要求7。

针对第二种实施例的技术手段①撰写了如下三项从属权利要求5至7：

5. 根据权利要求1所述的防滑脱扳手，其特征在于：所述上挡片一体成型于所述轴杆的一端，轴杆的另一端为多角状嵌卡段，所述下挡片上设置有与轴杆的嵌卡段匹配的多角形嵌卡孔，两者形成嵌卡配合固定连接。

---

❶　编者见到的根据考生回忆归纳有关申请文件撰写部分的试题中，技术交底材料第三段中只写明连接段的外径略大于连接孔的内径，未写明两者为过盈配合。在这种情况下，权利要求2可以不写入最后半句"形成过盈配合固定连接"。国家知识产权局的答案中可能没有最后半句。

❷　国家知识产权局的答案中可能未作此扩展，没有这一项从属权利要求。

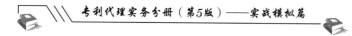

6. 根据权利要求 5 所述的防滑脱扳手，其特征在于：所述轴杆另一端的多角状嵌卡段和所述下挡片上的多角形嵌卡孔均为正方形。❶

7. 按照权利要求 1 所述的防滑脱扳手，其特征在于：所述上挡片一体成型于所述轴杆的一端，轴杆的另一端具有凸出于扳手头部下端面的连接段，所述下挡片上设有与连接段匹配的连接孔，连接段的外径略大于连接孔的内径，形成过盈配合固定连接。❷

然后针对第二种实施例的技术手段②至④撰写下一层级的从属权利要求。在针对技术手段②撰写从属权利要求时，注意到这一技术手段对权利要求 5 至 7 三项从属权利要求的技术方案均适用，因而撰写的从属权利要求 8 采用类似或结构的方式引用这三项从属权利要求：

8. 根据权利要求 5 至 7 中任一项所述的防滑脱扳手，其特征在于：所述轴杆与所述下挡片固定连接一端的端面上设有螺孔，该止挡装置还包括与轴杆下端面上的螺孔配合使用的锁紧件和垫片，锁紧件通过垫片将下挡片固紧在轴杆一端。

在针对技术手段③撰写下一层级的从属权利要求时，注意到这一技术手段对权利要求 5 至 8 这四项权利要求均适用，可以作为这四项权利要求的下一层级从属权利要求，即其也可以采用类似或结构的方式同时引用这四项权利要求。但是注意到所撰写的从属权利要求 8 已是一项多项从属权利要求，但按照《专利审查指 2010》第二部分第二章的规定，不允许出现多项从属权利要求引用多项从属权利要求，因而撰写的从属权利要求 9 仅引用了权利要求 5 至 7 中任何一项。若还要撰写引用权利要求 8 的从属权利要求，则必须另单写一项从属权利要求，考虑到最后完成的权利要求书中已超过十项，就不再针对技术手段③撰写一项引用权利要求 8 的从属权利要求了。下面给出针对技术手段③撰写的从属权利要求 9：

9. 根据权利要求 5 至 7 中任一项所述的防滑脱扳手，其特征在于：所述轴孔靠近所述上挡片一侧的内部设有一段直径略大的容置段，该容置段内设置有弹簧，使上挡片与扳手头部之间形成间隙。

针对技术手段④撰写下一层级从属权利要求时，注意到这一技术手段对权利要求 5 至 9 这五项权利要求均适用，可以作为这五项权利要求下一层级的从属权利要求。出于前面所提到的为防止出现多项从属权利要求引用多项从属权利要求，最后撰写的从属权利要求 10 仅引用了权利要求 5 至 7 中任何一项。此外，注意到技术交底材料第七段还指出构成定位配合凹凸结构中的限位凹槽为三个，相当于上、下挡片的两个使用状态和一个非使用状态的位置，说明了三个限位凹槽带来了技术效果，因而还可再以三个限位凹槽作为附加技术特征撰写一项更下一层级的引用权利要求 10 的从属权利要求 11。下面给出针对技术手段④撰写的从属权利要求 10 和 11：

10. 根据权利要求 5 至 7 中任一项所述的防滑脱扳手，其特征在于：所述扳手本体在头部邻近开口或套孔的轴孔周围设有限位凹槽，上挡片底部和下挡片顶部设有一个与扳手本体头部限位凹槽相匹配的限位凸点，构成定位配合。

---

❶ 国家知识产权局的答案中可能有此项权利要求，因而在此给出此项从属权利要求。在技术交底材料中并未写明采用正方形结构能带来进一步技术效果，而正方形仅是多边形的一种常规选择，因而这样的从属权利要求可以不写。

❷ 国家知识产权局的答案中可能未作此扩展，没有这一项从属权利要求。

11. 根据权利要求 10 所述的防滑脱扳手，其特征在于：所述在头部形成的限位凹槽为三个。❶

对两种实施例针对本发明主要改进撰写了上述从属权利要求之后，针对技术交底材料第五段和第八段中写明的本发明后一方面为缓冲运动作出的改进撰写从属权利要求。考虑到这一改进的技术手段对前面撰写的各项权利要求的技术方案均适用，可以撰写成引用上述各项权利要求中任一项的从属权利要求，同样考虑到多项从属权利要求不得引用多项从属权利要求的规定，最后针对本发明后一方面改进撰写的从属权利要求 12 仅引用了权利要求 1 至 3、5 至 7 这六项权利要求：

12. 根据权利要求 1 至 3、5 至 7 中任一项所述的防滑脱扳手，其特征在于：在所述上挡片底侧、下挡片顶侧与扳手本体接触面之间设置有橡胶垫。

（四）推荐的发明专利申请的权利要求书

下面集中给出第二题前半题的推荐答案。

1. 一种防滑脱扳手，包括设有开口或套孔的头部、柄部和止挡装置，其特征在于：所述止挡装置包括上挡片、下挡片和轴杆，所述扳手头部靠近开口或套孔处设有上下贯穿的轴孔，止挡装置的轴杆穿枢在轴孔中，上、下挡片与轴杆两端固定连接，使上、下挡片同步转动，且在固定时将上、下挡片反向设置，从而上、下挡片之一被推出进入开口或套孔时，另一挡片从开口或套孔退出，或者反之。

2. 按照权利要求 1 所述的防滑脱扳手，其特征在于：所述轴杆两端具有凸出于扳手头部上下端面的连接段，所述上挡片和下挡片上分别设有与连接段匹配的连接孔，连接段的外径略大于连接孔的内径，形成过盈配合固定连接。

3. 按照权利要求 1 所述的防滑脱扳手，其特征在于：所述轴杆两端具有凸出于扳手头部上下端面的连接段，所述连接段为多角状嵌卡段，所述上挡片和下挡片上分别设置有与轴杆嵌卡段匹配的多角形嵌卡孔，两者形成嵌卡配合固定连接。

4. 根据权利要求 2 或 3 所述的防滑脱扳手，其特征在于：所述轴杆的两端面上分别设有螺孔，该止挡装置还包括与轴杆两端面上的螺孔配合使用的锁紧件以及垫片，锁紧件通过垫片将上下挡片固紧在轴杆两端。

5. 根据权利要求 1 所述的防滑脱扳手，其特征在于：所述上挡片一体成型于所述轴杆的一端，轴杆的另一端为多角状嵌卡段，所述下挡片上设置有与轴杆的嵌卡段匹配的多角形嵌卡孔，两者形成嵌卡配合固定连接。

6. 根据权利要求 5 所述的防滑脱扳手，其特征在于：所述轴杆另一端的多角状嵌卡段和所述下挡片上的多角形嵌卡孔均为正方形。

---

❶ 编者见到的根据考生回忆归纳有关申请文件撰写部分的试题中，技术交底材料第七段中并未进一步说明限位凹槽的数量，正因为此，国家知识产权局有关专利申请文件撰写部分试题的答案中所撰写的权利要求书就不会有这一项从属权利要求。编者在阅读该试题原授权公告的实用新型专利时，见到其说明书给出有关三个限位凹槽的说明，且针对此数量撰写了一项从属权利要求。由于三个限位凹槽还为上、下挡片均位于非使用状态增加了定位点，针对此进一步限定撰写一项从属权利要求明显比针对下挡片和轴杆端部的嵌卡结构为正方形撰写一项从属权利要求更有实际意义，因而将有关内容补入了编写试题的技术交底材料中，与此相应在此撰写了一项从属权利要求。

7. 按照权利要求1所述的防滑脱扳手，其特征在于：所述上挡片一体成型于所述轴杆的一端，轴杆的另一端具有凸出于扳手头部下端面的连接段，所述下挡片上设有与连接段匹配的连接孔，连接段的外径略大于连接孔的内径，形成过盈配合固定连接。

8. 根据权利要求5至7中任一项所述的防滑脱扳手，其特征在于：所述轴杆与所述下挡片固定连接一端的端面上设有螺孔，该止挡装置还包括与轴杆下端面上的螺孔配合使用的锁紧件和垫片，锁紧件通过垫片将下挡片固紧在轴杆一端。

9. 根据权利要求5至7中任一项所述的防滑脱扳手，其特征在于：所述轴孔靠近所述上挡片一侧的内部设有一段直径略大的容置段，该容置段内设置有弹簧，使上挡片与扳手头部之间形成间隙。

10. 根据权利要求5至7中任一项所述的防滑脱扳手，其特征在于：所述扳手本体在头部邻近开口或套孔的轴孔周围设有限位凹槽，上挡片底部和下挡片顶部设有一个与扳手本体头部限位凹槽相匹配的限位凸点，构成定位配合。

11. 根据权利要求10所述的防滑脱扳手，其特征在于：所述在头部形成的限位凹槽为三个。

12. 根据权利要求1至3、5至7中任一项所述的防滑脱扳手，其特征在于：在所述上挡片底侧、下挡片顶侧与扳手本体接触面之间设置有橡胶垫。

（五）针对其他发明创造撰写独立权利要求，并确定申请策略

正如前面在"阅读理解技术交底材料，确定专利申请要求保护的主题"中指出，技术交底材料中本发明防滑脱扳手为缓冲运动而作出的次要改进比较简单，针对其撰写成的独立权利要求很可能不具备创造性，且在当前国家知识产权局很可能会将这类专利申请看作为非正常申请，因而不再针对这方面的改进撰写独立权利要求。

对于这种申请文件部分撰写试题的答案中只撰写一项独立权利要求的情况，往年试题多半不再包含本试题中第二题后半题的内容，如2016年和2017年专利代理实务科目试题后半部分的试题；或者虽然试题中包含这部分内容，但国家知识产权局给出的答案中也未针对这部分试题内容作出回答，例如2009年专利代理实务科目有关专利申请文件撰写部分的试题。经过对这三年试题内容的分析，注意到2009年、2016年和2017年试题的其他部分都已涉及单一性考点，而2021年试题其他部分尚未涉及单一性考点。为了避免丢失单一性考点的得分，不妨仍对第二题后半部分作出解答。

现注意到技术交底材料中针对防滑脱扳手作出的主要改进给出两种实施例，经分析两者具有一个总的发明构思，可以将其概括成一项独立权利要求，不存在合案申请和分案申请的问题，可以此作为第二题后半题的答案。以后遇到专利申请文件撰写部分的试题答案中仅撰写一项独立权利要求，且试题中要求说明合案申请或分案申请理由的情况，建议按照下述方式给出答案：

本发明防滑脱扳手主要只作出一个方面改进，技术交底材料中给出了两种不同结构的实施例。由于这两种实施例属于一个总的发明构思，可以用功能效果特征将两种不同的结构特征概括为"上、下挡片和轴杆两端固定连接，使上、下挡片同步转动，且在固定时将上、下挡片反向设置，从而上、下挡片之一被推出进入开口或套孔时，另一挡片从开口或套孔退出，或者反之"，且概括后形成的独立权利要求技术方案相对于现有技术具备新颖性和创造性，因而针对本发明只

需要撰写一项独立权利要求，不存在分案申请和合案申请的问题。❶

（六）简答题，论述所撰写的独立权利要求具备创造性的理由

完成第二题的解答后，就可以着手完成第三题的解答，即说明所撰写的本发明专利申请独立权利要求相对于现有技术具备创造性的理由。

此题的解答类似于答复审查意见通知书中针对修改后的独立权利要求或者原独立权利要求论述其具备创造性的理由。

在具备创造性的论述中应当体现结合对比原则，在分析论述中既要按照"三步法"说明其相对于现有技术的结合具有突出的实质性特点，又要论述其相对于现有技术具有显著的进步。

此外，在分析论述过程中既要结合具体案情（例如指出对比文件公开内容的位置、公开了什么具体技术内容）作出说明，又要包括必要的格式句（如创造性"三步法"），而且在结论处应当体现相应法条依据。

下面给出推荐的第三题参考答案。

涉案专利和三份对比文件中公开的现有技术与本发明的技术领域相同。但在这四份对比文件涉及的现有技术中，涉案专利的实施例三（见其说明书第［0011］段和附图3）这一现有技术中公开了上下两侧均设有止挡片的防滑脱扳手，与其他现有技术相比，公开本发明的技术特征更多，解决的技术问题和技术效果更相近，因此涉案专利的实施例三是本发明最接近的现有技术。

所撰写的独立权利要求1与涉案专利实施例三相比，其区别技术特征为：其中的止挡装置还包括轴杆，扳手本体上设有上下贯穿的轴孔，轴杆穿枢在轴孔中，上、下挡片固定在轴杆的两端，使上、下挡片同步转动，且在固定时将上、下挡片反向设置。由此区别技术特征在本发明所能达到技术效果（上、下挡片同步转动且相对于开口或套孔互换进入和退出的位置）可知，本发明独立权利要求1相对于涉案专利实施例三实际解决了在需要翻面时操作不便的技术问题。

涉案专利的其他三个实施例以及对比文件1、对比文件2、对比文件3中均未披露上述区别

---

❶　当然，考虑到国家知识产权局的答案中也有可能针对防滑脱扳手的次要改进撰写一项独立权利要求，对第二题后半部分不妨给出下述答案：

针对本发明防滑脱扳手为缓冲运动作出的次要改进，也可以另行提出专利申请，撰写成下述独立权利要求：

1.一种防滑脱扳手，包括头部、柄部和止挡装置，所述止挡装置包括可伸入和退出扳手头部开口或套孔的止挡片，其特征在于：在止挡片与扳手本体接触面之间设置有橡胶垫。

针对本发明主要改进撰写的独立权利要求相对于现有技术的特定技术特征为"所述止挡装置还包括轴杆，扳手头部靠近开口或套孔处设有上下贯穿的轴孔，止挡装置的轴杆穿枢在轴孔中，上、下挡片与轴杆两端固定连接，使上．下挡片同步转动，且在固定时将上、下挡片反向设置，从而上、下挡片之一被推出进入开口或套孔时，另一挡片从开口或套孔退出，或者反之"，从而防滑脱扳手翻面使用时操作更为简便。

针对本发明次要改进撰写的独立权利要求相对于现有技术的特定技术特征为"在止挡片与扳手本体接触面之间设置有橡胶垫"，从而在将止挡片移动进入和退出头部开口或套孔时能缓冲运动。

这两项独立权利要求的特定技术特征（相对现有技术作出贡献的技术特征）既不相同，且各自采用彼此无关的技术手段以解决不同的技术问题，两者在技术上并不相互关联，因而两者的特定技术特征也不相应，即这两项独立权利要求之间并不包含相同或相应的特定技术特征，两者不属于一个总的发明构思，不符合《专利法》第31条第1款有关单一性的规定，应当作为两件专利申请提出。

对此需要特别说明的是，本发明次要改进技术方案十分简单，针对此改进撰写的独立权利要求很有可能会被认定为不具备创造性，尤其在当前很有可能被认为属于编造的非正常专利申请，还是不再另提出一件专利申请为好。

技术特征，且上述区别技术特征也不是本领域技术人员用于解决上述技术问题的惯用手段。❶ 也就是说，涉案专利的其他三个实施例、对比文件1、对比文件2和对比文件3以及本领域的公知常识均未给出将上述区别技术特征应用到涉案专利实施例三的防滑脱扳手中来解决上述技术问题的技术启示，因此，对本领域的技术人员来说，所撰写的独立权利要求1相对于涉案专利实施例三、涉案专利的其他三个实施例、对比文件1、对比文件2和对比文件3以及本领域的公知常识的结合是非显而易见的，因而具有突出的实质性特点。

由于在独立权利要求1的技术方案中，防滑脱扳手的止挡装置还包括轴杆，扳手本体上设有上下贯穿的轴孔，轴杆穿枢在轴孔中，上、下挡片固定在轴杆的两端，使上、下挡片同步转动，且在固定时，将上、下挡片反向设置。这样一来扳手需要翻面操作时可以使上、下挡片同步转动到各自应处的位置，无需像现有技术那样，在翻面时需要先推回止挡片，然后翻面，再推出另一止挡片，翻面操作得到了简化，相对于现有技术具有有益的技术效果，即具有显著的进步。

由此可知，所撰写的独立权利要求1相对于涉案专利、对比文件1、对比文件2和对比文件3以及本领域公知常识的结合具有突出的实质性特点和显著的进步，具备《专利法》第22条第3款规定的创造性。

（七）撰写一份发明专利申请完整的说明书

完成第三题的解答后，就可以着手应答第四题，即以技术交底材料为基础，综合考虑客户提供的涉案专利和三份对比文件所反映的现有技术，为客户撰写一份发明专利申请完整的说明书。

试题说明中指出，若在技术交底材料的基础上进行补充和修改的，对补充和修改之处作出简要说明。因而在应答此题时可以先将试题中的技术交底材料拷贝下来，然后看一下该技术交底材料作为专利申请文件中的说明书时存在那些不符合要求之处，一方面直接对其作出修改，修改之处以加深的另一种字体示出；另一方面将所作补充和修改之处加以归纳，作为答案的一部分给出。

按照《专利法实施细则》第17条第1款和第2款以及《专利审查指南2010》第二部分第二章第2.2节的规定，说明书除写明发明名称外，应当包括五个部分：技术领域、背景技术、发明内容、附图说明和具体实施方式。对于这五个部分，应当在每一部分前面写明标题；对于每一部分的内容，还提出了具体要求。

通过将客户提供的技术交底材料与《专利法实施细则》和《专利审查指南2010》规定的内容进行对比，注意到技术交底材料中存在下述几个方面需要修改和补充的内容：未给出说明书的发明名称；缺少技术领域、发明内容、附图说明这三部分，给出的背景技术和具体实施方式两部分也未在其前面写明标题；背景技术部分仅指出早期现有技术存在的问题，且未引用对比文件，也未对现有技术的结构作出简要说明。对于上述存在的不符合规定之处，应当作出修改和补充。此外，考虑到撰写本发明专利申请的权利要求书时对本发明的保护范围作出了扩展，因而应当在说明书具体实施方式部分给予补充和说明。

《专利审查指南2010》第二部分第二章第2.2.1节的规定，发明名称应当清楚、简要，写在说明书首页正方部分的上方居中位置。对本发明专利申请来说，可采用独立权利要求前序部分的主题名称"防滑脱扳手"。

---

❶ 在国家知识产权局历年专利代理实务科目试题的解析答案中有关具备创造性的论述，多半不涉及本领域公知常识的内容。考虑到2021年实务试题为论述所撰写的独立权利要求相对于现有技术具备创造性的理由，似乎加上本领域公知常识的有关内容更好，可使答案更为完整。

在给出发明名称之后，补充技术领域这一部分内容。先列出这一部分标题"技术领域"，此标题单独成行，位于该行之左侧。按照《专利审查指南2010》第二部分第二章第2.2.2节的规定，应当写明要求保护的发明技术方案所属或者直接应用的技术领域，而不是上位的或者相邻的技术领域，也不是发明本身。因而，在标题之后，另起段写明本发明具体技术领域的内容，通常可参照所撰写的独立权利要求的前序部分撰写，在前序部分内容过多时，可以适当简写，通常可采用"本发明涉及一种……"或者"本实用新型涉及一种……"的格式句。就本发明专利申请而言，可写成"本发明涉及一种防滑脱扳手，包括设有开口或套孔的头部、柄部和止挡装置"或者"本发明涉及一种防滑脱扳手，包括头部、柄部和止挡装置"。

对于背景技术部分，首先在之前加上标题"背景技术"，同样单独成行，位于该行之左侧。按照《专利法实施细则》第17条第1款以及《专利审查指南2010》第二部分第二章第2.2.3节的规定，这部分应当写明对发明的理解、检索、审查有用的背景技术的文件，并且尽可能引证反映这些背景技术的文件，尤其要写明与发明专利申请最接近的现有技术；说明书中引证专利文件的，至少要写明专利申请文件的国别、公开号；此外，在说明书背景技术部分还要客观地指出背景技术中存在的技术问题和缺点。在客户提供的技术交底材料第一段中，仅指出早期现有技术存在的问题，且未引证现有技术文件，因而在这部分至少应当补入本发明专利申请的最接近的现有技术——涉案专利实施例三有关内容，即写明其出处，对涉案专利实施例三的结构作简要说明，并客观地指出其存在的技术问题。估计背景技术部分补充涉案专利实施例三的有关内容是第四题的一个重要得分点。

由于客户提供的技术交底材料中缺少发明内容这一部分，因而在对背景技术部分进行修改和补充之后，补充这一部分内容。按照《专利法实施细则》第17条第1款以及《专利审查指南2010》第二部分第二章第2.2.4节的规定，这部分应当写明发明所要解决的技术问题以及解决其技术问题采用的技术方案，并对照现有技术写明发明的有益效果；其中的技术方案部分，应当写明独立权利要求的技术方案，此后可以通过对该发明的附加技术特征的描述，反映对其作进一步改进的从属权利要求的技术方案。根据上述要求，在修改和补充背景技术部分内容之后，另起行给出"发明内容"标题，然后另起段说明本发明要解决的技术问题、技术方案和技术效果三方面内容。鉴于本发明专利申请只有一项独立权利要求，因而在这部分先针对所撰写的这项独立权利要求写明其要解决的技术问题，然后写明独立权利要求的技术方案，在此基础上写明该独立权利要求带来的技术效果；此后，还可针对重要的从属权利要求写明其技术方案、其进一步解决的技术问题或带来的技术效果。根据往年申请文件撰写部分试题中经常出现论述所撰写的独立权利要求解决的技术问题和技术效果（甚至有一年还包括技术方案）的简答题，估计国家知识产权局针对第四题给出的答案中极有可能将发明内容这一部分如何撰写也作为主要得分点，且很可能只要求针对独立权利要求写明所解决的技术问题、技术方案和有益效果。应试时，通常时间较紧，因而在完成的说明书中应当对独立权利要求清楚地写明这三方面内容，而对从属权利要求可以采取简写的方法。

由于客户提供的技术交底材料中也缺少附图说明部分，因而在说明书中补充这一部分内容。按照《专利法实施细则》第17条第1款以及《专利审查指南2010》第二部分第二章第2.2.5节的规定，说明书有附图的，这一部分应当写明各幅附图的图名，并且对图示的内容作简要说明。由技术交底材料可知，至少需要结合两幅附图对本发明的两种实施例作出具体说明，因此，在说明书中补充完成发明内容部分之后，另起行给出"附图说明"标题，然后另起段对这两幅附图作出简要说明。

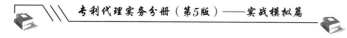

说明书的具体实施方式部分是十分重要的，与申请文件是否充分公开以及权利要求书是否得到说明书的支持十分有关，在平时工作中应当认真撰写。就考试而言，在这部分给出标题"具体实施方式"之后，主要将技术交底材料中有关内容复制下来即可，但如果撰写的独立权利要求进行了合理扩展的话，应当进行适当的修改。

就目前改编试题中的技术交底材料和上面撰写的权利要求书而言，两个实施例都是针对开口扳手描述的，但撰写的独立权利要求已扩展到包括梅花扳手。对于这种情形，在平时实务工作中不妨将第二实施例修改为梅花扳手，当然与此对应地附图2也要作出相应修改。此外，在撰写的权利要求书中，对于第一实施例，将上、下挡片与轴杆两端形成过盈配合固定连接扩展到第二实施例中的下挡片与轴杆下端形成嵌卡结构固定连接；对于第二实施例，同样将下挡片与轴杆下端形成嵌卡结构固定连接扩展到第一实施例中过盈配合固定连接，对于这种情况，在平时实务中可以再分别结合两幅附图作为另两个实施例作出说明，即使不再增加附图，也应当在结合附图说明第一实施例和第二实施例时用文字对这种扩展给予说明。在上述两种情况下，平时实务工作还会在最后加上一段扩展的文字说明。在应试时，由于时间较紧，不可能再增加附图，不妨就在具体实施方式部分最后增加一段扩展的文字说明，指出上述两个实施例仅是本发明的两种优选结构，不能以此来限定本发明的保护范围，然后以前面所述为例说明本发明可以扩展的范围。如果解答第二题撰写权利要求书时未对技术交底材料内容进行扩展，则解答第四题时对具体实施方式部分只要增加标题就可，不必再增加最后一段文字说明内容。

下面给出第四题的推荐答案。撰写的完整说明书如下：

防滑脱扳手

技术领域

本发明涉及一种防滑脱扳手，包括头部、柄部和止挡装置。

背景技术

现有技术中用于拆卸或锁紧螺帽的开口扳手及梅花扳手，当使用者在使用过程中，会产生一个向上或者向下的作用力，使扳手与螺帽滑脱，产生意外事故与伤害。

为防止扳手与螺帽滑脱，中国实用新型专利 CN 202021234567.X 中公开了一种开口扳手，在其头部设置有可旋转或伸缩的止挡片；尤其是其中实施例三的防滑脱扳手，在其上下两侧均设置有可旋转止挡片，以实现开口扳手正反向旋转换向时可将相应侧止挡片旋入开口中，对扳手限位，以免扳手与螺帽滑脱而产生意外事故造成伤害。但由于上下两侧止挡片分别操作，因而在使用扳手需要翻面时，就要先推回一侧止挡片，翻面，再推出另一侧止挡片，操作不方便。

发明内容

本发明要解决的技术问题是提供一种翻面时操作更方便的防滑脱扳手。❶

为解决上述技术问题，本发明的防滑脱扳手包括设有开口或套孔的头部、柄部和止挡装置，

---

❶ 对于要解决的技术问题，如果需要说明的内容较多，不妨这样表达："本发明要解决的技术问题是提供一种防滑脱扳手，其在需要改变转动方向而翻面时操作使用更为方便。"但也有不少学员认为此格式文字的中文含义不准确，这是当年修改《专利法实施细则》时将"发明目的"改为"发明要解决的技术问题"造成的。对此，不妨还可以这样写："本发明旨在提供一种防滑脱扳手，其能解决现有扳手在翻面操作时使用不便的技术问题。"

止挡装置包括上挡片、下挡片和轴杆，所述扳手头部靠近开口或套孔处设有上下贯穿的轴孔，止挡装置的轴杆穿枢在轴孔中，上、下挡片与轴杆两端固定连接，使上、下挡片同步转动，且在固定时将上、下挡片反向设置，从而上、下挡片之一被推出进入开口或套孔时，另一挡片从开口或套孔退出，或者反之。

由于上述防滑脱扳手在将上、下挡片与轴杆相固定时，将上、下挡片反向设置，从而可使上、下挡片同步转动到各自应处位置，因而在扳手需要改变转动方向而换面时，仅转动上挡片就可同时转动上、下挡片，相对于现有技术的扳手需要先推回止挡片，然后翻面，最后再推出另一止挡片的操作来说使用更为方便。

作为本发明的进一步改进，本发明的防滑脱扳手……

〔此处进一步针对重要的从属权利要求的技术方案说明其技术方案（即其附加技术特征）、进一步解决的技术问题或带来的技术效果。〕

附图说明

下面结合附图和实施例对本发明作进一步详细说明：

图1是本发明防滑脱扳手第一实施例的部件分解透视图；

图2是本发明防滑脱扳手第二实施例的部件分解透视图。

具体实施方式

图1所示的本发明第一实施例防滑脱扳手包括设有开口13的头部、柄部和止挡装置1，止挡装置1包括上挡片3、下挡片4和轴杆2。扳手头部靠近开口13处设有上下贯穿的轴孔5，止挡装置1的轴杆2穿枢在轴孔5中，轴杆2两端具有凸出于扳手头部上下端面的连接段2′和2″，上挡片3和下挡片4上分别设有与连接段2′、2″匹配的连接孔6和7，连接段2′、2″的外径略大于连接孔6、7的内径，这种过盈配合可以将上、下挡片3和4与轴杆2两端固定连接。在轴杆2两端面上还分别设有螺孔，该止挡装置1还包括与轴杆2两端面上的螺孔配合使用的锁紧件8和12以及垫片10和11，锁紧件8和12通过垫片10和11将上、下挡片3和4进一步固紧在轴杆2两端。上、下挡片3和4固定在轴杆2两端，上、下挡片3和4实现同步转动；固定时，将上、下挡片3和4反向设置，这样一来，上挡片3被推出进入开口13时，下挡片4从开口13退回到与开口13相邻的头部，相反上挡片3被退回到与开口13相邻的头部时，下挡片4就被推出进入开口13。

现有技术中，在需要翻转扳手使用另一面拧动螺母时，需要先将一面的挡片推回扳手本体内，再将另一面的挡片推出至开口中，给操作带来不便。通过上述结构，可使位于扳手两侧的上、下挡片同步转动，当使用者欲改变转动方向将扳手翻面操作时，仅需转动上挡片3就可同时转动上、下挡片3和4，有效克服现有扳手在翻转使用时需要先推回止挡片，然后翻面，最后再推出另一止挡片的操作不便问题。此外，当不需要使用止挡装置1来进行防滑脱时，还可转动任一上挡片3或下挡片4，使它们均收入在扳手本体内，而未进入开口13中，以便使用者根据需求进行调整。

为了缓冲运动，在上挡片3底侧和下挡片4顶侧与扳手本体接触面之间设有橡胶垫。

图2所示的本发明第二实施例防滑脱扳手与前一实施例的区别是上挡片17一体成型于轴杆18端部。轴杆18另一端有多角状嵌卡段19（如图中所示正方形），下挡片20上设有与嵌卡段匹配的多角形嵌卡孔21，两者形成嵌卡配合固定连接，当然还可以像实施例一那样，用锁紧件将下挡片20进一步锁紧在轴杆18上。扳手本体上的轴孔15内部靠近上挡片一侧还可设有一段直径略大的容置段16，容置段内设置有弹簧24，使上挡片17与扳手本体之间形成间隙，起到减小

扳动时的阻尼作用。

扳手本体在头部邻近开口或套孔的轴孔 15 周围设有限位凹槽 25，上挡片 17 底部和下挡片 20 顶部设有一个与扳手本体头部限位凹槽 25 相匹配的限位凸点 26，这种凹凸结构构成定位配合。图中的限位凹槽为三个，此相当于上、下挡片中一个进入开口或套孔内、另一个退出开口或套孔的两种使用状态以及两者均未进入开口或套孔的非使用状态。

为缓冲运动，也可以在上挡片 17 底侧、下挡片 20 顶侧与扳手本体接触面之间设置有橡胶垫。

上述两个实施例仅为本发明的优选实施方式，不能以此来限定本发明的保护范围。本领域技术人员在本发明的基础上所作的任何非实质性的变化及替换均属于本发明要求专利保护的范围。例如，将两个实施例的开口扳手改为梅花扳手，仍属于本发明要求专利保护的范围；又如在第一实施例中，将上、下挡片与轴杆两端采用第二实施例中的嵌卡配合结构实现固定连接，甚至采用其他固定连接方式都属于本发明要求专利保护的范围；同样第二实施例中，下挡片与轴杆下端采用第一实施例中的过盈配合结构实现固定连接，甚至采用其他固定连接方式也都属于本发明要求专利保护的范围。❶

下面对上述所撰写的完整说明书在客户提供的技术交底书的基础上作出的修改和补充之处作出简要说明：

按照《专利法实施细则》第 17 条第 1 款和第 2 款以及《专利审查指南 2010》第二部分第二章第 2.2 节的规定，说明书除写明发明名称外，应当包括五个部分：技术领域、背景技术、发明内容、附图说明和具体实施方式；对于这五个部分，应当在每一部分前面写明标题；对于每一部分的内容，还提出了具体要求。目前客户提供的技术交底材料存在着三方面不符合《专利审查指南 2010》第二部分第二章第 2.2 节规定之处：①未给出说明书的发明名称；②缺少技术领域、发明内容、附图说明这三部分，给出的背景技术和具体实施方式两部分也未在其前面写明标题；③背景技术部分仅指出早期现有技术存在的问题，且未引用对比文件，也未对现有技术的结构作出简要说明。在为客户撰写发明专利申请说明书时，在技术交底材料的基础上，针对上述三方面作出修改和补充。此外，考虑到撰写本发明专利申请权利要求书时对本发明的保护范围进行了扩展，因而在说明书具体实施方式部分针对所作扩展给予了补充说明。

1. 在说明书正文部分上方居中位置写明本专利申请的发明名称，所撰写的权利要求书仅包含一项独立权利要求，可将此项独立权利要求前序部分的主题名称"防滑脱扳手"作为本发明名称。

2. 在发明名称之后，补充"技术领域"部分：先给出这一部分标题"技术领域"，单独成行，居于该行之左侧，然后另起段参照所撰写的独立权利要求前序部分写成"本发明涉及一种防滑脱扳手，包括头部、柄部和止挡装置"。

3. 修改背景技术部分：先给出"背景技术"的标题，单独成行，居于该行之左侧，然后在技术交底材料第一段内容的基础上，另起段重点针对涉案专利实施例三描述本发明的背景技术，即写明其出处，对实施例三结构作简要说明，并客观地指出其存在的技术问题："为防止扳手与螺帽滑脱，中国实用新型专利 CN 202021234567.X 中公开了一种开口扳手，在其头部设置有可旋转或伸缩的止挡片；尤其是其中实施例三的防滑脱扳手，在其上下两侧均设置有可旋转止挡

❶ 国家知识产权局第二题针对客户提供的技术交底材料撰写的权利要求书答案中可能未考虑对技术交底材料的内容进行扩展。

片，以实现开口扳手正反向旋转换向时可将相应侧止挡片旋入开口中，对扳手限位，以免扳手与螺帽滑脱而产生意外事故造成伤害。但由于上下两侧止挡片分别操作，因而在使用扳手需要翻面时，就要先推回一侧止挡片，翻面，再推出另一侧止挡片，操作不方便。"

4. 在背景技术部分之后，补充发明内容部分：先给出"发明内容"的标题，单独成行，居于该行之左侧，然后另起段说明本发明要解决的技术问题、技术方案和技术效果三方面内容。鉴于本发明专利申请只有一项独立权利要求，在这部分先针对所撰写的这项独立权利要求写明其要解决的技术问题，然后写明独立权利要求的技术方案，在此基础上写明该独立权利要求带来的技术效果；此后，还可针对重要的从属权利要求写明其技术方案、其进一步解决的技术问题或带来的技术效果。这部分的具体内容如下：

本发明要解决的技术问题是提供一种翻面时操作更方便的防滑脱扳手。

为解决上述技术问题，本发明的防滑脱扳手包括设有开口或套孔的头部、柄部和止挡装置，止挡装置包括上挡片、下挡片和轴杆，所述扳手头部靠近开口或套孔处设有上下贯穿的轴孔，止挡装置的轴杆穿枢在轴孔中，上、下挡片与轴杆两端固定连接，使上、下挡片同步转动，且在固定时将上、下挡片反向设置，从而上、下挡片之一被推出进入开口或套孔时，另一挡片从开口或套孔退出，或者反之。

由于上述防滑脱扳手在将上、下挡片与轴杆相固定时，将上、下挡片反向设置，从而可使上、下挡片同步转动到各自应处位置，因而在扳手需要改变转动方向而换面时，仅转动上挡片就可同时转动上、下挡片，相对于现有技术的扳手需要先推回止挡片，然后翻面，最后再推出另一止挡片的操作来说使用更为方便。

作为本发明的进一步改进，本发明的防滑脱扳手……

[以下进一步针对重要的从属权利要求的技术方案说明其技术方案（即其附加技术特征）、进一步解决的技术问题或带来的技术效果。]

5. 在发明内容之后，补充附图说明部分：同样，先给出这部分标题"附图说明"，单独成行，居于该行之左，然后另起段对说明书中各幅附图作出简要说明。本专利申请涉及两幅附图，给出这两幅附图的简要说明即可。这部分的具体内容如下：

下面结合附图和实施例对本发明作进一步详细说明：

图1是本发明防滑脱扳手第一实施例的部件分解透视图；

图2是本发明防滑脱扳手第二实施例的部件分解透视图。

6. 在补充附图说明部分之后，在技术交底材料的具体实施方式具体内容之前，先加上这部分标题"具体实施方式"，单独成行，居于该行之左；然后再另起段将技术交底材料最后六段内容涉及的两个实施例加以归纳整理。由于在撰写本发明专利申请权利要求书时，在技术交底材料提供的两个实施例基础上进行了扩展，在这部分应当给予相应说明，例如可在具体实施方式部分最后增加一段对本发明两个实施例扩展内容的说明：

上述两个实施例仅为本发明的优选实施方式，不能以此来限定本发明的保护范围。本领域技术人员在本发明的基础上所作的任何非实质性的变化及替换均属于本发明要求专利保护的范围。例如，将两个实施例的开口扳手改为梅花扳手，仍属于本发明要求专利保护的范围；又如在第一实施例中，将上、下挡片与轴杆两端采用第二实施例中的嵌卡配合结构实现固定连接，甚至采用其他固定连接方式都属于本发明要求专利保护的范围；同样在第二实施例中，下挡片与轴杆下端采用第一实施例中的过盈配合结构实现固定连接，甚至采用其他固定连接方式也都属本发明要求专利保护的范围。

　　需要说明的是，上述第四题的推荐答案相应于试题的要求给出了两个部分：为客户撰写一份发明专利申请完整的说明书；在技术交底材料的基础上进行补充和修改的，对补充和修改之处作出简要说明。但是，应试时是难以完成这么多内容的，考生可以按上述两部分内容之一作答，只要包含了所有考点的内容即可。

第六章